예수 그리스도의 충격 메시지 Ⅱ

버지니아 에센 & 캔데이스 프리즈
光率 編譯

도서출판 은하문명

- 편역자(編譯者) 프롤로그 -

빛은 어디로부터 오는가?

역사의 시침(時針)이 20세기를 넘어 21세기로 넘어 온지도 어언 5년여의 세월이 흘렀다. 그럼에도 우리 인류는 아직도 야만적 전쟁과 테러, 기아, 병고, 종교분열, 인종 간 반목, 환경오염, 핵무기 등의 갖가지 위기와 어려움 속에서 벗어나지 못하고 있다.

아울러 대다수의 종교들이 말세와 구원을 외치고는 있으나, 인류의 위기와 미래에 대한 뚜렷한 해법이나 대안 및 구체적이고도 명확한 비전을 제시하지는 못하고 있다. 그저 잘 믿으면 구원받는다는 막연한 교설이거나 단지 인간에 의해 만들어지고 오랜 세월에 걸쳐 굳어진 교의적(敎義的) 가르침들, 또는 구원을 미끼로 던져지는 왜곡되고 부패된 신앙의 강요와 속박이 있을 뿐이다. 오늘날 우리는 너무나 많은 현실의 모순과 종교적 타락상을 목도하고 있다.

과연 이 지구촌의 이러한 혼돈의 어둠 속에서 그 어디로부터 인류의 모든 난제와 위기를 타개할 빛의 출구가 나타날 것인가? 진정 이 어둠의 행성을 비쳐줄 빛은 어디로부터 올 것인가?

그리고 이와 더불어 이 시대가 모든 종교와 선지자, 예언자들이 말해온 그 마지막 시기가 확실하다면, 천상(天上)은 기도로서 평화와 구원을 간구해온 사람들과 우리의 모든 의문과 외침에 대해 무엇인가 답을 주어야만 할 것이다.

바야흐로 세계의 상황은 지금 미국이 진행 중인 이라크 전쟁과 북한의 핵문제로 인해 여러 가지 불안과 혼란의 와중에 빠져 있다. 미국은 북한을 압박하고 있고, 이에 맞서 북한은 조금도 굽히지 않고 핵을 가지고 맞서고 있다. 따라서 최근의 일부 유화적 제스처에도 불구하고, 한반도에 살고 있는 우리로서는 혹시라도 미국이 이라크를 전격적으로 침공했듯이 북한을 폭격함으로써 한반도가 전화(戰火)에 휩싸이지는 않을까하는 일말의 불안감을 떨쳐버릴 수가 없다.

그런데 지구상 유일의 초강대국인 미국은 또한 세계 최대의 기독교 국가이기도 하다. 기독교가 점점 쇠퇴하여 교회와 성당이 문을 닫아가고 있는 유럽과는 달리 통계상으로 미국인의 약 86%가 종교를 갖고 있고, 인구의 77%가 기독교인이라고 한다. 미국 사람들은 선진국 가운데서 가장 독실한 크리스찬이다. 미국인 가운데 58%가 적어도 하루에 1번은 기도를 드리고, 미국 인구의 절반에 가까운 사람들이 1주일에 1번은 교회 예배에 참석한다고 한다. 그런데 축복받은 하나님의 국가여야 할 이 거대한 제국이 <테러와의 전쟁>이라는 명분 아래 많은 나라를 위협하며 전 세계를 불안 속으로 몰아넣는 듯한 느낌을 주고 있다. 그 내막적인 참다운 이유는 과연 무엇일까?

또 아무도 함부로 대적할 수 없는 이 지구상의 초강국이 왜 전혀 대량살상무기를 지니지 않았던 나약한 이라크를 상대로 전쟁을 일으켜야만 했는지, 그 이유를 우리는 정확히 알지 못한다. 많은 전문가들이 추측하듯이 과연 중동의 석유와 유전지대를 장악하려는 것만이 단지 미국의 목표였을까?

그런데 오늘도 미(美) L.A의 모병소(募兵所) 앞에서는 이라크전에 투입할 병사를 구하기 위해 지나가는 젊은이들에게 군대에 미래의 희망이 있다고 선전하며 입대를 권유하고 있고, 또 자원입대할 경우 즉시 현금 3만 달러를 지급하고 있다고 한다. 과연 이처럼 젊은이들의 목숨을 돈으로 사서 그들을 사지(死地)로 보내면서까지 미국이 전쟁을 지속해야만 하는 이유는 무엇일까? 그러나 독자 여러분은 바로 그 정확한 해답을 이 책 속에서 찾을 수가 있을 것이다.

더불어 향후 핵문제를 비롯하여 점증하는 지진 등의 천재지변(天災地變) 문제, 종교계에서 언급되는 종말론과 아마겟돈, 재림, 후천개벽, 새 하늘 새 땅의 지상천국의 도래 등등 인류의 미래는 과연 어떻게 전개될 것인지 우리는 진정 궁금하지 않을 수가 없다. 이 중에서도 특히, 예수 그리스도의 재림 문제는 기독교인이라면 관심을 가지지 않을 수 없는 초미의 관심 사항일 것이다.

그러나 사실 그리스도의 재림(再臨) 문제는 기독교인들에게만 한정된 문제는 아니다. 왜냐하면 미래에 하늘에서 구세주가 다시 내려온다는 예언들은 타종교인 불교나 이슬람교, 또 우리나라 민족종교에도 얼마든지 있는 까닭이다. 표현용어가 다를 뿐, 내막적인 내용들은 거의 엇비슷한 측면이 많다. 그러므로 이것은 기독교인만의 문제가 아니라 모든 종교인들의 문제이고, 더 나아가 전 인류의 문제이다. 그런데 과연 현재 갈가리 찢겨져 서로 싸우고 있는 지상의 모든 종교, 종파들마냥 저 천상(天上)에서도 예수, 석가, 공자, 마호메트가 상호 으르렁대며 분열, 반목하고 있을 것인가? 아마도 결코 그렇지 않을 것이다. 필시 그들은 무지한 중생들과는 달리 서로 존중하고 모든 일에 있어서 하나로 협력할 것이다.

따라서 " 재림" 이라는 사건은 추측컨대, 천상의 모든 세력이 함께 준비하고 계획하고 있는 전 인류적, 지구적 대 프로젝트라고 보아야 한다. 그리고 만약 이것이 머지않아 일어난다면, 아마도 그리스도만이 아니라 지구를 다녀갔던 모든 인류의 스승들과 천상의 존재들이 함께 인류문명 속에 강림하는 인류 역사상 최대의 충격적 이벤트로 벌어질 것이다.

그런데 이 책 내용에서 그리스도가 인류에게 전하고 있는 메시지는 바로 전 세계를 엄청난 충격파 속에 몰아넣을 그 어마어마한 대사건이 임박해 있다고 언급되고 있다. 물론 보수적 입장의 기독교인들은 성경상의 " 그 날과 그 때는 아무도 모르고 오직 아버지만이 아신다." 라는 구절을 내세워 재림의 시기는 누구도 결코 알 수 없고, 이를 언급하는 것 자체를 이단시하는 경향이 있음을 잘 알고 있다. 그러나 그런 엄청난 사건이 일어나기 전까지 하늘에서 인간들에게 아무런 예시(豫示)도 해주지 않는다고 믿는다는 것, 또 재림하시는 장본인인 예수님 자신도 재림의 직전까지 이를 전혀 모른다고 무조건 믿는 자체가 좀 어리석은 발상이 아닌가 생각한다. 물론 이 사건이 머지않아 정말 실제로 현실화될 것인지는 그때 가보아야만 알 수 있을 것이다.

하지만 최근 천상으로부터 전 세계의 수많은 계시자들에게 오고 있는 지구의 변동과 새로운 세상의 도래에 관한 수많은 긴박한 정보들을 우리가 함부로 무시할 수는 없다고 생각된다. 그리고 그 시기가 멀지 않다고 하니 그 진위 여부는 금방 드러날 것이다. 성서(聖書)에는 그리스도의 재림에 관해 신약 마태복음 [24:29~31, 16:27], 누가복음[21:25~28], 마가복음 [13:24~27] 등에 공통적으로 대략 이렇게 예언되어 있다.

" 그 때가 되면 사람들은 사람의 아들(人子)이 천사(天使)들을 거느리고 큰 권능과 영광으로 하늘의 구름(?)을 타고 오는 것을 볼 것이다. 이런 일들이 일어나기 시작하거든, 일어서서 너희의 머리를 들어라. 너희의 구원이 가까워지고 있기 때문이다."

그런데 여기서 그리스도가 타고 온다는 <하늘의 구름>은 과연 무엇일까? 구름은 알다시피 대기 속의 수분이 잠시 엉겨 물방울로 떠 있는 상태에 불과하다. 따라서 지금의 21세기를 살고 있는 과학적 지식을 갖춘 현대 지성인의 머리로 판단할 때, 이런 구름에 탑승해서 온다는 것은 상식적으로 말이 되지 않는다.

혹시 성경을 문자 그대로 해석하고 믿는 일부 기독교인들은 이 구름을 진짜 구름으로 믿을지는 모르나, 적어도 보편적 상식이 있는 사람이라면 이 표현이 다른 그 무엇을 비유하거나 상징하고 있다고 보는 것이 현명할 것이다. 또 그리스도가 함께 거느리고 온다는 " 천군천사(天軍天使)들" 은 진정 무엇인지 우리는 깊이 한번 숙고해 볼 필요성이 있다.

그리고 이제 급격한 시대적 전환과 더불어 더 이상 종교인들은 과거 인간 의식(意識)이 어둠에 잠겨 있던 시절에 형성된 종교적 도그마(Dogma)와 무지몽매한 중세기 이전의 문자주의적 경전 해석에 얽매여 있어서는 안 된다. 왜냐하면 그러한 세뇌된 낡은 관념들이 두려움과 거부감을 일으켜 새 시대의 참 진리를 받아들이는 데 있어서 커다란 장애로 작용할 것이기 때문이다.

바야흐로 앞서 서두에서 제기했던 우리 인류에게 희망의 돌파구를 열어줄 빛은 모든 종교와 선지자들의 예언대로 머지않아 반드시 저 하늘, 즉 우주로부터 올 것이다. 이에 아울러 지금은 천상의 고차원적 문명이 지구에 내려오기 위해 문턱 앞에 와서 대기하고 있는 중대한 시기이다. 따라서 잘못된 교리로 오랫동안 신도들을 세뇌해온 종교 성직자들은 시급히 자신들을 오류를 통감하고 누구보다 먼저 변화되지 않으면 안 될 것이다. 수많은 신도들을 올바로 인도해야 할 그들의 책임은 너무나도 막중한 것이다.

이제 장차 예수님이 거느리고 오겠다고 했던 천군천사들이 실제로 우리 앞에 나타날 것이고, 그들의" 천상문명(天上文明)" 즉 찬란한 우주문명(宇宙文明)이 지구에 강림할 것이다. 그리하여 천상문명의 서광(曙光)이 인류를 내리 비치게 될 때, 그 찬란한 빛에 의해 지상의 그 어느 곳에도 어둠은 존재하지 못할 것이다. 그러므로 계속해서 종교 성직자들이 우물 안 개구리식으로 과거에 만들어진 왜곡된 교리에 갇혀 새로운 시대적 진리와 우주적 정보들을 부정하려는 행위는 떠오르는 태양을 한 줌의 손바닥으로 가리려는 어리석은 행위일 뿐이다. 또한 이제는 네 종교가 옳으냐? 내 종교가 옳으냐는 종교 싸움질과 또 어느 누가 정통이고 이단이냐에 대한 종교적 논쟁 역시도 불필요하다. 왜냐하면 더 이상은 아무 것도 감추거나 은폐될 수 없을 뿐만 아니라, 멀지 않아 천도섭리(天道攝理)에 의해 그 모든 비밀과 진실의 실체가 백일하에 드러나고 우리 앞에 밝혀질 것이기 때문이다. 따라서 앞으로 우리에게 필요한 것은 성서의 " 항상 깨어 있어라!" 는 말씀처럼 오직 깨어있는 의식(意識)과 그 모든 것을 받아들일 수 있는 열린 마음뿐인 것이다.

이 책의 내용은 이미 출판된 버지니아 에센(Virginia Essen) 여사의 <예수 그리스도의 충격 메시지> 증보 내용과 역시 그리스도로부터 메시지를 받고 있는 또 다른 미국의 채널러 캔데이스 프리즈(Candace Frize)가 기록한 최근의 주요 내용을 함께 묶어 편집한 것이다.

버지니아와 캔데이스는 몇 가지 서로 같은 공통점과 차이점을 공유하고 있다. 먼저 첫 번째 공통점은 똑같이 예수 그리스도로부터 메시지를 받아 세상에 알리는 사명을 수행하고 있다는 점이다. 두 번째는 두 사람 다 여성이라는 점, 세 번째는 연령상 이미 손자, 손녀를 둔 할머니들이라는 점이 같다.(※나이는 버지니아가 더 많다.)

차이점은 우선 버지니아는 대학교수 출신이라는 점, 캔데이스는 오랜 경력의 간호사 출신이라는 점이 다르다. 그 다음에 버지니아는 오랜 명상수행 과정에서 그리스도와 영적 파장이 연결되어 메시지를 받기 시작했고, 반면에 캔데이스는 어떤 수행의 과정이 없이 선천적인 텔레파시 능력자라는 점의 차이가 있다. 특히 캔데이스는 임박해 있는 재림을 위해 현재 선택된 유일한 메신저(Messenger)로서 본래 플레이아데스 성단에 있는 메로페 태양계의 <미루아(Myrua)>라는 행성으로부터 왔다고 한다. 그리고 이 번 생(生)은 그녀로서는 6번째 지구상에 환생한 것이라고 한다. 현재 그녀는 예수뿐만이 아니라 생 제르맹(st. Germain) 대사를 비롯한 천상의 마스터들, 천사들과 수시로 접촉하며 재림 문제를 논의한다고 한다. 특히 예수님하고는 거의 날마다 수시로, 어떤 때는 하루에 몇 시간씩 텔레파시적 대화가 이뤄진다고 한다. 영적 교신자로서 그녀의 장점은 다른 채널러들과는 달리 특별한 의식 상태에 몰입할 필요도 없이 일상적으로 운전할 때나 길을 걸을 때, 또 상점에서 일을 볼 때도 영적대화가 가능하다는 점이다. 이런 탁월한 영적능력에도 불구하고 그녀는 1997년 이전까지는 거의 그러한 재능을 사용하지 않았다고 한다. 글쓰기 역시도 올해 들어 <루이스 뉴스(Lewis News)>지의 한 칼럼니스트로 초청받으면서부터 시작되었다.

캔데이스는 수시로 그 모습을 본다는 예수님의 모습에 대해 대략 이렇게 묘사한다. 키가 큰 편에 속하기는 하나 아주 지나치게 큰 편은 아니고, 머리칼은 옅은 붉은 기가 도는 갈색 머리에다 아주 깊은 푸른 눈을 가졌다는 것이다.

그런데 버지니아와 캔데이스의 몇 가지 차이점에도 불구하고 두 사람이 받은 각각의 메시지를 편역자 나름대로 분석해 본 결과 내용상 거의 일맥상통함을 발견할 수가 있었다. 그래도 혹시나 하는 마음에 필자는 캔데이스에게 직접 메일(E-mail)을 보내 과연 예수님이 앞서 버지니아에게 계시를 준적이 있었는가를 질문해 보았다. 그 결과 캔데이스로부터 온 답변은 예수님에게 그 부분을 질문해 보았더니, 예수님은 과거 자신이 버지니아와 함께 작업하여 책을 낸 것이 사실이라는 말씀을 하셨다고 필자에게 전해왔다. 결국 버지니아와 캔데이스가 받은 메시지들은 수신자만 다를 뿐 동일하다는 결론이 되는 것이다.

그럼에도 불구하고 이 책의 모든 내용들에 대한 판단은 전적으로 독자 여러분에게 맡겨져 있다. 각자의 입장과 견해에 따라 이 메시지들을 받아들일 사람은 받아들일 것이고 거부할 사람은 거부할 것이다. 하지만 그것은 아무래도 좋다고 생각한다. 인간은 누구나 신(神)으로부터 부여받은 자유의지가 있고, 스스로 판단해서 선택할 권리가 있기 때문이다. 거기에는 아무도 관여하거나 간섭할 필요가 없고 또 간섭해서도 안 되는 것이다. 한편으로 또 그러한 선택의 결과에 대한 책임 역시 본인이 전적으로 짊어져야 하는 것이 우주법칙이라는 사실이다.

그런데 이 책 속에는 일반 기독교인들의 기존 교리로는 잘 납득되지 않는 내용도 있을 수 있고, 또 일반인들이 이해할 수 없는 용어들도 많이 등장한다. 특히 외계인에 관련된 언급 내용이 자주 등장하는데, 이는 기독교인들에게 매우 당혹스러울 수도 있을 것이다. 하지만 이는 결코 부정할 수 없는 현실인 것이며, 그러한 부분은 가능한 한 본 편역자(編譯者)가 각주(脚註)를 달아 독자의 이해에 도움이 되도록 하였다. 아울러 보다 중요한 주제는 따로 <참고 자료>란을 만들어 필요한 정보와 함께 그 부분을 상세히 설명해 놓았다. 그리고 책의 성격상 시급히 책을 내야 한다는 생각에 너무 급하게 시간에 쫓기며 이루어진 번역이라 일부 미비한 점이 있을 수가 있다. 이 점은 독자들의 넓은 양해를 바라며, 차후 재판(再版)시 바로잡을 것을 약속드린다. <참고자료>란을 집필하는 데 있어서는 인터넷의 관련 웹사이트에 올려진 내용들 많이 참고하고 인용했으며, 글을 올려준 모든 분들께 감사를 드린다. 마지막으로 번역을 일부 도와주신 천(千) 선생님과 출판을 허락해준 캔데이스 프리즈에게 감사의 뜻을 전하고 싶다.

2005년 6월 15일　편역자 -光率-

캔데이스 프리즈의 서문

지구상의 거의 모든 종교가 메시아의 재림(再臨), 또는 자기들 종교의 구세주의 귀환을 수천 년 동안 고대해 왔다. 그들은 이 때 어떤 대단한 기적적인 일들이 일어 날 것으로 기대한다. 기독교인들은 물론 이 사건을 " 재림"이라고 부르며, 예수가 귀환하는 것으로 언급하고 있다. 불교도들은 " 붓다(Buddha)" 의 도래를 기대하고 있으며 그 이름은 " 미륵(Maitreya)" 이다. 유대교의 추종자들 역시 아직도 자신들의 메시아를 기다리고 있다. 또한 많은 무슬림(이슬람교도)들도 12번째 인만(Inman)을 기다리고 있다. 이것은 사실 모하메드가 될 것이다.

매일 나는 정신적 텔레파시에 의해서 예수라고 불리는 존재와 회의를 가진다. 나는 일정한 기간 동안 매일 회의를 가질 것이고 새로운 메시지들은 적당한 때에 알릴 것이다. 아울러 나는 예수가 많은 사람들과 접촉을 가졌으며, 나 역시 그 많은 사람들 가운데 1명이라는 사실을 지적하고자 한다. 지구상에서 사태는 날마다 급속히 변화하고 있다. 따라서 그와 나는 매일의 만남을 갖기로 합의했으며, 나는 그 결과들을 공표할 것이다.

나는 예언자는 아니다. 단지 타자(Type)를 칠 수 있는 한 사람의 메신저일 뿐이다. 그러므로 부디 나를 너무 추켜올리지도 말고, 또 깎아내리지도 말기를 바란다. 단순히 읽고 글속에서 여러분이 원하는 그 무엇이 있다면 받아들이라. 이 내용들은 예수의 말씀을 직접 인용하고 있다.

이제 시작과 더불어 나는 많은 이들에게 UFO라고 불리는 실재에 관해 언급하고자 한다. 그렇다. 그것들은 실재이다. 어떻게 우주인들과 천사들이 우주를 여행하겠는가? 그들은 스타쉽(Starship:항성간 우주선)을 이용하며, 여러분은 맑은 밤하늘에서 무엇인가를 볼 수 있을 것이다. 그 대부분은 당신이 그것을 바라볼 때, 자주 변화하는 색채로 미친 듯이 번쩍거리고 빛을 발한다. 별들은 이와 같지는 않다. 당신들은 자신에게 친숙할 수도 있는 무리를 진 조화된 별들 가운데서 그것들(UFO)을 발견할 것이다. 왕복선(子船)들은 지구와 스타쉽 사이를 왕래한다. 그것들은 그들의 항성간우주선(母船)에 의존하는데, 수없이 많은 다른 형태들이 있다. 그것들은 고전적인 접시형, 시가형, 삼각형, 물방울형, 그리고 목격 보고된 수많은 다른 형태들일 수 있다.

지금 내가 이야기하고 있는 재림에 내용에 관련된 프로젝트를 위해서 1954년도에 플레이아데스로부터 예수와 약 1백만대의 스타쉽들이 우리 태양계에 도착했다. 그리고 우리 우주의 태양계들과 다른 우주로부터 많고도 많은 외계 존재들이 왔다. 사실 하늘의 모든 장소들이 " 재림(再臨)" 이라고 명명된 그 장대한 사건을 위해서 이곳에 대표자들을 보내왔다.

지금 우리 태양계 주변에는 1,000만대가 넘는 스타쉽들이 떠 있다. 상당한 숫자의 UFO들이 모여들고 있는 것이다. 그렇다면 그 이유는 무엇일까? 그것은 우리 지구인들을 구조하려는 것 외에는 다른 이유가 없는 것이다. 지금 우리의 구원 문제는 조직화된 종교들이 신도들에게 가르쳐온 내용이 그 진실이 아닌 것이다. 그것은 지구와 그녀의 주민들, 그리고 지구의 모든 생명체들을 구하는 것에 관한 문제이다.

지구는 자신의 역사 속에서 엄청난 부정성(Nagativity)을 겪어 왔다. 모든 감정들, 선(善)과 악(惡), 모든 행동, 모든 전쟁들, 일어난 모든 좋은 일들 등등은 지구의 자기(磁氣)와 조화로운 에너지에 영향을 미친다. 생명이 너무 오염되었을 때 지구는 그 모든 것을 피로해하며, 그 부정성은 어떻게든 방출되어져야 하는 것이다. 그리고 이러한 방출 현상의 대부분이 기상(氣象), 지진 등을 통해서 이루어진다. 그것이 예컨대 최근의 남아시아 지진과 해일 같은 것으로 일어나는 것이다.

이제부터 인류는 매 13,000년에서 2,000년간을 <광자대(Photon Belt)>에서 보내게 되며, 그 특수한 에너지가 지구에 많은 변화를 유발하여 영향을 미치게 된다. 현재의 증가하는 태양 흑점은 이러한 변화의 일부이다. 우리는 바야흐로 최종적인 마지막 몇 년을 남겨둔 채, 광자대(光子帶)에 진입했다. 지구 온난화의 많은 부분이 이런 활동의 결과이다. 광자대 속에 머물러 있지 않은 11,000년 동안은 흔히 ‘긴 어둠의 밤’으로 언급되었다. 그러나 광자대 속의 2,000년간은 빛 속에서 보내는 세월로 지내게 된다. 이 우주의 그 밖의 많은 행성들은 그들에게 특별한 시간표상의 유사한 사건들을 경험하게 된다. 만약 우리 행성의 주민들이 그 긴 어둠의 밤 동안 좋은 건강 과정을 유지한다면, 광자대의 시기는 주민들을 크게 향상시킨다.

그런데 만약 우리의 행성이 한층 더 부조화에 빠진다면, 그때 그것은 깨끗이 청소되어야만 한다. 이 정화작용(지구변동)은 B.C 11,000 ~ B.C 9,000년 사이에 마지막으로 일어났었다. 그리고 지구상의 성경과 기타 다른 성스러운 책들 속에 풍부하게 남아있는 파괴에 관한 수많은 이야기들의 원천이 여기에 있는 것이다.

모든 종교들은 우리가 지금 살고 있는 이 시기를 예언했다. 왜냐하면 각 종교가 말하는 그 마지막 시기가 이러한 주기(週期)의 때, 그리고 광자대 진입시부터라고 알려져 있기 때문이다. 현재 진행되고 있는 더 많은 사건들이 존재한다. 어둠의 시대 이후의 새 지구, 세계 전쟁 등이 공개될 만반의 준비가 되어 있다.

별들로부터 온 많은 존재들이 현재 행성 지구의 궤도를 안정시키기 위해 전쟁과도 같은 작업을 수행하고 있고, 참으로 대파멸적인 사건인 지구의 " 곤두박질" 을 막고 있다. 이 지구의 요동은 극이동(極移動)보다도 더 크나큰 타격을 일으킬 것이다.

지구는 일종의 " 지옥" 이다. 이곳은 우주로부터 온 존재들. 즉 대단히 두드러진 아눈나키(Anunnaki)에 의해 조종되는 감옥(형무소) 행성이다. 지구는 또한 천상으로부터 추락한 타락자들과 함께 파괴된 천상의 영역에서 온 자들의 행성이다.

이 영광스러운 시대에 어머니 지구는 광자대를 통한 여행 와중에 무엇이 일어나고 있는지를 언급했는데, 감옥 행성의 존재들과 여기서 벌어지는 파괴로 인해 매우 피곤하고 병들어 있다는 것이다. 여러분 모두는 지구가 지쳐있음을 느끼지 못하는가? 나는 그렇게 생각한다.

그러므로 천상으로부터 온 우리의 별(Star) 친구들과 또한 천사들은 행성 지구를 원상 복구시켜 그녀를 치유하고, 그녀와 그녀의 주민들을 천상(天上)의 상태로 회복시키기로 결정했다. 일종의 감옥 행성으로서 그녀는 본래 천상으로부터 분리되어 떨어져 나왔던 것이다.

“ 지옥(감옥)” 이란 다름이 아니라 신(神)의 부재(不在) 속에서 사는 삶이다. 그것은 그렇게 간단한 것이다. 현재 우리 은하계 내에 지구보다 더 나쁘고 낙후된 행성은 없다. 지난 50년 이상 모든 것이 변화되고 있다. 어둠의 존재들이 아주 강력하고 변화에 저항적인 만큼 그것은 가장 도전적인 과업이다. 만약 그들이 지구를 장악할 수 없게 된다면, 그때 그들은 사실상 행성 지구를 파괴하는 데 전념할 것이다. 이것이 성경 속에 선(善)과 악(惡) 사이에 벌어지는 <최후의 전쟁>에 관한 이야기가 나오는 이유인 것이다. 참으로 그것은 하나의 전쟁이다.

여러분 가운데 일부는 네사라(NESARA)에 관해서 알고 있다. 만약 모른다면 여러분은 웹사이트(www.nesara.us)를 찾아볼 수 있다. 네사라는 1990년대에 창안되었고 2000년 4월 승인되었다. 클린턴 대통령은 2000년 10월에 이 법(法)에 사인했다. 이 법이 실행되었다면 모든 지옥은 사라졌을 것이다. (※ 네사라에 관해서는 제2장 59 P. [참고 자료]란의 해설을 참고할 것)

그러나 부시의 당선은 이 모든 것을 강탈해 갔다. 그리고 9.11 테러는 네사라를 무너뜨렸고 그것에 관한 모든 것이 저장돼 있던 뉴욕의 쌍둥이 빌딩을 붕괴시켰다. 바로 그날 네사라가 출범할 예정이었던 것이다. 이 테러는 물론 네사라를 침몰시켰고, 그것은 다시 구성되어야만 했다. 그 때 이래로 네사라 프로그램을 공표하려는 많은 시도들이 있었다. 그 가장 주목할 만한 시도가 이루어진 것은 2003년 8월 14일 미국 동부 지역에 모든 전기가 정전되었을 때였다. 그렇다. 그 정전 사태는 그 목적을 위해서 행해진 것이었다.

이 거대한 어둠의 일당들은 자신들이 타인들에게 조장했던 모든 잘못된 행위들에 대해서 전혀 신경 쓰지 않는다. 이라크 전쟁은 현재 우리의 다른 행성 출신의 외계 방문자들이 공개적으로 드러날 " 첫 접촉" 을 막기 위해서 벌이고 있는 전쟁이다. 왜냐하면 그들은 지구상에 평화가 선언될 때까지는 오지 않을 것이기 때문이다. 그리고 우리는 그들이 오기를 원하고 있다.

네사라(NESARA)의 발표는 그 뒤를 이어 공식적인 재림 과정의 착수를 가능케 한다. 그것은 인류와 외계문명과의 첫 접촉에 의해, 그 다음에는 앞장선 예수와 함께 마스터(大師)들의 귀환에 의해서 이루어 질 것이다. 그는 " 구름타고 오리라." 고 한 성경의 예언을 실현하기 위해 스타쉽을 타고 도착할 것이다. 이것이 재림에 관한 모든 것이다.

우리는 지구의 정화(淨化) 과정을 도울 것이고, 또 우리는 치유를 경험할 예정이다. 우리의 신체는 현재보다 업그레이드(Upgrade) 될 것이며, 더 이상 우리는 죽어서 환생하는 재순환의 과정을 반복하지 않게 될 것이다. 우리의 신체는 우리가 그것을 사용하기를 원하는 한은 계속 지속될 것이다. 그리고 지구는 다시 한 번 천국으로 상승될 것이다.

-캔데이스 프리즈-

참다운 진리를 찾는 모든 구도자(求道者)들과 진정한 기독교인들에게 이 책을 바칩니다

차례 CONTENTS

제1장

이라크 전쟁과 유대 민족

제1장 이라크 전쟁과 유대 민족

미군이 이라크에서 저지른 죄악들

지금 내가 언급하고자 하는 것은 미국인들이 비밀리에 저지르고 있는 공작활동에 대한 것인데, 다시 말하자면 그들이 알 자르카위(al Zarqawi)의 반정부 폭동에 직접적인 책임이 있다는 것이다. 이것은 명백히 미국인들에 의해 자행되고 있는 범죄행위이다. 어둠의 세력들은 항상 불안을 조성하기 위해 동전의 양면을 활용한다. 그들이 만약 이렇게 하지만 않았다면 이라크의 사태는 훨씬 나은 상태가 되었을 것이다.

양면을 활용한다는 것은 이라크의 치안유지 명목으로 미군이 활동하는 다른 한편으로는 많은 이라크인들로 하여금 밖에 나가서 반란에 참여하도록 부추기고 선동한다는 것이다. 이처럼 이라크인들은 자신들이 현재 이용당하고 있다는 것과

알 자르카위

과연 누구를 위해 싸우고 있는지를 깨닫지 못하고 있다. 여러분의 교회들이 이 전쟁을 지지하는 여러분을 이용하는 것과 대단히 흡사하게 이슬람 성직자들도 똑같은 짓을 하고 있다.

하지만 나는 당신들 미국이 부도덕하고도 불법적으로 이라크에 침입했다는 것과 사실 그들은 당신들로부터 자신들을 방어할 모든 정당한 권리와 의무를 가지고 있다는 점을 말하고자 한다. 만약 그렇지 않다면, 그들은 차라리 스스로의 생명을 포기하는 자살을 택하고자 했을 것이다. 당신들이 생각하는 것 이상으로 당신네 미군들은 많고도 많은 사람들을 살해했다. 그 수는 인터넷상에서 추산되고 있는 사망자 숫자인 10만 명을 훨씬 상회한다.

뿐만 아니라 이라크의 "구원과 해방" 이라는 미명 아래 미국이 일으킨 전쟁에 의해 수많은 사람들이 집을 잃고 전기가 끊기고 일자리를 잃었으며, 무기들에 의해서 병들거나 부상을 입었다. 당신들 미군은 또한 네이팜탄(Napalm)과 유사한 화학 무기들을 사용했고 게다가 중성자 폭탄들도 사용했다. 이처럼 당신들은 인간 이하의 커다란 치욕을 범했으며 인간의 명예를 더럽힌 것이다.

이 전쟁을 지지하는 자들, 즉 하나님께서 인간에게 부여해

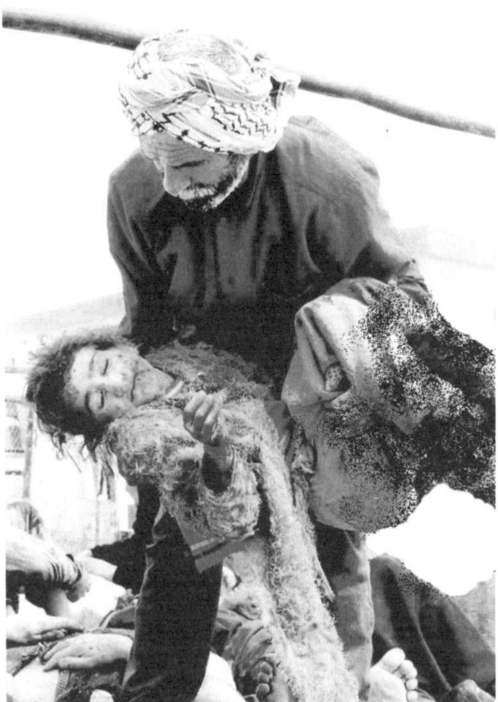
미군과의 총격전의 와중에 피살된 이라크 소녀

준 내면의 지성(知性) - 신은 내면에 있다 -을 사용할줄 모르는 사람들은 아마도 새로운 원시 행성에서 그들 자신을 발견하기 쉬울 것이다.

그리고 그들은 차원 상승할 준비가 돼있지 않을 것인데, 차원상승은 인류에게 전쟁의 포기와 행성 지구를 치유하고자 하는 노력을 요구한다.

여러분은 네사라(NESARA)[1]와 나의 재림, 그리고 천상에 있는 우주의 친구들의 착륙에 관한 진실들을 이해하게 될 것이다. 나는 여러분이 내 말을 귀담아 듣고 보다 나은 현명한 선택을 하기를 간절히 충고하는 바이다. 떠날 자와 남을 자의 분류 작업은 가까운 미래에 매우 빠르게 일어날 것이다.

---

1) 2장 59 P. [참고자료]란의 해설을 참고할 것.

기억하라! 여러분 중에 기독교인들이여! 성경은 밀과 가라지(독초)에 관한 비유의 이야기에서 한 사람은 떠날 것이요, 다른 한 사람은 남을 것이라고 말하고 있다.[2] 떠나야 하는 자들은 아직 준비가 안 된 자들이고 남는 사람들은 천국(天國)인 새로운 지구에서 살게 될 사람들이다. 여러분이 선택을 해야 할 최종적인 짧은 기간이 다가오고 있다.

여러분이 아직도 믿고 있는 대로 공중 휴거를 원한다면, 그러한 선택은 다른 장소에서 이루어지는 기나긴 재학습 과정에 들어가게 됨을 뜻할 수도 있다는 것을 알라. 그리고 비록 떠나는 자들이 가게 될 이 새로운 행성이 원시적이고 (영혼의 교육장으로서) 그곳의 학교들이 아주 좋을지라도 이러한 선택은 사실 여러분의 영적진화를 지체시킬 것이다. 왜냐하면 거기서 장차 배워야 할 것들은 이 지구에서의 여정에서 충분히 배울 수 있었던 것들이기 때문이다. 여기에 관해서 진지하게 생각해 보라. 여러분은 스스로 선택을 하게 될 것이다.

더욱 어렵고 비참해진 이라크의 현실

"살인하지 말라" 는 계명을 기억하도록 하라. 이것은 이러한 살인에 가담하는 직, 간접의 모든 인간들에게 적용된다. 모든 어린 아이들은 환영받는다. 그리고 그 아이를 낳은 부모는 힘닿는 대로 아이들을 사랑으로 돌보는 것이 필요하다. 살아가면서 부딪치는 어떤 사회적 어려움들을 해결해야 하는

2) 마태복음 13:24-13:30

개전 이래 미군 사망자 숫자만 1,700명이 넘어선 이라크 전쟁

것이 그들이 감당해야 할 영적인 문제들이다.

이슬람 방식으로 도둑질 한 자의 손을 잘라내는 것이 그 범죄와 재범(再犯)을 막는 능사는 아니며, 오히려 그것을 더욱 악화시킬 수 있다. 지구상에 도둑질하는 자들이 많다는 것은 인정하지만, 그러나 여러분은 반드시 그들의 개인적인 처지와 형편을 살펴보아야 한다. 자신과 가족의 식량과 입을 것을 구할 길이 없고 일자리가 없어서 불가피하게 도둑질을 했다면, 그러한 처지는 고려해 줘야만 하고, 그들에게는 도움의 손길이 주어져야만 한다.

현재 이 지구상의 부(富)는 일부 소수의 손아귀 속에 쥐어져 있다. 그런데 이것은 사회적 불만과 불안을 조성하고, 갖

이라크 내 수니파 무슬림 저항세력의 거점 도시 팔루자를 공격중인 미 해병

가지 음모를 통해 부를 도둑질하며, 많은 이들에게 필요한 일자리와 돈을 빼앗는 것이나 다를 바가 없다.

여러분은 미국이 지금 이라크에서 만들어 놓은 보다 더 커다란 문제들을 보고 있는데, 왜냐하면 매우 많은 이라크인들에게 일자리가 없기 때문이다. 분명히 이러한 상황은 사람들로 하여금 반항하여 봉기하도록 만들 것이다. 미국의 이라크 점령으로 인해 많은 이라크인들이 생계에 필요한 수입을 얻지 못하고 있다.

그리고 이라크 재건을 위한 돈은 석유에서 생기지 않는다. 현재 미국과 이스라엘 출신 사람들은 이라크에서 회사를 설립하고 있지만, 정작 이라크인들은 그들 자신의 기업을 세울 수 있도록 허용돼 있지가 않다. 이처럼 일자리와 생필품조차 구하지 못한 수많은 사람들이 떠도는 상황이 지속되면, 미국은 갖가지 문제들에 직면할 것이다. 이라크인들은 비록 그들 나라에 현재 서로 나눌 것이 별로 없지만 그들은 회교도들이기 때문에 함께 단결할 것이다. 그리고 그들 자신이 가진 것을 함께 공유할 것이고 이런 과정을 통해 더 커다란 힘을 얻게 될 것이다.

하지만 그렇다고 하더라도 회교도들은 부자들과 권력자들에게 강탈당했고, 이슬람교는 유대교나 기독교와 마찬가지로 사람들을 통제하기 위한 필요한 율법들이 거기에 추가 되었다. 그런데 이슬람교의 한 가지 중요한 점이 있는데, 회교도들은 빌려준 돈에 대해 이자를 받지 않는다는 것이다. 이슬람의 은행들은 필요한 수입을 다른 방식의 비즈니스 활동을 통해 얻는다. (자본주의 세계의) 고리대금업(高利貸金業)은 거대한 권력과 통제를 만들어 내며, 사실상 대중들의 부(富)를 도둑질하는 것이다. 그러나 장차 네사라(NESARA) 제도 하에서는 은행들이 융자금에 대해 이자를 물리지 않을 것이다.

미국의 이란 침공 문제

이란에 대한 미국의 공격 위험성은 최종적인 것이고, 미국은 그것을 실행할 준비가 돼있다. 그것이 우리가 왜 개입할 필요가 있는가에 대한 확실하고도 주된 이유이다. 덧붙이자면 인도네시아 수마트라 섬 북쪽의 해저단층지대가 불안정해지는 상태인데다 중동의 상황은 매우 긴박한 실정이다.

인터넷상이나 뉴스에 어느 정도 보도되다시피 미국의 군대는 이란에 대해 부분적인 공격을 가할 작정이다. 그렇게 함으로써 미국은 잠자던 북극곰인 러시아를 깨우게 될 것이다. 사실, 러시아는 이라크에 많은 무기를 공급했고, 그 대부분이 현재의 이 잘못된 전쟁이 일어나기 전에 공급되었다.

그들이 무기를 공급받은 것은 미국 정부는 이라크를 침략하려는 의도에 대한 수많은 경고를 주었었고, 게다가 이라크는 국가발전을 도모할 수 있는 충분한 시간이 있었기 때문이다. 만약 미군이 철군한다면, 이라크 지역은 아마도 국지전으로 끝날 것이다. 그리고 이란은 침공당해서는 안 된다. 그것이 이 시점에서 중동에서의 핵심 문제이기는 하나 이란은 실제로 준비가 아주 잘 돼있으며, 미국은 큰 어려움을 겪을 것이다. 그들은 병목과 함정을 만들어 매우 쉽게 모든 미군 병력

을 포위할 수가 있다. 이것은 그 지역의 지리에 관해 일가견이 있는 사람이라면 그 누구에게나 너무나 명백한 것이다.

미국은 많은 병력의 손실을 입을 것이다. 왜냐하면 이란은 미군에게 수많은 인명 피해를 입혀 간단히 격퇴할 수 있는 모든 능력을 보유하고 있기 때문이고 또 그들은 그렇게 할 것이다. 이 이른바 계획된 국지적 공격은 이란에게는 피해가 적을 것이고 미국에게는 큰 피해가 있을 것이다.

침략 전쟁은 하나님의 뜻을 거역하는 행위이다

미국은 대량살상무기(WMD) 등의 위협을 빙자하여 이라크를 침략했다. 그러나 이라크는 이런 무기들을 제거했고 사실상 어떠한 위협도 없었다. 따라서 나는 미국의 대중들이 이러한 전쟁을 지지했고 또 아직도 그렇게 많은 사람들이 지지하고 있다는 것은 이해할 수가 없다. 나는 이 행성이 영원히 전쟁의 수레바퀴에서 헤어나지 못할까 우려가 된다. 어떤 이들은 이 전쟁이 종교전쟁이라고 생각하지만 그러나 사실 그것은 단지 전쟁 지원을 제공하기 위해 조직화된 종교를 이용하는 것이다. 그리고 명분상 전쟁의 배후에다 신(神)을 내세우는 것은 필수적인 필요물인 것이다.

그러나 신(神)은 전쟁을 지지하지 않으신다. 하나님께서는 사랑으로 움직이시고 만인의 공익(共益)을 위해 모든 것을 해 나가신다. 내가 여러분에게 이것을 말하노니, 하나님은 미합중국이라는 전쟁기계의 편에 서있지 않으시다. 대통령 부시

가 자신의 사무실에 앉아서 병사들이 집에 돌아올 때까지 "바라건대, 신이시여, 미국을 축복해주소서!" 라고 말할 수는 있다. 하지만 하나님은 결코 전쟁의 침략 행위를 일삼는 미국을 축복하지 않으실 것이다.

이 지구상에서 신(神)에 대한 개념은 매우 더럽혀져 있다. 하나님은 하늘에 앉아 전쟁에서 한 쪽 편이나 드는 존재가 아닌 것이다. 지금 나는 왜 이러한 신에 대한 잘못된 관념이 인간들에게 형성됐는가를 이해한다. 그것은 과거 오리온 성좌 등에서 지구에 왔었던 전쟁하던 별 나라들 때문이었는데, 그 외계인들은 스스로 창조주 신(神)으로 행세를 했었다.

사람들이여! 여러분의 구약성경을 읽어보라. 이들은 당시 배후에서 중동 지방을 지배했던 결코 별로 좋지 않은 가짜 하나님들이었으며, (유대민족에게) 동물 제물 등을 바치도록 요구했었다. 여기에 관련해서 읽을만한 훌륭한 책이 "여호와는 E.T(외계인)였는가?(is Jehovah an E.T?) - 도로시 리온(Dorothy Leon) 지음)" 라는 책이다. 그들이 바쳤던 제물들은 당시 지구에 왔던 이러한 방문자들을 위한 바베큐(통구이)였던 것이다.[3)]

이것은 부디 여러분이 하나님으로부터 부여받은 분별력과 지성(知性)을 사용해서 신(神)이 진정 어떤 존재인가를 깨달

---

3)(캔데이스의 註釋): 여호와는 매우 오랫동안 지구의 지배권을 쥐고 있던 존재들 중의 하나이다. 그리고 그는 자신을 지구의 신(神)으로 확립시켰다. 이 여호와가 예수의 아버지가 아니라는 것은 아주 명백하다. 그의 아버지가 누구인가는 그가 재림한 이후에 스스로 말하도록 남겨둘 것이다. 그의 가르침에 따르면 하나님은 제물 따위를 바치라고 요구하는 인간 같은 존재가 아니라 내면의 신성한 불꽃인 동시에 영(靈)의 형태로 있는 것이다.

도로시 리온의 책 표지 모습

으라는 나의 간절한 요청인 것이다. 하나님은 사람과 행성들을 정복하러 돌아다니는 전사(戰士)가 아니며, 정당방어 이외에는 어떠한 전쟁도 지지하시는 분이 아니다. 현재 이 지구상에서 해야 할 하나님에게 속한 올바른 임무는 싸움질을 중단하도록 인류 모두를 설득하고, 불화를 종식시키고, 모든 생명과 행성 지구를 돌보는 노력을 하는 것이다. 하나님께서는 여러분이 자신과 같이 되기를 바라시고, 또 모든 생명을 보호하기를 원하신다. 또한 그분께서는 여러분이 이 자포자기의 세계를 바로잡기 위해 그분이 주신 지성을 사용하기를 바라시는 것이다.

카자르(Khazars) 유대인들 /시온주의자들(Zionists)의 음모

카자르(Khazar) 유대인들은 기독교의 배후에 숨어서 기독교를 하나의 도구로서 이용하고 있다. 이 카자르 유대인들[4]은

4) 이들은 현 시온주의자들이다. 오래 전부터 카자르라고 불리는 유대인 집단의 인간들

하나님의 백성들이 아니다. 오히려 이들은 하나님의 적대자들이다. 그들은 현재 이 지구를 장악하기를 바라는 존재들이며, 우리가 이 지구에서 추방하려는 존재들이다.

이스라엘을 지지하고 있는 모든 기독교인들은 사실상 그토록 오랫동안 이 행성 지구를 지배해 왔고, 또 인류를 노예상태로 지속시키려는 작은 신(神)들(악성 외계인들)을 지지하고 있는 것이다. 이스라엘은 여러분의 적(敵)이다. 이들 시온주의자(Zionist) 유대인들은 아직도 이교도들을 혐오하고, 오래 전의 진정한 셈족을 아주 싫어한다. 그런데 '아다미트(Adamite)'[5] 라고 하는 그 진짜 셈족들[6]은 표준적인 우주 내에 있는 발전

이 있었는데, 이들은 동유럽과 러시아 남부에 거주해 왔고, 사람들을 지배할 수 있는 종교를 원했다. 기독교와 이슬람교, 유대교를 조사한 이후에 그들은 유대교를 선택했다고 한다. 이들은 현대에 이르기까지 모든 종교들과 여러 사회에 침투해 있고 세계 지배를 계속적으로 추구해 왔으며, 세상을 비밀리에 조종하여 <신세계질서>라는 그들의 현 세계 지배 계획에다 편입시키고자 하고 있다. 이들이 바로 세계를 배후에서 통제하는 <그림자 세계정부>이자 타락한 천사들이고, 악성의 외계 조종자들의 앞잡이 하수인들이다. 다른 용어를 이들을 '일루미나티(illuminati)'라고 칭하기도 한다.

5) 아다미트들은 아담과 이브의 후손들이며, 그들은 지구상에서 진화해온 종족들보다 더 뛰어난 유전적 특징을 지니고 있었다

6) 일반적으로 셈족은 유대민족과 중동의 아랍 민족을 지칭하나 여기서는 그들 속에 섞여 있던 다른 혈통의 순수한 빛의 종족을 의미하는 것으로 보인다.

수천만의 러시아인들을 학살한 레닌과 스탈린의 초상화

되었던 행성의 주민들이었고, 따라서 그들은 "하나님의 사람들" 이다.

미국 9.11 테러의 진정한 배후 세력은 누구인가?

그런데 이들 카자르들은 러시아에서 공산주의를 창건했고, 세계 2차 대전의 기간 동안에 러시아에서 엄청난 인명들을 희생시켰다. 이 러시아인들의 희생은 인명손실에 있어서 유대인 대학살을 크게 상쇄하는 것이다.[7]

---

7) 공산주의 이론은 유대인 마르크스에 의해 창시되었고,, 수천명의 유대인 선동가들에 의해서 러시아에서 공산주의 혁명이 일어났다. 312명의 러시아 공산주의 지도자들 중에 비유대계는 단 2명뿐이었다고 한다. 제정 러시아를 무너뜨리고 정권을 장악한 트로츠키와 레닌을 비롯한 유대인들은 1940년대 스탈린 시대에 이르기까지 러시아에서 황족과

유대인 대학살이 발생한 것은 유대민족이 나를 (구세주로) 받아들이지 않았다고 해서 하나님이 분노했기 때문이 아니라, 이교도들과 진짜 셈족들을 지구상에서 제거하길 원했던 유대인들의 신념이 창궐했기 때문이었다.

아랍 사람들은 확실히 하나님의 사람들이다. 하나님의 백성들은 이 지구상에서 진화했거나, 우주에서 원래의 고향 행성을 잃어버린 결과로 이곳에 배치됐거나, 아니면 또 다른 원인에 의해 지구에 배치 받은 모든 존재들을 말한다.

카자르들은 저열한 혈통(DNA)을 사용한다. 그러나 인류 가운데 고등한 빛 속에서 환생하고 있는 존재들은 '아다미트(Adamite:아담의 자손)' DNA 신체를 사용한다. 하지만 카자르들은 '아다미트'가 아닌 신체를 사용해야만 한다.

미국의 9.11 테러는 *여러분으로 하여금 회교도(Islam)들을 증오하게 만들고, 필요한 석유를 손에 넣기 위해 카자르들(시온주의자들)에 의해서 저질러졌다.* 그러나 여러분에게는 장차 석유가 필요치 않을 것인데, 왜냐하면 우리가 다른 에너지 수단을 인류에게 공급할 것이기 때문이다. 회교도들은 타당한 이유로 인해 카자르들을 증오한다. 중세에 이슬람을 박멸하려고 시도한 가톨릭 교회의 배후에 있었던 것이 바로 카자르들인 것이며, 이것은 "십자군 전쟁"으로 알려져 있다. 카자르들이 회교를 접수하고 오늘날 존재하는 이슬람의 문제들을 만들어 냈음을 깨닫도록 하라.

반대파를 포함, 약 2,000만명의 민중을 학살하고 처형했다.

9.11 테러 당시 뉴욕의 세계 무역 센타 빌딩의 피격 모습

과거 모하메드조차도 카자르 유대인들에게 방해를 받았다. 이것이 바로 회교 내부에서 -시아파와 수니파- 서로간의 분쟁이 존재하는 배후 원인이다. 모하메드는 회교를 할 작정이었는데, 그것은 지금까지 이용돼온 호전적인 방식이 아닌 신(神)에 대한 평화의 지식을 토대로 진리를 전파하려는 것이었다. 카자르들은 그들이 바로 나에게 행한 것과 똑같이 모하메드의 사명을 방해했다. 그들은 불교(佛敎) 역시 약간 오염시켰으나 이스라엘을 위해 3대 종교(기독교, 가톨릭, 회교)를

조작하고자 농간을 부려온 정도는 아니다.

하나님께서는 이스라엘이 다시 건국되리라고는 전혀 생각하지 않으셨다. 유대인들은 자기들 스스로 나라를 다시 세웠고, 이것은 하나님의 계획에서 상당히 벗어나 있는 것이다. 나는 (2,000년) 전에 모하메드가 600년 안에 올 것이고, 그릇된 예언자가 될 것이라고 언급한 바가 있다. 그렇다고 해서 모하메드가 악한 인간이었다고 말하려는 것은 아니다. 다만 그의 사명이 카자르들에 의해 공중에서 강탈당했고, 결과적으로 그들에 의해 그릇된 가르침이 만들어 질 것임을 뜻하는 것이었다. 이슬람교는 카자르 유대인들이 나의 가르침에 가했던 왜곡을 바로 잡으려는 모하메드에 의한 진지한 시도였었다. 그러나 그는 성공하지 못했다.

지구상에는 올바른 주요 종교가 없다. 모든 종교들이 매우 부정적인 방식으로 아마겟돈을 일으키기 위해 이용되었다. 유대인과 러시아인들에게 일어났던 대학살의 목적은 결과적으로 지구에서 '아다미트(아담의 자손)' 혈통들을 제거하기 위한 것이 대부분이었다.

히틀러

이것이 히틀러가 앞장서서 하고자 한 것이었다. 그러나 원래 그는 이것을 의도한 것은 아니었다. 유대인에게 반대했던 그의 성향은 사실 카자르들을 반대한 것이었다. 하지만 바로 어둠의 존재들이 그에게 지나치게 접근했었고,

관중의 환호에 답하는 독일의 아돌프 히틀러

그의 임무는 또한 타락하고 와전되었다. 그의 임무는 집단학살을 통한 것이 아니라 독일과 카자르들의 통제 밖에 있는 외곽의 주변 지역을 장악하는 것이었다.

하지만 바로 여러분이 '사탄(Satan)'이라고 부르는 존재가 "오버쇄도윙(Overshadowing)" 이라고 불리는 과정을 통해서 그의 몸을 점령했으며, 셈족과 '아다미트' 혈통을 없애고자 그를 뒤에서 조종했던 것이다.

사실 지구 밖 우주공간의 어떤 우주선에는 소위 "타락한 천사들" 인 네피림(Nephilim)들이 가득 타고 있다. 그들은 아마도 결코 다시는 천상계로 복귀되지는 못할 것이다. 그들의 숫자는 약 3,600만 명이다. 그들은 오랜 기간 우주선 속에서 사는 것에 지쳐 있고, 따라서 그들은 행성을 원한다. 하지만 그들은 '아담의 자손(Adamite)' 신체 속으로 육화해서 태어날 수는 없으며, 그리하여 그들이 또한 이 거대한 2차 세계대전의 배후에 있었던 것이다.[8]

여러분은 일반적으로 유대인들을 증오해서는 안 된다. 왜냐하면 그 대부분의 사람들은 바로 여러분과 다를 바가 없기 때문이다. 문제가 있는 것은 유대교와 기독교, 그리고 이슬람교의 배후에 도사리고 있는 카자르들(시온주의자들)이지 보통의 유대인들이 아니다.

보통 사람들이 자기들의 종교를 믿으라고 의도적으로 다른 사람을 인도하는 것은 단순히 고지식한 사람의 행위일 뿐이지 그것이 문제가 되지는 않는다. 그러나 카자르들은 오직 그들 자신의 사악한 필요성 때문에 이 세상을 전쟁의 도가니로 만들어 그러한 상태가 유지되기를 바라는 것이다.

어둠의 세력이 만들어낸 갖가지 악성 바이러스들

나는 여기서 몇 가지 중요한 사실을 언급하고자 하는데, ***카자르들은 수백 년 전에 유럽에서 임파선종의 전염병을 만들어냈다는 사실이다. 또한 그들은 에이즈(AIDS)를 만들어 냈고, 1970년대 초기에 작은 천연두 백신을 통해서 그것을 아프리카에다 퍼뜨렸다. 게다가 그들은 제1차 세계대전 시기에 스페인 독감을 창궐케 했고, 지금은 '조류독감 바이러스'를 가지고 농간을 부리고 있다.*** 그들은 대중들을 통제하기 위해

8) 이 말의 의미는 2차 대전이 일어나게 된 원인 가운데 타락한 천사들인 네피림의 작용이 있었다는 뜻이다. 즉 어둠의 세력이 빛의 세력을 지구상에서 제거하려는 시도라는 의미가 있다.

서 질병을 이용하고 있으며, 특히 '아다미트(아담의 자손)' DNA에 영향을 미치는 바이러스를 개발하고 있는 중이다.

그들이 바로 오래 전의 바벨탑 이야기 속의 그 사람들이었는데, 인류의 DNA 가닥을 분리시켰던 장본인들인 것이다. 이렇게 됨으로써 인간들은 고차원의 세계와 통신할 수가 없었고, 텔레파시 능력이 끊겨버려 서로 간에 교신할 수가 없었다. 게다가 힘마저 빼앗겨버렸다. 그리하여 카자르들은 지구를 소유할 수 있었던 것이다.

여기서 "내 이름으로 두 명이나 그 이상이 모이면"의 법칙을 다시 언급하게 되는데, 그것은 사실 보다 높은 차원들을 지각할 수 있는 두 사람이나 그 이상을 의미하는 것이다. 그들은 진실을 찾아낼 수가 있고 이러한 진실을 이용하여 거대한 변화를 만들어 낼 수가 있다. 하지만 높은 차원의 세계를 인지할 수 없는 사람들은 어둠의 세력이 만들어 놓은 맹목적 믿음에 빠지게 될 뿐이다. 그들이 다른 가능성들을 발견하기에는 어려움이 많다.

지구의 현재 상황은 최악의 상태이며, 사람들은 신(神)이 자기들을 도와주길 고대하면서 하늘만 쳐다보고 있다. 그들은 자신들의 내면에 거하고 계시고, 내면에서 오시는 이러한 하나님의 개념을 이해하지 못한다. 하지만 어쨌든 여러분이 하늘에 계신 신(神)께 드렸던 기도는 경청되었다고 생각한다. 왜냐하면 우리가 이렇게 엄청난 숫자로 여러분의 하늘 위에 와서 대기하고 있고, 행성 지구의 생명을 구하고 건강을 회복시키기 위해 활동하고 있는 까닭이다. 그러므로 우리가 여러분 모두를 피난시키거나 다른 행성들로 데려갈 필요는 없는 것이다.

그러나 주의하라! 카자르들이 광자대의 시기에 대해 알고 있다는 것과 오래 전부터 그 신(神)의 빛, 그 우주적인 빛의 힘들이 이 중요한 마지막 때에 이곳 지구를 채우리라는 것을 알고 있음을, 아울러 그들은 고의적으로 복음서의 해석을 자기들의 목적에 적합하게 변조까지 했다는 사실을 말이다.

♣ [참고자료] 어둠의 세력의 정체는 무엇인가?

한마디로 유대인에 의한 세계 정복을 목표로 결성된 비밀 결사 조직을 말한다. 이 비밀 조직은 이른바 겉으로 드러나지 않은 채, 세상을 배후에서 조종하고 지배하기 때문에 <그림자 세계 정부>, 또는 <세계 비밀 정부>, <초정부(超政府)>라고 칭한다.

그 기원은 고대의 석공(石工), 또는 성당, 신전 건축업자들이 대부분을 차지하고 있었던 유대인 조합인 길드(Guild)에 있다고 한다. 그들은 보통 사람이 지니지 못한 성당 및 신전 건축 기술로 인해 교회나 국왕의 특권적 보호하에 있어서 여러 세속적 의무를 면제받고 도시에서 도시로 자유로이 이동할 수가 있었다. 그때 독특한 표시나 암호에 의해 그 지역의 로지(Lodge)에 숙박할 수가 있었다고 한다. 이렇게 해서 로지는 차츰 그들의 지방 조직이 되었는데, 중세 이후 성당

건축업이 쇠퇴하자 석공 이외에 그 지역의 중산층 지식인이나 사회명사들을 가입시켜 세력을 강화하였고, 이것이 나중에 <프리 메이슨(Free Mason)> 조직으로 발전되었다. 1717년 영국의 런던에 있던 4개의 로지가 대(大)로지(본부)를 형성했으며, 1725년에는 전 잉글랜드 조직으로 발전하였다. 그 후 18세기 중엽에는 유럽 전역과 미국에까지 퍼져나갔다.

이 프리메이슨단은 초기부터 위험스러운 비밀 조직으로 비쳐져서 여러 국가들에서 탄압을 받아 왔는데, 아마도 이 과정에서 유랑민족인 유대인의 생존전략으로 유대인 만에 의한 '세계지배' 또는 '지구관리' 음모가 싹텄던 것으로 추정되고 있다. 1897년 스위스에서 개최된 제1차 시오니스트 대회에서 채택된 것으로 알려진 <시온 의정서(議定書)>의 내용을 읽어보면, 유대인의 세계 정복 목표와 그 구체적 계획이 잘 나타나 있다.

여기에는 20세기 초부터 미국의 록펠러 등의 석유 메이저와 유럽의 로드 차일드가(家), 그리스의 오나시스 등과 같은 거대한 유대 재벌들이 깊이 관여되어 있었고, 프리메이슨 조직은 현재 전 세계에 걸쳐 거미줄 같은 하부 조직망을 가지고 있다. 표면적으로는 그 나라의 명사나 비유대인들도 회원으로 가입되어 있으며, 회원 상호간의 친목도모와 우애, 세계 평화 등을 내세우고 있다. 그러나 하부 조직의 회원들은 상부의 계획을 알지 못하고 단지 이용될 뿐이고, 실제로 그 내부의 고위 핵심 멤버들은 모두 유대인들이다. 이 프리메이슨의 회원들은 알게 모르게 기독교나 이슬람교 등의 각종 종교들에도 침투되어 있는 상태이다.

이 세력은 정치, 경제, 종교, 군사, 문화, 사회, 등의 모든 면에서 세계 정복을 목표로 한 지하 비밀 조직으로서, 세계의 금융(金融), 무기산업, 식량, 석유산업, 군산복합체, 정보기관, 언론매체, 우주개발을 독점하여 장악하고 있다. 예컨대, 미국의 정보기관인 NSA(국가안전보장국), CIA(중앙정보국), 또 NASA(항공우주국)같은 것은 이들이 움직이는 손발과 같은 것이다. 이 프리 메이슨의 상부를 이루는 또 다른 명칭의 여러 조직들이 있는데, 현재 드러난 것으로는 300인 권력 위원회, 빌더버그 그룹, 원탁회의, 외교관계위원회(CFR), 삼자위원회, 등이 있다. 이 그림자 정부의 최종 목표는 '신세계질서(New World Order)'의 구축이라는 명분하에 전 인류를 하나의 단일 체제의 정부 아래서 통치하는 것이라 한다. 그런데 이것은 긍정적 의미에서의 세계통일이 아니라 어둠의 세력이 자기들의 의도대로 전체 인류를 노예화하여 예속시키고 지구를 장악하자는 것이다. 세계 최강대국인 미국 정부 자체가 이 세력에 의해 배후에서 점거된 상태이며, 그들이 조종하는 대로 움직이고 있는 실정이다.

이들은 이념적으로 공산주의도 민주주의도 아니고, 사회주의도 자본주의도 아니다. 또 종교적으로 기독교도, 이슬람교도, 불교도, 힌두교도 아니다. 아울러 국가적으로 미국편도 유럽편도 러시아편도 일본편도 중국편도 아닌 것이다. 이들에게는 어떠한 이념도 국가도 종교도 없으며, 어느 편을 지지하지도 않는다. 오로지 이들은 자기들만의 목표를 위해 이 모든 것을 <정반합(正反合)의 원리>에 의해 조작하여 이용하고 조종할 뿐인 것이다.

여러 가지 소스를 통해 흘러나온 정보에 따르면, 이들은 이미 오래전, 1950년대 아이젠하워 정권 때에 어둠에 속하는 우주의 부정적 외계인 세력과 접촉해 왔고, 그들로부터 외계의 과학 기술을 전수받았다고 한다. 그 결과 이미 미(美) 네바다 주의 <Area-51>이나 ,<S-4> 같은 지하 비밀구역에 반중력 비행체(UFO)와 전자 광선 무기 등을 이미 개발해 놓은 상태이다. 이들이 가진 과학 기술은 현 단계의 지구 과학을 훨씬 뛰어 넘는 가공할 기술들이며, 이미 인간 복제, 시간여행, 및 화성 등지를 왕래할 수 있는 능력이 있

미국 정부의 UFO 관련 공작을 묘사한 드라마 <테이큰(Taken)>

다고 한다. 때문에 그들은 오래전부터 UFO 문제를 철저히 은폐해 왔으며, 민간 UFO 연구단체들의 UFO 정보 공개 요구에도 이를 극구 회피하거나 UFO는 인간의 시각적 오인 내지는 착시현상에 불과하다고 허위발표를 해왔던 것이다.

그런데 이들이 어둠의 외계인들과 접촉을 해온 것은 이미 고대 유대민족의 구약시대부터라고 추측된다. 왜냐하면 구약에서 유대민족이 신(神)으로 떠받들어 온 존재들 자체가 외계인들이었기 때문이다. 이처럼 유대의 소수 엘리트들은 오랜 인류의 역사 동안 비밀리에 '아눈나키(Anunaki)'라고 불리는 어둠의 외계인 군주(君主)들을 신으로 받들며, 지금까지 그들의 지구 앞잡이 내지는 하수인 노릇을 해온 것이다. (※이 소수의 유대 엘리트들을 이른바 <일루미나티(Illuminati)>라고 칭한다.) 그 대신에 그들은 지구에서 엄청난 독점적 권력과 부(富)를 보장받아 왔다. 그러나 현재 이 지구의 어둠의 세력들은 그들을 원조해 주던 어둠의 외계 군주들과는 단절된 상태에 놓여 있다고 한다.

하지만 이런 상황에서 그들은 빛의 세력에 속하는 외계문명의 개입을 저지하기 위해 최악의 경우 전면적 핵전쟁, 우주전쟁까지도 불사할 각오로 최후의 일전을 계획하고 있다고 보여진다. 여기에 관련된 외계로부터의 최근 정보가 있어 잠깐 소개하자면 다음과 같다. 이것은 미국의 채널러 쉘든 나이들(Sheldon Nidle)이 영단과 은하연합함대로부터 2005년 4월 26일에 받은 메시지의 일부 주요 부분이다.(www.paoweb.com)

(前略) 그리고 우주선들로 이루어진 거대한 함대와 무적의 기술이 여러분의 활동을 지원하기 위해 대기하고 있음을 알기 바란다. 이런 중요한 움직임들이 진전되는 동안, 어머니 지구는 또한 지표면의 격렬한 변형의 시기로 점점 더 가까이 다가가고 있다. 지난 15년에 걸쳐서 어머니 지구는 증가되는 지진 활동들을 가능한 한 지표면의 비거주 지역들에다 넓게 국한시켜 왔다. 단지 가끔의 지진, 화산 폭발, 해일 등이 일정한 지역에만 피해를 입힌 정도였다. 하지만 지구 표면의 압력이 증대되는 만큼 지진에 의한 피해의 가능성이 더욱 높아지고 있다. 우리는 이러한 잠재성을 매우 면밀히 주시하고 있고, 있을 수 있는 모든 가능성들을 예측하고 있다. *게다가, 이 마지막 남은 비밀 세력들에 의한 파멸적인 군사 행동의 가능성이 날마다 증가하고 있다. 핵전쟁을 감행하려는 그들의 성향은 계속해서 우리를 깜짝 놀라게 한다. 어떻게 해서든 전 세계적인 아마겟돈(Armageddon)을 유발시키려는 이 어둠의 세력의 의도는 매우 어리석은데, 왜냐하면 아무도 거기서 살아남을 수가 없기 때문인 것이다. 따라서 우리는 그들에게 거듭해서 핵전쟁을 시도해서는 안 된다고 충고하였다.*

이 증가하고 있는 거대한 규모의 지구변동의 가능성은 불길하게 핵전쟁의 위험성과 결부되어 우리와 인류와의 첫 접촉을 필연적으로 보다 앞당기도록 만들고 있다. 우리 함대사령부의 평의회(評議會)는 공식적인 대량 착륙을 위한 절대적인 최종 기한을 요청하였다. 현재 우리는 이 최종 기한과 그 복잡한 시간 일정을 신중하게 고려하고 있다. 우리는 지구상의 우리의 동맹들에게 이것에 관해 알렸고, 어둠의 세력의 지도자들에게는 공식적인 경고를 보냈다. 여러분의 운명은 우리에게 소중한 것이다.

(중략)*핵전쟁의 위협으로도 만족하지 않은 이 어둠의 일당들은 수많은 첨단 기술의 고성능 무기들을 지하 기지에서 반출시켰다.* 우리의 방위 부대는 그 무기들이 여러분의 세상에서 일반적으로 사용되는 무기들과 비교해서 얼마나 더 진보되어 있는지를 알고 있다. 언급할 필요도 없이, 우리는 이 부시 정권에게 이러한 무기들을 대규모로 사용하는 것이 우리에 의해서 저지될 것임을 통고했다. 이 정권은 두 나라(아프가니스탄과 이라크)를 상대로 전쟁을 벌였을 뿐만 아니라 전 인류를 상대로 비밀리에 심령 전쟁 및 기상 전쟁에 착수해 있다. 이러한 비밀 전쟁은 모든 국가들을 이 어둠의 일당의 모든 변덕에 확실하게 복종시키기 위한 일종의 위협적인 무기인 것이다. 우리의 목표는 이들의 공작을 막고 이 정권을 권력으로부터 몰아내는 것이다. 이 어둠의 세력이 의도하고 있는 이 사악한 폭정은 허용될 수가 없다. 그런 까닭에 행동의 시간은 가까이 와 있으며, 명확히 작전개시의 호각을 부는 것은 우리의 의무이다.

이처럼 그들의 이러한 최후의 발악이 시도되고 있는 것은 진보된 선(善)의 외계 존재들의 지구 개입이 곧 그들의 권력이 막을 내려야 함을 뜻하기 때문이다. 바야흐로 이 어둠의 존재들은 이제 움켜준 권력을 내놓고 지금까지 저질러온 죄의 대가를 치루지 않을 수 없는 최종적인 막다른 상황에 처해 있는 것이다. 굳이 기독교적 표현을 사용한다면, 이 모든 어둠의 세력이 바로 사탄의 세력인 것이고 이 세력의 지구 우두머리가 <적그리스도>라고 할 수 있을 것이다. 그러나 우주에서 어둠의 세력은 이미 빛의 세력에 패퇴하여 어느 정도 제압된 상태라고 하며, 그들의 하수인들이 마지막으로 암약하고 있는 곳이 이곳 지구인 것이다.

무지한 일부 기독교인들은 외계인들을 모두 사탄 세력이라고 하고 UFO를 사탄들이 이용하는 병기 내지는 비행체라고 하는데, 이것은 좀 무식한 이야기이다. 무엇보다도 이곳 지상과 마찬가지로 저 우주에도 빛의 세력과 어둠의 세력이 공존한다는 사실을 깨달아야 한다. 기독교 성직자들이 UFO나 우주인 문제를 무조건 이단시, 사탄시하는 것은 몰지각한 중세기적 발상이며, 우주과학이나 천문학에 흥미를 가진 자라나는 세대의 교육을 위해서도 결코 바람직하지 않다. 이 광대한 우주공간 속에 하나님이 백사장의 한 모래알에 불과한 지구에만 생명을 창조했다는 억지 믿음을 강요하는 것은 매우 부당한 일이며, 어린이들의 과학적 상상력을 가로막아 그들을 영적인 불구자로 키우는 것이나 진배가 없다. 또한 이것은 누가보아도 우물 안 개구리식의 편협한 사고(思考)인 동시에 현대교육을 받은 지성인의 보편타당하고 합리적인 태도라고 할 수가 없다.

그들은 신도들이 UFO나 우주인의 문제에 관심을 갖게 되거나 그러한 정보들이 교회에 들어오는 것이 기독교 교리와 기존 영역을 고수하는 데 위협을 받는다고 인식하는 경향이 있는데, 하지만 성경 어디에도 하나님이 지구에만 생명체를 창조했다고 나온 부분은 없다는 점을 인식해야 한다. 그리고 이제 어차피 천상의 계획에 따라 외계문명과 인류문명과의 접촉은 머지않아 필연적으로 일어날 수밖에 없는 것이다. 따라서 신도들의 눈과 귀를 억지로 막아 곧 인류 누구에게나 명백히 드러날 이러한 우주적, 천도적 섭리를 거스르려고 하는 것은 사실상 하나님의 뜻과 그리스도의 뜻에 거역하는 것임을 시급히 자각할 필요가 있다.

누가 이 사지(死地)로 떠나야 하는 군인과 천진한 아이의 눈물을 책임질 것인가?

(조선일보 6.10)

"아빠, 안가면 안돼요?" 8일 미국 위스콘신주의 한 군부대에서 바이탈 실바 중사가 버스에 오르기 앞서 이별이 아쉬워 눈물을 흘리는 8살 난 아들을 달래고 있다. 실바 중사는 동료 70명과 함께 미시시피주의 캠프 셸비로 이동, 이라크 파병에 대비한 훈련을 받게 된다. AP연합

제 2 장

재림은 눈 앞에 와 있다

제2장 재림은 눈 앞에 와 있다

나는 유대인들의 메시아가 아니었다. 나는 모든 인류에게 왔었던 것이다. 내가 그곳 이스라엘에 처음으로 출현한 것은 단지 (메시아가 오리라는) 그 당시의 유대인들의 믿음들과 상대적 안전성 등을 고려해 선택한 것이었다. 다른 곳은 확실히 안전하지 않았다. 로마는 효과가 별로 없었을 것이고 그 당시 다른 문화들은 덜 발전되어 있었다. 게다가 아눈나키는 세계의 그 지역에 확고히 자리 잡고 있었고, 따라서 내가 유대 땅이 아닌 다른 곳을 선택했다면 도전받을 수밖에 없었다.[1]

그 당시에 내가 지상에 왔던 것은 현재 최종적으로 그 결실

1)〈아눈나키(Anunnaki)〉란 오랜 고대부터 지구를 배후에서 지배해온 어둠의 외계인들을 의미한다. 이들은 구약 [창세기 6장]에 "네피림"이라고 기록돼 있고, 또 사람의 딸들을 아내로 삼았다는 하나님의 아들들로 표기되어 있다. 그리고 이들은 당시 로마와 그리스, 이집트를 중심으로 종교를 통해 인류를 조종하고 지배하고 있었다. 역대 로마 황제들의 대부분이 사실상 〈아눈나키〉 출신들이라고 한다.

이 다가오고 있는 거대한 계획의 시작을 알리는 신호였었다. 말하자면 그것은 일종의 무대를 설치한 것이었다.

향후 유대민족에게 돌아올 특별한 마스터나 메시아는 존재하지 않는다. 내가 이 시대에 전 세계로 오는 것이다. 그리고 지구상에 돌아오거나 최초로 오는 다른 존재들은 나의 지원 하에 있다. 나는 이 시대에 '세계의 스승(World Teacher)'[2]이며, 이 자리에 매우 오랫동안 머물러 있을 것이다.

나는 머지않아 곧 오게 될 것이고, 늦지는 않을 것이다.[3] 원래의 계획은 여의치가 않다면 사람들을 지구에서 이륙시킴과 더불어 지구를 구하는 것이었다. 그리고 나는 잡다한 (기독교의) 공중 휴거론들을 언급하고 싶은 생각은 없는데, 왜냐하면 그런 이론들은 모조리 대중들을 혼란시키고 그들로 하여금 그들 자신의 내면을 들여다보기 보다는 대신 하늘만 쳐다보도록 만들어진 전적인 허구인 까닭이다. 내가 이미 설명한 바와 같이 그것은 불가능한 것이다. 인간이 마지막 때에 몇 년 동안을 계속해서 진짜 구름에 앉아 있을 수는 없다.

만약 지상에서 (UFO에 의해) 인간들을 들어 올리는 것이 불가피했다면, 들어 올려진 그들은 자기들의 고향행성이나 아니면 다른 적합한 행성들로 돌아갔을 것이다. 그 다음에 지구를 청소하는 정화작업이 시작되었을 것이다. 하지만 지구는 향후 수천 년 동안 다시 인류가 거주할 수 있는 행성이 되지는 못

---

2) 지구의 영적 사제단(Spiritual Hierarchy)의 중요한 한 직책명이다.

3) 재림의 시기는 지구의 상황에 따라 어느 정도 유동적인 것으로 보인다. 개인적인 견해로는 어느 정도의 변수는 있을 수 있다고 생각하지만, 매우 임박한 시기라는 것은 분명한 것으로 추측된다. 그러나 시기가 언제이든, 성경에 "인자가 도적같이 오리니 항상 깨어 있으라"는 말씀을 염두에 둘 필요성이 있다.

했을 것이다.

더 이상 지연시킬 수 없는 지구변동

앞으로 지구 내부세계에서 사느냐의 여부는 인류가 지구를 청소하기 위해 얼마나 잘 협력하여 일하느냐에, 또 얼마나 빨리 그 청소 과정이 일어나느냐에 달려 있다.[4)]

지구를 매우 신속하게 정화하기 위해서는 다른 행성의 우주기술들이 직접적으로 많이 사용될 것이다. 왜냐하면 **우리는 더 이상 기다릴 수가 없고, 또 지구가 그 인내의 한계 수준에 봉착하여 다른 문제에 개의치 않고 청소 과정에 돌입할 예정이기 때문이다. 그러므로 청소 과정은 신속하게 이루어져야 할 필요가 있는 것이다.**

우리는 모든 측면에서 우리가 원래 계획했던 것보다 더 깊이 지구에 개입하게 될 것이며, 그 이유는 (어둠의 세력의) 초기 저항이 커질 수가 있고 우리가 더 이상은 기다릴 수가 없는 까닭이다. 네사라(NESARA)[5)]가 2001년에 발효되기로 돼 있었음에도 그것이 여러 차례 무효화되었고, 이라크 전쟁이 새로운 지구로의 변화 과정을 크게 지연시켰으므로 우리는 매우 신속

---

4) 지구 차원상승의 한 과정으로서 장차 발생하게 될 지각변동(지구청소)의 시기 동안 인류는 지표면에서 살 수는 없고 지구 내부세계로 피난해야만 한다고 한다.
※이에 관한 캔데이스의 註釋:내가 (인류의 피난 계획에 관한) 정보를 읽었을 때, 나는 그 당시 우리가 차원상승(천상으로 복귀하는 것) 과정 동안 지구의 내부 세계에서 살게 될 것인지에 관해 우주의 관련 담당자들에게 질문했었다. 그들은 나에게 지구를 단기간 내에 복구시키기 위해서는 이것이 필연적이 될 것이라고 말한 바가 있다. 이 지구변혁의 기간 동안 우리는 지구의 내부에서 안전하게 있게 될 것이다. 지구의 내부에는 몇 백마일 깊이 속에 최소한 100개 도시들이 존재한다. 재림 과정의 일부로서 우리는 지저세계인들과 다시 합류하게 될 것이다.
5) 59 P. [참료자료]란의 해설을 참고할 것

하게 행동하여 지연과정을 만회해야만 하는 것이다.

네사라는 미대통령 연두교서 이전에 공표되어야만 했다. 어둠의 세력은 충분한 시간을 가졌으며, 만약 그 날짜에 발표되지 않는다면 그때 우리는 신속히 조정할 것이다. 만약 우리의 존재에 관해 사전에 인류에게 알림이 없이 우리가 이것을 감행해야만 한다면 대중들이 상당한 충격을 받게 될 것이다. 이처럼 빛의 일꾼들이 사람들을 도울 준비가 빨리 갖춰져야 하기 때문에 이것은 빛의 일꾼들에게 시급히 알려져야 할 필요가 있다.

우리는 이렇게 하는 것을 바라지는 않지만 시간이 거의 다 되었다. 우리가 이러한 전쟁을 중단시키고 네사라(NESARA)를 시행하지 못한다면, 지구는 모종의 대대적인 정화작용(대변동)을 시작하게 될 것이다. 그녀는 견딜 수 있는 모든 것을 다 인내하였다.

인도양의 깊은 해저 단층지대에서 작업하고 있는 우리들에 관한 보도들이 있었는데 이것은 사실이다. 위쪽의 북쪽으로 진행 중인 모든 단층지대가 불안정해지고 있다. 만일 그것이 흔들린다면 인명 피해가 엄청날 것이고 지구의 주민들이 그 참사를 도울 길은 별로 없다. 우리는 지구에 개입할 것이고, 개입해야만 한다. 만약 그 해저단층지대가 붕괴되어 요동친다면 지구가 자체의 궤도에서 이탈되는 긴박한 결과를 초래할 수가 있다. 그 때 우리는 실제로 인류를 들어 올려야만 할지도 모른다.[6] 이러한 사태를 직접적으로 유발하고 있는 것은 지구상의

---

6) 여기서 들어 올린다는 의미는 UFO의 리프팅빔(Lifting Beam)으로 들어 올린다는 뜻이

♣ [참고자료] 네사라(NESARA)는 무엇인가?

National Economic Security And Reformation Act의 약자(略字)로 "국가 경제 안정 및 개혁 법안"이라는 뜻이다.

이 법안은 1990년대 초부터 미국에서 추진된 법안으로서, 극소수에게 부(富)가 독점되어 있는 비정상적인 세계 경제 시스템 자체를 바로잡으려는 노력의 일환이다.

세계 경제는 "그림자 세계 정부"가 오랜 동안 세계 경제 구조와 흐름을 배후에서 왜곡시켜 지배, 조종함으로써 그 대부분의 부와 권력이 일부 사람들에게 편중돼 왔었다.(※세계 인구의 약 5~8%가 90% 이상의 부를 장악) 따라서 이 개혁 법안은 세계 인류 전체에게 공평히 부(富)를 분배하고 누구나 고루 경제 혜택을 받고 번영을 구가할 수 있게 만들어진 법이다. 그리고 그 실현을 위해서 오래 동안 지구상의 빛의 세력들과 영단 및 우주인들의 배후 노력이 있어 왔다.

아울러 이 법안이 실현되면, 50년 이상 은폐돼온 UFO와 외계문명의 실체와 이제까지 억압돼 있던 여러 과학적 신기술들에 대한 관련 정보들이 모두 폭로될 수가 있다고 한다. 그렇기 때문에 그동안 어둠의 세력들의 끈질긴 방해 공작에 의해 여러 차례 그 발표가 연기되고 불발돼 왔다.

네사라 웹사이트(www.nesara.us)에 들어가면 자세한 내용이

다. 우주선에서 발사된 광선의 자력(磁力)에 의해 순식간에 인간들을 우주선 내부로 끌어올릴 수가 있다. 만약 급격한 지축변동이 발생하는 비상사태 시에는 이러한 방법으로 인류를 구조한다고 한다. 그러나 이 경우 광선의 진동주파수와 파장이 맞는 순수한 사람만이 들려올라 갈 수가 있다고 하며, 구약성경의 엘리야의 승천과 예수의 승천 등은 사실상 이러한 형태로 이루어진 것이다.

소개되어 있는데, 그 기본적인 개요와 혜택은 다음과 같다. 미국에서 가장 먼저 발표되고 시행되며, 그 후 전 세계 다른 국가들에게도 동일하게 시행될 예정이라고 한다.

[네사라의 기본 개요 및 혜택]

1. 이제까지의 은행과 정부의 기만에 대한 구제 정책으로서 개인의 신용카드 빚, 은행에 잡힌 담보저당권, 기타 다른 모든 은행 부채들을 탕감한다.

2. 국민의 소득세 제도를 철폐한다.

3. 미 국세청(IRS)을 폐지한다; 정부에 관계된 고정요금의 비본질적인 신상품에 한해서 판매세 수익을 신설한다.

4. 새로운 미 재무성 은행 제도를 실시하여 미 연방 준비국을 흡수하고, 새로운 금본위 제도로 뒷받침되는 새 미 재무성 화폐를 발행한다. – 연방 준비은행과 연방 준비제도는 폐지.

5. 헌법(憲法)을 새로이 복구한다.

6. 120일 내의 새로운 선거 때까지 NESARA를 헌법적으로 수용할 수 있는 새로운 대통령과 부통령을 지명함으로써 현 정부를 대체하기 위해 현 행정부의 사임을 요구한다.

7. 국제적 은행 업무 개선책들을 순조롭게 진행할 수 있게 하고, 미국의 호전적인 군사행동을 즉각적으로 종식시키며, 수많은 개선책들을 가능케 할 수 있는 대통령 지명자의 "평화선포"를 요구한다.

8. 인도주의적 목적을 위해 천문학적인 자금을 방출한다.

미 국회의사당 앞에 서 있는 네사라 홍보 트럭의 모습

검은 세력들이다. 그들은 날마다 계획적으로 지구상의 기상들을 교란시키고 있다. (남아시아) 지진이 발생한 이후에도 그들은 해저에다 폭탄을 폭발시켰으나 다행스럽게도 작은 피해만 발생했다. 사실상 깊은 물속의 수압으로 인해 폭탄은 크게 작용하지 못했을 것이다. 이른바 "스칼라파(Scalar Wave)" 라는 것이 보다 큰 피해를 일으킬 수가 있다. 과거에 있었던 인도양에서의 폭탄 실험은 그 지역의 해저 단층선에 문제들은 초래한 바가 있다.

최근에 손상된 미 잠수함 사건은 그 잠수함이 인도네시아 수마트라 반대편의 동쪽 지각판(地殼板)에다가 폭탄을 투하하는 것을 포함한 모종의 음모를 계획하고 있던 중이었다. 그것은 실제로 해저에서 융기작용이 일어나도록 타격을 가했으며, 때문에 우리는 그 잠수함의 수중음파탐지기를 작동 불능케 함으로써 길을 잃게 만들었던 것이다. 그 잠수함은 다른 잠수함의 도움으로 괌(Guam)에 있는 기지로 돌아가야만 했었다.[7] 그들은 그 지역에다 더 이상의 폭탄을 투하하는 것을 보류하기로 결정했다.

---

7) 이 사건은 2005년 1월 8일에 발생한 사건으로 지난 1월 초 AP 등 외신은 미 해군 핵잠수함 '샌프란시스코'호가 해저에서 암초와 충돌해 심하게 파손되었다고 보도했다. 그리고 27일 미 해군은 파손된 핵잠수함의 사진을 공개했는데, 사건은 지난 8일 괌으로부터 남동 방향으로 360마일 떨어진 지점, 수중 500피트 지점에 발생했다. 최고 속도로 순항하던 잠수함이 지형지물과 충돌했고 137명의 승무원 중 1명이 사망하고 60명이 골절상 등 크고 작은 부상을 입었다고 한다.
당시 승무원들은 잠수함 내부로 들어오는 물을 퍼내는 등 30 시간이상 사투를 벌였다고 하며, 미 해군은 오래되고 부정확한 해저 지도가 사고 원인이라고 발표했다.
(팝뉴스 보도 기사 참고 인용)

미 해군이 사건 발표 후 1월 27일 공개한 손상된 잠수함의 사진

이 최후의 비밀세력들은 믿을 수 없을 만큼 사악하며, 우리는 이제 직접적으로 개입할 허가를 받았으므로 만약 네사라(NESARA)의 발표가 다시 한 번 조금이라도 지체된다면, 우리는 행동에 돌입할 것이다. 그것은 매우 주목할 만한 일이 될 것이므로 빛의 일꾼들은 준비하는 것이 좋을 것이다.

우리는 상당히 사태를 통제하고 있다고 확신하고 있지만, 그렇다고 하더라도 아직은 예기치 못한 놀라운 일이 일어날 수 있으며, 그러나 그것은 마지막 상황이 될 것이다. 하지만 실상 우리는 관계된 지역에 긴장된 감시를 계속하고 있고, 특히 해일에 의해 영향 받은 인도양 주변을 감시하고 있다. 그들이 그 지역을 흔들어 놓기 위해 그렇게 열중하고 있다는 것과 이라크 전쟁에서 손을 떼지 않고 있다는 것은 매우 수치스러운 일이다. 우리는 현재 그 지역에 있는 사람들을 직접 도울 수 없는 대신에 해저 단층선의 상태 때문에 일어날 수 있는 지구의 불안정한 궤도를 안정시키기 위해 우리의 모든 에너지를 투입하고 있다.

이라크 전쟁은 전적으로 우리(천상의 세력)가 오는 것을 저지하기 위해 진행되고 있다. 왜냐하면 의당 해야만 할 비상의 경우가 아니라면, 우리는 평화가 지구상에 선포되기까지는 착륙하지 않을 것이기 때문이다. 만약 우리가 비상착륙을 감행해야만 한다면 이것은 대단히 중대한 사건이 될 것이며, 지구의 현실에 전혀 무지한 사람들은 이것을 일종의 (외계의) 침략이라고 생각할 수도 있다는 점을 이해하도록 하라. 지구의 구조(救助) 문제는 대중들에게 별로 이해되고 있지 않다.

떠날 자와 남을 자들의 분류작업

내가 하고자 하는 구원은 참으로 여러분의 영혼의 구원에 관한 것이긴 하지만, 여러분 영혼의 구원을 위해서는 영혼의 진화라고 알려진 신성(神性)을 향해 올라가는 여러분의 여정(旅程)을 계속하기 위한 장소가 필요한 것이다. 만약 지구가 사람이 거주할 수 없는 행성이 된다면 모든 이들을 위해 외계의 다른 행성들 가운데서 거주처를 탐색하기 위한 광범위한 계획이 요구된다. 지구인들이 와서 사는 것을 원치 않는 수많은 행성들이 존재하는 관계로 우리는 지구의 사람들을 분류할 필요가 있었다. 그래서 ***오로지 이 사건(차원상승)을 돕기 위해서 이곳 지구에 온 존재들(※내가 지구에 왔던 시점에 같이 왔었던 144,000명과 그 이후로 이곳에 온 1억 1천만 명)과 그 영적진화 상태***

가 데려가도 좋을 만큼 보증된 사람들만이 이동된다. 그 수많은 우주의 행성들이 자신들의 평화로운 사회에다 지구상의 사악한 인간들을 받아들여 인간들의 거주처가 됨으로써 오염되는 것을 원하지 않았다. 그리고 우리는 이곳 지구에서 진화한 경이로운 일부 생명체들의 증거를 보존하기 위해 (성경의 노아의 방주 스토리와 같이) 많은 샘플(Sample)들을 채취했다. 우리는 또한 많은 지구의 동물 가족 구성원들을 같이 데려갈 예정이다. 이처럼 행성 지구를 구하고 치유하는 것과 여러분 모두가 서로를 알아보는 천상계를 향한 여러분의 여정을 계속하도록 허용하는 것이 요망되었던 것이다.

행성의 주민들을 피난시키는 것은 함께 인생을 동행해 왔던 가족들과 집단들의 이산(離散)을 초래한다. 행성 지구와 지구의 영계(靈界)에 거하는 막대한 인구수 때문에 많은 행성들이 그들 중 높은 진동을 지닌 모든 존재들을 거주시키기 위해 사용되어야만 한다. 나머지 낮은 진동을 지닌 인간들은 지구에서의 모든 부정적인 기억들을 버리고 자신들의 카르마(業)에서 벗어나 다시 (윤회를) 시작하기 위해 새로운 행성으로 가게 될 것이다. 우리는 그들이 어떠한 기억도 지니기를 원하지 않는데, 그렇게 함으로써 그들은 학대, 기아(飢餓), 그리고 전쟁 등의 기억 없이 진정으로 새로이 시작할 수가 있는 것이다. 그들은 다만 기본적인 인성(人性)과 기술들만을 가지게 될 것이다.

이동되어야 할 영계(저승)[8]의 모든 존재들은 현재 시점에 새

8) 종교인들의 대다수가 하늘나라 또는 천상계와 영혼세계를 구분하지 못하고 혼동하는 경우가 많다. 그러나 영계라는 것은 어디까지나 지구권을 벗어나지 못하며, 행성 지구를 둘러싸고 있는 형태로 존재한다. 즉 영혼계와 현재 우리가 살고 있는 물질계는 같은 공간

로운 행성들로 옮겨졌다. 분류작업은 이미 끝났다. 영적으로 성장하기를 포기한 매우 부정적인 존재들은 (영혼 자체가) 해체되었다. 이제 남아있는 유일한 분류작업 대상은 오직 육체로 화신한 지상의 존재들뿐이다. 보다 낮은 진동의 존재들과 그들의 신체는 상승하는 지구의 에너지 속에서 견뎌낼 수 없을 것이고, 급속히 노화(老化)되어 사망할 것이다. 그때 그들은 옮겨지거나 해체될 것이다.

우리가 지구상에 도래하는 것은 이제 최종적인 분류작업이 시작됨을 나타내는 것이다. 우리는 빨리 지구에 올 필요성이 있는데, 그것은 지구를 구하고 아직도 전쟁과 부정성에 사로잡혀 있는 자들에게 회개하여 지구와 함께 상승하든가, 아니면 준비된 다른 행성으로 가서 다시 시작하든가를 선택할 기회를 주기 위해서이다. 그곳은 거기를 선택한 자들을 위해 준비된 새롭고 원시적인 행성이다.

지구에서 환생(還生)의 수레바퀴는 끝나가고 있으며, 그것이 우리가 구조(救助)를 행하는 이유 중의 하나이다. 물론 또 다른 이유는 행성 지구를 파괴로부터 구하려는 것이다. 지구의 차원 상승 과정 속에서 지구와 함께 이곳에 체류할 모든 사람들은 자신들의 모든 부정적 카르마(惡業)를 청산했을 것이고,

---

내에 겹쳐져서 존재하며, 단지 그 세계를 구성하는 에너지의 진동주파수가 다르다는 차이뿐이다. 여기서 지구의 영계에 머무르고 있는 영혼들을 다른 행성으로 이동시킨다는 의미는 지구가 장차 4~5 차원 이상으로 진동수가 올라가 천상의 영역으로 승격되므로 이곳에 맞지가 않은 저급 영혼들은 분류하여 적합한 다른 장소로 옮긴다는 뜻이다. 그러나 영계가 정리되었다고 하더라도 현실적으로 볼 때, 지상에 떠도는 부유령이나 지박령(地縛靈), 또 무속인이나 사람에게 붙어있는 빙의령(憑依靈) 등은 아직 정리가 안 된 것으로 추측된다. ※캔데이스 註釋:저승세계, 즉 영계는 여러분이 지구상에 육화(肉化)되었을 때 귀속되는 행성 지구의 천계(天界)이다. 지상에 육신으로 태어나지 않았을 때와 육신으로 잠들어 꿈꾸는 상태 동안 여러분은 그곳 학교에 가는 것이다.

새로운 행성으로 가는 이들은 카르마에서 자유로이 풀려나 새로 시작할 것이다.

이 지구 행성에서 진행되어 온 환생의 사이클은 정상적인 것이 아니었다. 그것은 매우 짧은 인간 삶의 기간 때문에, 그리고 (우리 은하계의) 형무소 행성이라는 지구의 특성 때문에 발생했던 것이다. 여러분은 그 환생의 주기(週期)를 벗어날 수 없었고, 따라서 자꾸 반복해서 지상에 돌아오기를 계속해야만 했던 것이다.

지구 변동은 단계적이고 정상적으로 일어날 것이다

나는 전 세계로 온다. 많은 기독교인들은 내가 이방인들에서 벗어나 이스라엘로 올 시기에 나를 볼 것이고, 이스라엘은 나를 알아보고 받아들인다. 많은 이들이 이스라엘은 당시 과거 초림(初臨)때에 나를 메시아로 인정하지 않음으로써 이 시대에 내가 재림하게 만든 데 대해 책임을 지지 않으면 안 된다고 믿고 있다. 그리고 그들은 2차 대전시의 유대인 대학살이 유대민족이 2000년 전에 나를 받아들이지 않은 데 대한 처벌이라고 생각한다.

또 일부 사람들은 "아마겟돈(Armageddon)"이 나를 돌아오게 하기 위해 섭리적으로 일으켜지는 것이 틀림없다고 생각한다. 따라서 그들은 나를 돌아오게 하기 위한 전쟁과 흑사병을 지지하고, 지진과 다른 변동들이 일어나기를 바란다. 그러나 그들은 아무도 진실을 향해 한 발자국도 앞으로 나가지 못했다. 지금이 마지막 때이기는 하지만 현재 진행되고 있는 것은 기존의 종교 단체들이 가르쳐온 것과는 전혀 다르다.

"아마겟돈" 이란 말은 고대 그리스의 용어로서 종말기(終末期)에서부터 새시대에 걸쳐 일어나는 변화들은 의미한다. 이 사건은 내가 이미 언급한 바와 같이 지구가 광자대(光子帶)로 들어감에 따라 미리 예정돼 있는 것이다. 한 행성이 광자대 안에 있게 될 때, 그 행성은 파괴되든지 아니면 새롭게 태어나든지 한다. 만약 새로운 재생이 일어난다면, 그 행성은 보다 높은 성스러운 세계로 승격될 것이다. 지구의 경우에 있어 그녀는 이전에는 결코 이러한 차원 상승을 완료하지 못했다. 모든 행성들이 광자대라는 튜브를 따라서 다양한 등급으로 여행하는 것이다.

다른 은하계적이고 우주적인 문제와 우리에게 경청된 여러분의 기도로 인해서 지구가 이 시대에 파괴되지 않도록 조처를 취하기로 결정되었다. 그 변화는 정상적으로 일어날 것이다. 그리고 파괴 대신에 인류에게 신성한 은총이 주어지고 원조가 중재될 것이다. 이러한 과정은 더욱이 지구가 광자대 안에 있었던 과거의 최후의 시기 이전에 이미 시작되었고, 일을 성사시키기 위한 계획이 착수되었다. 파괴는 과거 그 때 일어났었다.

여러분의 성서(聖書)가 하나님께서 결코 이 세상을 다시는 파괴하지 않을 거라고 언급하고 있는 것은 진실이며, 그것이 지금 이 시대에 이루어지고 있다. 지구를 창조한 신(神)이라는 이 상상 속의 실재는 어떠한 파괴도 행하지 않는다는 것을 이해하도록 하라. 광자대의 작용은 자연적인 것이다. 파괴를 조건짓고 집단적인 스스로의 행위에 의해서 그것을 자신들에게 불러오는 것은 바로 인간이다.

그럼에도 파괴의 원인이 이 시대에 조성되지 않는 것은 우리의 도움 때문이다. 지구는 지진(地震)들과 기타 유사한 활동들을 겪을 것이나, 우리는 가능한 한 그것을 통제할 것이고 그것이 보다 완화되어 나타나도록 만들 것이다. 과거와 이 시대의 차이점은 지구의 지진이 과거처럼 지구를 파괴하기 보다는 오히려 재건할 것이라는 점이다.

천사들과 지도령들

나는 여러분의 인도자와 천사들이 종종 사람들에게 나타나고, 그들이 사람을 인도하는 일을 수행한다는 문제에 대해 논하고 싶다. 기독교 가르침의 특성으로 인해, 그리고 뉴 에이지 자료의 아주 많은 부분 속에서도 가장 빈번하게 언급되는 사람이 바로 나 예수이다.

그런데 기독교에서 빠져 있는 가르침들 중의 하나가 여러분의 인도자들(Guides)[9]에 관한 것과 여러분이 육화되기 전에 그 존재들이 지상에 내려가 경험하게 될 여러분의 삶의 계획을 맡아 세워준다는 것에 관한 것이다.

내가 가장 널리 알려진 사람인 까닭에 많은 것들이 나에게로 돌려지는데, 사실 그것은 내가 혼자서 하는 것이 아니다. 이러

9) 사람마다 가지고 있다는 보호령(保護靈)이나 지도령(指導靈), 수호령을 의미한다. 기독교적 표현으로는 수호천사라 해도 무방하다. 보통 조상신인 경우가 많다고 하나 소질이나 특기, 사명에 따라 인연있는 영이 와서 도와주는 경우도 있다고 한다. 그리고 그 사람의 특성이나 영적레벨에 따라 보호령이나 지도령의 수준도 각기 다르다.

한 직권의 더 많은 부분이 여러분의 가이드들에게 돌려져야만 한다. 또한 가이드들과 천사들은 내 자신과 많은 마스터들, 그리고 빛의 세계에서 활동하고 있는 다른 위대한 교사들에게 훈련을 받는다.

지구상에는 나에게 단순히 자신들에게 필요한 모든 것들을 개인적으로 돌봐달라고 하는 사람들, 즉 모두가 한결같은 기독교인들이 너무나 많다. 나는 여러분이 가이드들과 천사들의 봉사에 대해 따뜻한 감사의 마음을 보냈으면 좋겠다. 여러분이 그들에 대해 알고 있다는 것을 그들에게 인식시켜 주도록 하자. 기독교인들에게 있어 나, 예수 이외에 그 다음으로 가장 숭배 받는 공통적인 인물은 물론 성모 마리아이다. 그런데 여러분 모두는 성모 마리아가 당시 배후에서 나의 임무를 돕기 위해 육화된 천사라는 사실을 알고 있는가?

다른 차원계와 홀로그램 투사 능력

어떤 한 사람이 모(某) 도시의 공개된 지역에서 나를 아주 일정한 시간에 목격했다고 한 적이 있었다. 내가 어떤 일정한 시간 동안 나타난 경우는 대개 내 자신의 이미지나 홀로그램을 그 장소에 쏘아 투영(投影)하는 것이다. 홀로그램(Hologram)[10]이란 말이 표현상 적절한 용어는 아니나 인간의 언어로는 달리 대체해서 사용할만한 용어가 없다.

캔데이스는 한 웹사이트(web site)에 잘 알려진 나의 그림이 우리의 메시지와 함께 올려져 있다고 언급했다. 그런데 그 그

10) 광선의 투사에 의해 만들어지는 3차원적인 입체영상

나네트 크리스트 존슨

림은 놀라운 예술적 솜씨를 가진 나네트 크리스트 존슨(Nanette Crist Johnson)으로 알려진 한 위대한 영혼을 지닌 사람에 의해서 그려졌다. 나는 1986년의 부활절 3일 전에 그녀에게 나타났었다. 그녀의 존재 내면에는 그림을 그리는 사명이 있으며, 나는 그녀의 이젤(easel:그림 받침틀) 위에 모습을 드러냈었다. 그녀는 내 모습을 그린 그림을 부활절에 완성했는데, 불과 3일이 걸렸을 뿐이었다. 나는 그녀와 대화를 나눈 후, 그녀가 그림 그리는 것을 위해 내 자신의 홀로그램을 하나 남겨놓았다. 그런데 그렇다고 그 홀로그램이 그림이 완성될 때까지 초상화 작업을 위해 포즈를 취해야만 했던 것은 아니었다.

자아의 홀로그램 투사 기술의 이용은 여러 장소에 동시에 출현할 때 사용되는 일반적인 방법이고, 여러분이 신(神)을 찾아가는 여정 속에서 배우게 될 하나의 기술이다. 그러나 이 기술을 행할 수 있기 위해서는 빛의 몸(Light Body)이 반드시 필요하다. 지구상의 많은 이야기들 속에는 이 기술에 관한 사례들이 많다. 나는 어떠한 시간에도 내 자신의 홀로그램을 여러 개 만들 수가 있고, 이것은 몸을 한 번에 많은 장소들에 출현시킬 수 있는 방법인 것이다. 홀로그램을 통해서 실제처럼 말을 하는 것이 가능하며, 따라서 아무도 그것이 홀로그램임을 알아차

나네트 크리스트 존슨에 의해 그려진 예수 그리스도의 모습

리지 못한다.

여러분 가운데 이미 많은 사람들이 영혼의 세계로부터 방문을 받았다. 대개 이런 방문을 하는 존재들은 돌아가신 여러분의 친척들이다. 영혼의 세계에 머무를 때 여러분은 영적인 몸을 가지고 있는데, 그것은 육체를 이루고 있는 질료 단계, 즉

물질적 진동에 가까운 곳에서는 현시될 수가 있다.

그 영체(靈體)라는 것은 한마디로 차원적인 진동수가 다르기 때문에 육체를 지닌 인간의 눈에는 보여 질 수가 없는 것이다. 이런 상태에 있을 때 전부는 아닐지라도 많은 이들이 그들 자신의 홀로그램을 여러분의 현실계로 투사하는 능력을 가진다. 이것이 그들이 여러분에게 목격되는 방법인 것이다. 이것은 더욱이 여러분이 천사들을 목격하는 대부분의 경우에도 활용되는 방법이다.

여러분의 육체가 빛의 몸으로 바뀔 때, 또 여러분의 DNA가 다시 연결될 때 당신들은 더욱 자신들의 위에 있는 고차원의 세계들을 실제로 가장 면밀하게 볼 수 있게 된다. 이것이 여러분 중의 많은 이들이 최근 천사들과 다른 차원의 존재들을 보다 쉽게 목격하는 이유이다. 그들은 이제는 여러분에게 보여지기 위해 굳이 홀로그램을 사용할 필요가 없다.

자, 내가 어떻게 우주선상에 있을 수 있고 또 내가 어떻게 영혼의 세계에서 움직일 수 있는지에 대한 질문들이 있는데, 그에 대한 답변은 단지 나의 다차원적인 기술에 의해서 가능하다는 것이다. 영혼의 진화 여정에 있는 모든 존재들은 적절한 시기에 이러한 기술들을 배우고 습득한다.

어떤 사람은 자신이 만약 시시때때로 나로부터 텔레파시적인 말을 수신해서 들었다면 그 메시지가 우주선으로부터 온 것이 아닐까하고 생각했다. 이것은 있을법한 이야기이지만 그렇지는 않다. 나는 몇 대의 우주선들을 왕래하지만 실제로는 내 시간의 상당 부분을 지구 내부 세계의 도시들에서 보낸다. 그러나 이제 나는 다가오고 있는 첫 접촉과 나의 재림을 준비하는 과정의 일부로서 어떤 우주선상에 있다.

오랜 세월에 걸쳐 있었던 여러분 모두와 나의 접촉은 영혼의 세계에서 이루어져 왔고, 나 또한 그곳의 한 사람의 거주자이다. 당신들이 아는 영혼의 세계는 이해 부족으로 말미암아 거대한 미스테리(Mystery)로 보여 진다. 그곳은 다른 차원들과 현실들이 모여 펼쳐진 곳이다. 나는 거기서 내 가르침의 대부분을 펴고 있고, 그 세계들로부터 다른 곳을 방문한다.

내가 이미 언급했듯이 모든 이들이 장차 보게 될 나의 몸은 어느 정도 고차원적인 것이며, 3차원에서도 여러분에게 충분히 보여 진다. 그러나 안전 문제 관계로 이런 방식으로 직접 자주 나타나는 것은 별로 바람직하지가 않다. 따라서 나는 홀로그램을 이용하며, 그것은 어디에서나 모든 부분이 실제처럼 보여 진다. 당신들은 자신들의 몸의 상승될 때 이것을 배울 것이다. 그리고 그 신체의 진동을 낮추어 낮은 차원들에서 보이게 할 수가 있고, 또한 진동을 약간 높이는 것이 현명한 곳에서는 또 그렇게 할 수가 있다.

당신들의 차원 바깥에는 단지 소규모 그룹으로 된 얼마간의 사람들이 존재하고 있는데, 그들은 여러분과 상당히 유사하게 지구 위에 거주하고 있다. 이것은 소위 새스콰치(Sasquatch)[11]와 유사생물에 관해 드러나지 않은 이야기이다.

---

11)미국 북서부 산속에 있다고 전해지는 사람 같은 큰 짐승. 유인원(類人猿)일 가능성이 높다고 추정하고 있다.

새스콰치로 추정되는 생물을 우연히 촬영했다는 필림의 사진들

이러한 생물들은 그 자체로는 3차원 속에 존재하고 있지만, 인간의 의해 발견되었을 때는 자신들의 진동을 대략 3.5 차원 정도로 높여 비가시적(非可視的)인 상태로 만듦으로써 사라져 버린다.

이처럼 여러분의 주변에는 여러분이 지각하지 못하는 것들이 많이 널려 있다. 그리고 나는 과거, 현재, 미래 등의 모든 시간에 걸쳐 다차원적으로 존재하고 있는 것이다.

제 3 장

창조의 자궁과 하나님의 재료

제3장 창조의 자궁과 하나님의 재료

하나님이 "말씀(Word)"으로 우주를 창조하신 참뜻

삶의 나날이 한 치의 오차도 없이 냉혹하게 미래로 흘러감에 따라, 많은 이들이 21세기에 인류의 안전과 생존을 뒷받침해 줄 정보들, 특히 광자대(光子帶)[1], UFO, 그리고 은하적(銀河的)이고 영적인 삶에 관한 지식들을 요청하고 있다.

따라서 나는 여러분을 사랑하고 여러분의 지성을 존중하는 까닭에 이러한 관심사들에 대해 여러분의 관점이 아닌 나의 고유한 견해와 관점에서 논하고자 한다. 왜냐하면 여러분의 견해는 불행하게도 공포심에 의해서 영향을 받고 있고, 그것

1) 빛의 소립자, 즉 광자 에너지가 고밀도로 밀집되어 있는 우주 공간 내의 빛 에너지 구역. 그 형상은 둥근 도우넛 형상이며, 그 두께가 약 2000 광년에 달한다고 한다. 현재 우리 태양계 자체가 그 안으로 진입하는 중이고, 지구가 앞으로 이 광자대를 통과하면서 차원변형을 겪게 된다.

이 3개의 하위 차크라들(Chakra)[2]의 부정적인 힘을 지배하는 경향이 있기 때문이다.

이러한 두려움은 유감스럽게도 사랑의 상위 에너지 센타들의 활성화 및 의지의 올바른 사용을 방해하며 엄청난 여러분의 영적인 마음을 가로막는다. 그러나 (사랑과 자비와 같은) 더 높은 의식의 주파수들은 인간이 자기 스스로를 돕는 것을 강력하게 뒷받침한다.

부디 지금 하던 일을 멈추고 깊은 심호흡을 서너 번 해보도록 하라 … "공포"라는 그 말만으로도 여러분의 감정체(emotional body) 안에 불안과 우려를 유발시킬 수 있다. 이에 반해 깊은 호흡을 하는 것은 긴장을 풀어 그러한 상태를 완화시킬 수가 있고 어떠한 감정적 상황에서도 여러분에게 도움이 된다. 이제 다른 움직임을 중단하고 수십억 개의 은하계들로 이루어진 우주의 광대함에 생각을 집중하여 리듬(Rhythm)과 사이클(Cycle), 그리고 창조주의 강력한 지혜와 사랑의 에너지가 스며들게 하라. 이러한 지혜와 사랑은 무수한 생명체들을 창조하고 부양하기 위해 아낌없이 주어지고, 흘러나와 방사된다. 그 무수하고 다양한 생명체들이란 예컨대 지금 여러분이 경험하고 있는 것과 마찬가지로, 궁극적으로 빛으로부터 나와서 수많은 수준과 차원들로 밀도화되어 형성된 것들이다.

---

2) 차크라는 인체 내에 존재하는 7개의 에너지 중심 부위로서 그중 3개의 하위 차크라는 회음 부위의 물라다라 차크라와 단전 부위의 스와디스타나 차크라, 배꼽 주변의 마니프라 차크라가 해당된다. 이 3개의 하위 차크라들은 본능과 생존, 생식 등의 인간의 기본적 욕구에 관계된 에너지 센타들이다.

이 창조의 바다 속에서 우리 은하수 은하계는 의식(意識)을 지닌 생명체들이 거주하기에 충분한 여러분이 물질적 밀도, 또는 현실계라고 부르는 수없이 다양한 궤도상의 행성들을 제공하는 것이다. 경외(敬畏)로운 웅대한 의식(意識)이 생명이 탄생되도록 장엄하게 자체의 강력한 에너지를 토해내고, 그 다음에는 그것이 지구상의 과학자들이 파동(波動)들, 장(場)들, 그리고 양자(量子) 에너지의 흐름들이라고 부르는 보다 조밀한 밀도의 물질적 특성으로 나타나는 것을 상상해 보라.

여러분의 성경이 하나님의 "말씀(Word)"이라고 표기하고 있는[3] 이러한 신(神)의 최초의 여러 창조의지의 측면들이 있

3) 요한복음 [1:1~1:4]: "태초에 말씀이 계시니라. 이 말씀이 하나님과 함께 계셨으니 이 말씀은 곧 하나님이시니라. 그가 태초에 하나님과 함께 계셨고 만물이 그로 말미암아 지은 바 되었으니 지은 것이 하나도 그가 없이는 된 것이 없느니라. 그 안에 생명이 있었으니 이 생명은 사람들의 빛이라. 빛이 어두움에 비취되 어두움이 깨닫지 못하더라." 말씀은 곧 소리(音)이니, 소리는 진동이며, 진동은 물질이 되기 이전의 에너지의 파동을 의미하는 것이다. 소리의 진동이 30만 MHz 이상이 되면 더 이상 소리가 아니며 빛의 형태인 광파(光波)로, 즉 물질의 형태로 나타난다.

었기 때문에 여러분이 존재하고 있는 것이다. 영겁에 걸친 운동과 실험에 의해서 이 의식(意識)과 에너지로 이루어진 자궁(子宮)은 너무나 방대해 인간의 차원에서는 이해할 수 없는 무수하고도 경외롭기 그지없는 삼라만상(森羅萬象)의 표현들과 형태들을 낳았다. 그럼에도 불구하고 이러한 것들이 존재하며 우주라는 것은 여러분이 가진 상상력으로도 수학으로도 표현할 수 없는 방식으로 서로 영향을 미칠 수가 있다.

그런데 실로 인간의 수학에 대한 직관적인 이해는, 특히 소수의 사람들이 "프랙탈(Fractal)"[4]로 상상한 것은 이른바 창조에 대한 올바른 용어에 인간이 보다 가까이 다가간 것이다. 창조에 관한 인류의 현재 지각(知覺)은 한 번에 조금씩 진화, 발전하고 있고, 만약 그 지식을 커다란 선(善)을 위해 지혜롭게 활용한다면 21세기에는 상당한 진보와 더불어 놀라운 일들을 성취하게 될 것이다.

광자는 창조의 원초적 질료이다

여러분이 거의 아는 바가 없는 이 위대한 자궁, 또는 창조의 모체는 어떤 영향에 의해 쉽게 무엇인가로 형성될 수 있게 준비된 '가변성(可變性)으로 충만한 대해(大海)' 라고 이해하는 것이 좋을 것이다.

인류의 과학자들은 이 강력한 원초적 질료를 빛의 "광자(光子)"라고 생각하고 있는데, 이것은 올바른 방향으로 한 걸음

4) <참고 자료>란의 해설을 참고할 것

♣ [참고 자료] 프랙탈(Fractal)이란?

<프랙탈>이란 말은 영어 사전을 찾아보면 "차원(次元) 분열 도형" 이라고 되어 있다. 본래 이 단어의 창시자는 프랑스의 수학자인 만델브로트(Mandelbrot)이다. 그는 IBM에서 연구원으로 근무하던 중에 자신이 연구한 내용을 1975년 책으로 출판하기 위해 책의 제목을 생각하는 과정에서 라틴어의 "부서지다" 라는 의미의 동사 'frangere' 의 형용사형인 'fractus' 라는 낱말을 참고하여 만든 용어라고 한다. <프랙탈>이란 용어에는 어떠한 물질을 아무리 작은 부분으로 쪼개거나 부수어도 그 나누어진 파편이나 조각 자체가 그 본래 전체의 원형적 모습을 그대로 유지하고 있다는 의미가 담겨져 있다. 프랙탈은 "자기상사도형(自己相似圖形)" 이라고 하는 수학적인 도형을 가정한다. 자기상사도형은 전체가 몇 개의 부분으로 분리될 수 있고 그 때 부분은 '전체의 축소상(縮小像)' 이 되며, 무한히 세분될 수 있는 도형을 말한다. 이처럼 프랙탈이란 개념의 중요한 두 가지 특성은 '자기 유사성(Self-Similarity)' 과 '순환성(Recursiveness)' 이다.

한편 이 프랙탈이란 개념은 인간을 "소우주(小宇宙), 소천지(小天地)" 로 보는 고래부터의 동양사상과 일맥상통한다. 또한 이 개념을 종교적 차원으로 확대, 적용한다면, 인간 개개인이 하나님의 모습대로 창조되었다거나 하나님의 속성(神性)을 고스란히 담고 있다는 말에 그대로 부합된다. 우주 전체를 어떤 창조주의 창조물이자 동시에 그 자체의 현현(顯現) 상태라

고 보았을 때, 그 창조자의 속성이 피조물인 우주의 한 부분 속에 그대로 담겨져 있는 것은 어찌보면 당연한 우주적 원리이고 법칙이라고 할 수 있겠다. 비유적으로, 아들이 그 자식을 낳은 아버지의 창조물이라고 할 때, 아들은 아버지의 속성을 고스란히 물려받아 아버지를 그대로 닮는 것과 같은 이치이다. 이 프랙탈 개념은 <홀로그램(Hologram)>이란 개념과도 유사한 면이 많다. 프랙탈은 컴퓨터의 발달과 함께 더욱 다양한 분야로 응용되어 발전되었고 널리 알려지게 되었다. 프랙탈에 담겨진 물리적, 기하학적, 철학적 내용은 무궁무진하다고 생각되며, 인류가 향후 좀더 연구해야 할 과제이다. 만델브로트는 프랙탈에 대해서 다음과 같이 설명한다.

프랙탈 이론은 나무나 혈관의 가지, 해안선과 산 그리고 구름의 울퉁불퉁한 모양, 양치식물의 잎이나 꽃양배추의 모양처럼 통상 유클리드 기하학에서는 다루지 않았던 자연계의 복잡한 자기유사적 도형(부분을 확대하면 전체와 같은 구조가 나타나는 도형)을 연구대상으로 삼는다. 이러한 자기유사적 도형은 일반적으로 1차원, 2차원, 3차원 등과 같은 정수 차원이 아니라, 예를 들어 1.4차원이라든가 2.7차원 등의 비(非)정수적 차원을 일반적으로 '프랙탈 차원' 이라 한다. 이미 이야기했듯이 앞의 칸토어 집합의 차원은 0.6309(정확하게 말하자면 log2/log3 차원)이다. 이것은 무한개의 점으로 이루어진 칸토어 집합이 0차원의 점보다는 크고, 1차원의 선분보다는 차원이 작다는 의미이다. 많은 기묘한 끌개의 기하학 구조는 프랙탈적이고, 따라서 마찬가지로 프랙탈 차원에 의해 특징지어진다.

아래의 내용은 <周易의 과학과 道>라는 책에서 인용한 것이다.

자세히 보면 큰 골뱅이 주위에 똑같은 패턴의 골뱅이 모양이 계속 반복되고 있다

"이것은 미국의 과학계와 예술계에 통하는 최신 이론의 상징물이다. 우주, 그것을 구성하는 별들; 그 별들을 구성하는 구성물질들-지구라면, 각 동물, 식물 광물들; 그 개체들을 구성하는 구성물질들-인간이라면, 오장; 오장을 구성하는 조직들; 그 조직을 구성하는 세포들; 그 세포를 구성하는 구조물들-핵이라면 DNA.......들의 각 차원은 각 차원마다 공통적인 패턴이 있다. 다시 말하면, 부분은 전체의 패턴을 되풀이 하고 있다.

우주 전체는 이런 프랙탈 구조로 되어 있다. 우주 만물은 이런 프랙탈 구조로 되어있지 않은 것이 없다. 물론 인간도 프랙탈 구조로 되어 있다. 인간의 세포 한 개는 인간 전체의 모든 패턴(유전정보)을 가지고 있기 때문에 인간 전체로 복제될 수 있다.

역경(易經)은 무한차원으로 반복되는 우주의 프랙탈 패턴을 음양이라는 부호로써 6차원만 도시하여 우주 만물의 구조와 운동을 일례로써 도시해 본 프랙탈 이론이다.
이진법적 디지털 이론과 프랙탈 구조로써 우주만물의 공통적 패턴을 도시한 초 현대적 이론이 5,000여 년 전에 이미 이루어져서 응용되고 있었다는 것에 놀라지 않을 수 없다."

[참고 및 인용 문헌]
*<주역의 과학과 도>-이성환, 김기현, 저 P.44, 46
*<naver 지식 백과, in>

을 내딛은 것이다. 그럼에도 이 한정된 개념은 언젠가 더 높은 이해와 깨달음으로 발전하고 깊어져야만 한다. 여러분이 그것을 무엇이라고 부르든 간에, 많은 다른 차원들에 있는 존재들은 그들 자신이 현현(顯現)하는 능력을 개발하기 위해 이 에너지를 이용하고 있다. "하나님의 재료"인 이 에너지를 뭐라고 호칭하든 내가 여러분이 파악하기를 바라는 원리는 이것은 그 성질을 이해하고 응용하는 많은 존재들만큼이나 수많은 기능과 능력을 지니고 있다는 사실이다. 따라서 만약 여러분이 지성(知性)을 지닌 극히 미소(微小)한 입자가 자체적으로 다른 지적인 입자들 - 각 입자는 그 자체의 의식(意識)을 가지고 배우고 성장한다 - 에게 매력을 느껴 이끌린다는 것을 생각한다면, 아마도 여러분은 이들이 함께 결합하여 조화를 이루는 능력을 지닐 때 무슨 일이 일어날 것인지를 상상할 수 있을 것이다. 또한 이 입자들은 변화할 수 있는 더 커다란 잠재력을 가지게 되고, 그 어떤 의미에서는 … 보다 성숙해지고 … 고유한 특성마저도 갖추게 된다는 사실을 어쩌면 여러분은 받아들일 수 있을 것이다.

그러므로 우선 여러분은 존재하는 모든 것들이 나름대로 어떤 수준의 의식(意識)과 에너지, 이 두 가지를 지니고 있다는 사실을 납득할 수 있어야 한다. 그렇다면 그 다음에 여러분은 전체를 구성하는 이들 지혜를 지닌 작은 요소들을 하나의 의지와 목적을 가지고 빽빽이 채워 집중했을 때 그것들이 성장하여 배울 수 있고, 또한 다른 것에 의해 감명을 받을 수도 있음을 추측할 수 있으리라. 그것들은 진화할 수가 있고, 팽창할 수도 있다. 비록 인간이 육체라는 굳은 형태 속에 있긴 하지만, 인간 종족은 그러한 입자들과 매우 비슷한 것이다.

지난 세기까지만 해도, 아원자(亞原子)와 양자 에너지 수준에 관한 다양한 이론들을 연구하기 시작했던 소수의 최첨단 물리학자들을 제외하고는, 서구의 국가들 사이에서도 오늘날 여러분이 "광자(Photon)" 라고 하는 것에 관한 과학적 토론과 탐구가 거의 없었다. 오늘날의 측정에 의하면 양자장(量子場)이란 1인치의 백만분의 1보다 더 작은 것이고, 그럼에도 광자들은 이 보다도 훨씬 더 작은 것이다! 따라서 에너지 형태들과 그것을 이용하는 방법에 관해서는 여러분이 배워야 할 것이 많다.

물론 5,000년에 걸쳐서 기록된 역사들을 보존해온 일부 동양의 종교들에는 여러분이 현재 과학적이라고 생각하는 것들을 포함한 훨씬 더 형이상학적인 지식들이 있었으나 이것은 대체로 유럽인들에게는 알려져 있지 않다. 단지 최근에 와서야 인류의 사전(辭典)이 "광자(Photon)" 라는 용어를 정의함으로써 막연하게나마 그 의미를 대중들에게 이해시켰던 것이다. 사랑이 무엇인가하면, 물질세계를 창조하는 데 광자 에너지를 사용하도록 하나님의 파동이 대천사들의 세계와 많은 다른 세계들까지 확장된 것이 아니면 무엇이겠는가?

여러분이 저 유명한 영국의 웹스터(Webster) 사전을 찾아보면, 광자에 대한 다음과 같은 설명을 발견하게 될 것이다.

"광자란 미립자(微粒子)와 파동(波動), 양쪽의 성질을 지니고 있는 전자기적(電磁氣的) 에너지의 양자(量子)이다. 이것은 전하(電荷)나 질량도 가지고 있지 않으나, 운동량과 에너지는 소유하고 있다… 빛의 에너지, X-레이, 감마선(Gamma Ray) 등은 광자들에 의해서 운반된다."

그렇다면 여러분은 이러한 사전의 정의에서 광자라는 것이 물질세계에서는 매우 기본적인 것이어서 이것이 없이는 아무것도 존재하거나 생존할 수 없다는 사실을 깨달아야만 한다. 간단히 말해서 광자들은 "신(神)의 재료" 이며, 여러분의 생명 단계에서는 창조 그 자체의 기초적 토대인 것이다. 왜냐하면 광자들의 순수한 특성과 힘이 대천사 레벨의 가장 높은 의도적 상념에 의해 영향을 받게 되면, 광자들의 낮은 진동 주파수로 이루어진 잠재적 세계가 구체적으로 물질화되고 현실화되어 펼쳐지기 때문이다.

그 순수한 에너지와 힘, 즉 광자는 외관상 많은 다양성을 갖고 있는데, 그 이유는 현실이 구현되는 7개의 다른 차원들, 또는 수준들을 위한 기본적인 모형(母型) 내지는 모체(母體)인 까닭이며, 말하자면 그 각 차원들은 제각기 다른 자연법칙, 과학적 법칙을 가지고 있다. 예컨대 어떤 진동주파수로 하나의 정묘한 수준(차원)을 규정하느냐 하는 문제에 있어서 하나의 차원은 그 상위의 차원이나 하위의 차원과는 아주 다른 차이가 있다. 그것은 각 차원끼리 부적절하게 상충하여 서로 영향을 주지 않도록 의도적으로 설정돼 있기 때문인 것이다.

3차원에 해당되는 여러분의 세계에서 일컫는 소위 과학적 법칙이라고 하는 것은 단지 신(神) 또는 사랑이라고 부르는 우주보편적인 광자의 특성이 여러 가지로 나타난 것에 지나지 않는다. 그리고 그 과학적 법칙들은 이 3차원의 의식에 적합한 여러 제한적인 측면과 특성들을 가지고 있다. 그러므로 간단히 요약하자면, 여러분의 현재 현실계(차원계)보다 상위(上位)에 존재하는 정묘하면서도 강력한 높은 차원계들에서는 생각하는 것만으로 즉각 창조 현상이 일어나는 민감한 세계들이 있는 것이다.

이러한 높은 단계의 차원들에서는 대천사들이나 많은 다른 존재들이 그들의 정밀하면서도 순수한 마음의 힘으로 행성들과 별들, 천체(天體)들의 물질세계를 창조한다. 광자의 미립자들을 특정한 패턴(Pattern)으로 결집시켜 조직하는 이와 같

나선형 은하계의 측면에서의 모습

은 강력한 의도적 상념 작업은 오직 가장 순수한 존재들에게만 맡겨질 수가 있다. 그리고 이것이 왜 인간이 광자들을 개인적으로 사용할 수가 없고, 단지 원자들만을, 그리고 그것도 지금까지는 극히 일부 방식으로만 이용할 수밖에 없는지에 대한 명확한 이유이다.

그러나 여러분과 인류의 다양한 집단들은 이미 자기들의 차원에서 이러한 광자들을 원자적 수준에서 사용하기 시작했고, 광자들은 더욱더 빈번히 여러분의 물질세계에 대한 영향을 미치고 있다. 하지만 그렇다고 해서 인류보다 훨씬 뛰어난 정신력과 조건을 지닌 존재들 역시 활동하고 있음을 그대들이 결코 망각해서는 안 된다.

실제로 고차원의 천상계에서 이러한 존재들이 과거와 현재에 발(發)했던 상념들은 수많은 차원들과 세계들에서 자연법칙이 생성되어 발효되도록 한 바가 있었다. 그리고 그 가운데 어떤 것은 아직도 인간세계를 포함한 많은 영역과 세계들 곳곳에서 강력한 인과법칙을 생성케 하고 있다.

하나님이 사용하시는 창조의 재료 - 광자

사랑하는 이들이여, 여러분이 거주하고 있는 이 우주는 마음에 의해 할 수 있는 모든 창조에 대한 에너지적 기초로서 이러한 기본적인 에너지(광자)로 가득 차 있다. 이 "하나님의 재료"는 어떤 형태나 질량이 없는 일종의 거대한 에너지(氣)의 바다라고 할 수가 있다. 그리고 이것은 경외롭지만 자체의 움직임이 없는 수동적인 모체이고, 그 에너지의 유동적인 잠재성은 실제적 형상으로 물질화되고 구체화되기를 기다리고 있는 것이다.

생명의 거대한 자궁처럼 모든 가능성이 담겨있는 그릇인 "광자"는 7단계(차원)로 나누어져 있는 물리적인 현현(顯現) 세계 전체와 그 각각의 차원에 침투되어 무수한 형태로 응결되고 활용될 수 있게 하고 있다. 그 7단계의 차원들 가운데 3번 째 차원과 4번 째 차원이 현재 여러분이 경험하고

허블 망원경에 의해 촬영된 M-51 나선 은하의 장관

있는 지구세계와 관련돼 있다. 따라서 인간이 명명한 과학적 명칭인 미립자, 원자, 분자, 등등의 구성 요소들은 이와 같이 그 본래의 원천을 가지고 있는 것이다.

그리고 예컨대, 빛, 열, 무선통신(소리), 비가시적인 X-레이, 감마선, 심지어 지구상의 TV 화면의 영상과 같은 모든 전자기적인 특성들 모두가 이른바 빛 또는 광자들의 미립자들 내지는 파동의 형태적 특질에 지나지 않는다. 이러한 광자들은 지구상에서 모닥불을 피우거나 전구 빛을 밝히기 위해 전기를 켜는 것 등의 간단한 행위에 의해서도 발생될 수가 있다.

물론 여러분이 사용하는 전구에서 1초(秒)당 발생하는 광자들의 활동 비율은 초당 약 1조(兆) 사이클로 작용하는 가시광선(可視光線) 같은 것에 비교하자면 극히 미미한 정도이다. 지구상의 과학자들이 20세기 중반에 와서 만들어낸 또 다른 용어는 "타키온(Tachyon)"[5]인데, 이것은 광자들이 낮은 물질세계로 들어올 때 광자들과 공동으로 작용하는, 주로 4차원에 존재하는 별개의 에너지이다.

4차원에서 타키온과 광자는 이 느린 물질적 밀도 속에서 함께 움직이는 길동무와도 같다. 광자의 무리로 하여금 그 형태가 변형되는 2단계의 작용을 겪도록 야기하는 빛의 속도를 깨뜨리는 것이 바로 타키온이다.

광자의 변천은 도넛(Donut)이나 담배연기 고리와 유사한 고리 형태의 입자 상태에서 그 다음에는 전기와 자기(磁氣)의 힘을 모두 내포한 파동의 형태로 분해된다. 그러나 이 두 가

---

5) .특수한 조건하에서 빛의 속도보다 빠를 것으로 기대되는 입자이다. 상대성 이론에 따르면 광속보다 빠른 입자는 없으나, 일부 학자들은 상대성 이론의 방정식 해석 여하에 따라서는 특수한 조건 하에서 광속을 넘어설 수도 있다고 생각한다. 그리하여 1930년대부터 빛보다 빠른 물질을 찾겠다는 과학자들이 하나 둘씩 생겨나기 시작했다. 이들은 빛보다 빠른 물질, 즉 초광속 입자를 <타키온(tachyon)>이라고 불렀다.우주선(宇宙線)이 대기권에 돌입하면 대기의 분자와 충돌하여 2차 우주선을 만들면서 광속에 가까운 속력으로 지상을 향하게 된다. 1973년 오스트레일리아의 R.클레이와 R.크라우치는 이 우주선 샤워 관측 중 이 샤워를 검출하기 수백만 분의 1초만큼 앞서서 약한 여분(餘分)의 신호를 받았다. 두 학자는 이것이 타키온이 아닌가 생각하여 영국의 과학잡지 《네이처》에 발표한 적이 있다.

지 힘이 전기적이고 자기적인 두 가지 양상으로 분리되어 자체적으로 와해되었을 때, 그 파동은 원상태로 복구되어 입자 상태인 도넛 형태로 되돌아간다.

우주공간을 통해서 작용하는 광자의 운동은 입자의 상태와 파동의 상태 간을 번갈아 오가며 전환된다. 솔직히 말해서 이것은 지난 세기까지만 해도 서구의 과학자들을 몹시 혼란시켰는데, 이는 전자(電子), 양자(陽子), 및 중성자(中性子)라고 불렀던 입자들이 베일에 싸여있었던 상황과 똑같은 것이다.

머지않아 인류가 물리적인 4차원으로 옮겨갈 때, 여러분은 그것들의 창조적인 기능들을 훨씬 더 익숙하게 알게 될 것이다. 원자(原子)라는 것은 그보다 더 미세한 광자들이 조밀화되어 나타난 상태이고, 또한 원자는 여러분의 현 물질계를 이루는 기본적인 "건축용 블록(Block)" 이라는 사실을 부디 명심하기 바란다.

만약 여러분이 현재 여러분 자신이 머무르고 있는 차원은 광자들을 가지고 직접 창조할 수가 없고 오직 원자라고 하는 한 단계 아래의 재료를 가지고 창조가 가능함을 이해할 수 있다면, 나의 나머지 메시지들은 명확해 질 것이다.

인류는 광자에 대해서는 거의 알지 못함에도 불구하고 원자에 관해서 알게 되었고, 인류의 현 에너지 사용 시대를 <원자의 시대>라고 불러왔다. 이 <원자의 시대>는 원자가 단단한 고체가 아니라 그 중심에는 양자와 중성자로 명명된 보다 작은 구성 요소로 이루어진 원자핵이 있고, 또 그 주위를 전자가 멀리 떨어져서 돌고 있다는 사실을 이해할 필요가 있는 시대이다. 그러므로 고체 물질이란 인간이 임시적으로 제한된 감각능력을 사용할 때 느껴지는 것처럼 견고한 물체가 아닌 것이다. 왜냐하면 (특수능력을 지닌) 소수의 인간들은 물질을 이루는 원소들이 환상적일 만큼 빠르게 움직이는 것을 보거나 느낄 수 있는 까닭인 것이다.

하지만 인류는 원자가 물질세계의 '건축용 블록'이라는 것과 광자보다 한 단계 아래의 창조재료라는 사실을 기꺼이 배우고자 함으로써 여러분은 눈에 보이는 3차원 밀도의 현실계 저 너머에 무엇이 있느냐를 탐구할 수 있는 마음의 문을 열 수가 있다. 이렇게 될 때 우리는 지구의 건축용 블록인 원자를 여러분이 긍정적으로 이용하는 것을 촉진시킬 수가 있는 것이다. 그리고 또한 인류가 사랑이 깃든 의도와 생각을 통해 에너지를 다루는 마스터들로 진화해가는 것을 도울 수 있을 것이다.

인류가 원자력이라는 것을 더욱더 긍정적인 방향으로 선용(善用)할 수 있게 자신들의 마음과 가슴을 훈련함으로써 당신들은 전체를 위해 최상이자 최대의 이익을 실현시켜야할 필요성과 가치를 배우는 것이다. 아울러 오직 이 3차원의 세계에서 원자력 에너지를 적절하게 사용하는 법을 배움으로써만이 여러분이 장차 더 높은 차원으로 올라가서 진동주파수의 상호작용을 이용하게 되었을 때 광자들을 이용할 수 있는 준비된 영적존재로서 성장할 수 있을 것이다.

항상 창조라는 것은 유동적이고 또 그런 까닭에 어떤 놀라운 양상들이 가능하다는 것을 기억하도록 하라. 여러분의 육체적이고 물질적인 세계에서도 근본적인 변화들이 있을 수 있는데, 왜냐하면 상념이라는 것은 언제나 어떤 잠재적 가능성이 있는 결과들을 창조할 수 있기 때문이다.

만약 광자들이 빽빽하게 밀집된 특수한 물리적 발현상태 - 예컨대 광자대(光子帶) - 가 발생한다면, 그러한 움직임은 여러분이 보다 높은 의식 단계의 길로 나갈 때 매사에 자애로움을 실천할 수 있는 기회가 오는 것으로 이해하도록 하라. 아울러 광자들이 밀집된 그 어떤 광자대도 가속화된 물리적이고도 영적인 의식(意識)으로 이루어진 초거대 세포라고 생각하고, 또한 여러분 영혼의 참다운 본성을 실현할 하나의 기회라고 여기기 바란다.

(지구 태양계가 광자대로 진입함에 따라) 광자들은 이미 여러분 주위에 와 있고, 그것들이 입자와 파동의 상태로 활동할 때 분명히 그 에너지는 앞으로 점점 더 강력해 질 것이다. 그러므로 나는 여러분이 광자들의 영적인 의식을 이용하여 활력 있는 적극적 태도와 행동의 힘을 통해 자신이 지상천국을 이룩하기 위해 이곳에 왔다는 긍정적 자세를 가져주기를 권고하는 바이다. 왜냐하면 당신들이 지닌 사랑의 창조력에 의해서 그 어떤 어려운 시기도 명석하고 침착하게 극복해 나갈 수 있기 때문이다.

여러분의 사랑하는 형제, 자매들의 손을 붙잡고 여러분 자신을 위한 최고이자 최선의 상황을 만들기 위해, 그리고 또한 행성 지구와 모든 생명을 위해, 집단의식(集團意識)의 하나된 힘을 이용하도록 하라.

이제까지 내가 말한 모든 말들은 흥분되지만 모험적인 이시기 동안에 여러분이 기쁨에 넘치는 삶을 살게 하기 위한 나의 권고인 것이다. 그리고 기억해야 할 것은 여러분의 의식이 성장하여 더욱더 영적으로 진화되도록 친절과 자비로움의 실천과 더불어 항상 자신의 빛이 내면에 충만케 하라.

친애하는 이들이여! 여러분의 육신은 일시적인 것이나 여러분의 영혼은 영속적인 것이다. 그러니 여러분이 이 지상에 있는 동안 물질을 통해 영원한 영혼의 목적과 의식(意識)을 완성하기 위해서 여러분의 육신을 이용하도록 하라. 개인적으로 타고난 여러분의 능력과 재능에 의한 이러한 노력은 행성 지구 위에서 생명이 장엄하게 구현되는 데 크게 이바지할 것이다.

나름대로의 진리를 추구하라

인간이 단순히 어떤 자료를 읽거나 지식을 추구하는 것에 대해 결코 어떤 잘못이라는 것은 없다. 반복하건대, 어떤 것만을 읽어야 한다는 식의 설교는 단지 여러분에게 행해져 온 통제의 테크닉에 불과하다. 이것은 여러분이 영적으로 성장해가는 동안에 인간을 지배해온 종교들로부터 많은 이들이 자유로이 벗어나 움직이는 것을 어렵게 만들었다.

여러분 가운데 많은 사람들이 자신들이 가진 남다른 신념과 삶의 방식 때문에 가족들에 의해 억압받고 윽박지름을 당해 왔다. 하지만 그렇다고 해서 위축되지는 말라. 내가 여러분에게 보장하건대, 그들은 향후 2년에 걸쳐서 자신들의 생각을 재고할 기회를 갖게 될 것이다. 나는 커다란 고통 속에 있는 사람들로부터 온 편지를 읽은 적이 있는데, 그들은 자신들의 독특한 믿음 때문에 남들로부터 사탄이란 소리를 들었다는 것이다. 하지만 그들은 사탄이 아니다. 오히려 그들은 그들 자신의 영혼 여정을 감당할 만큼 강한 사람들이고, 하나님에 속한 사람들이다.

성경에 언급돼 있고, 성직자들에 의해 종종 반복되는 이야기가 있다. 그것은 내가 사람들로 하여금 또 다른 사람을 대적(對敵)하게 하기 위해 왔다는 말인데[6], 이 말은 진실이다. 그러나 사람들은 이 말을 어느 정도 잘못 이해하고 있다.

여기서 내가 사람이 사람을 대적하게 하기 위해 왔다는 참뜻은 다음과 같다. 그것은 내가 사람들이 스스로 생각하고 또 그들 자신들의 가치를 발견하고, 더 나아가 설사 남들이 선택하지 않는 길이라고 하더라도 스스로 나름대로의 홀로서기를 하라고 요청하고자 왔다는 의미이다. 나는 결코 여러분이 사람을 죽이는 전쟁을 일으켜 싸우라거나 다른 국가나 가족, 친구들에 대항하라고 말했던 것이 아니다. 따라서 나는 단지 여러분이 어떤 것을 맹종하거나 맹신할 것이 아니라 그 나름대로 진리를 추구하고 진실의 편에 서서 살 것을 요청하는 것이다.

맹신하지 말고 의문을 제기하라

---

6)누가복음 [12:51~12:53]

몇몇 사람들이 최근 캔데이스를 통해 나의 이러한 메시지들이 의심스러워 얼마 전까지 확신하지 않았다고 사과의 글을 보내 왔다. 나의 친구들이여, 의문을 가지는 것은 좋은 일이다. 오히려 여러분은 자신이 읽은 것들에 대해 당연히 의문을 가져야만 한다. 이 행성 위에 만연해 있는 중요한 문제 중의 하나가 매우 많은 사람들이 현재 무슨 일이 일어나고 있고 진행되고 있는지 전혀 의문을 가지지 않는다는 것이다. 이것이 바로 어둠의 세력들이 발각되지 않고 그들의 게임을 계속해 나갈 수 있는 한 가지 이유이다.

너무나 많은 사람들이 아직도 9.11 테러 사건의 진실이 무엇인지 알아보려 하지도 않고, 그것을 은폐하기 위해 그럴듯하게 꾸며진 이야기들을 믿고 있다. 또한 우리가 여기에 존재하지 않는다는 꾸며진 이야기도 있는데, 그러나 우리는 여기에 이렇게 대기하고 있는 것이다. 부디 의문을 가지거나 질문하는 것을 스스로 억제하려고 하지 마라. 그 대신 이러한 자기 자신에 대해 긍지를 가지고 자랑스럽게 생각하라.

불변하는 것은 존재하지 않으며 모든 것이 배움이다

장차 우주인들이 착륙하고, 그들이 지구에 직접적으로 관여하기 시작할 때, 여러분은 그들 사이에서도 실재의 다양성을 발견하게 될 것이다. 그들은 지혜에 있어서도 인류보다 약간 앞선 존재들에서부터 매우 노숙하고 현인(賢人) 같은 존재들에 이르기까지 아주 다양하다. 그리고 천사들도 모든 것을 알지는 못하며, 그들 또한 자신들의 영적 진화의 여정 속에 있다. 요컨대 정지 상태에 있는 것은 아무 것도 없는 것이다. 더욱이 모든 것은 변화하고 있다. 모든 것이 배움이고, 모든 것이 그러한 발견이다. 그러므로 여러분은 언제나 자랑스럽게 "나는 스스로 존재하는 자이다(I am that I am)" 라고 말할 수가 있는 것이다.

사랑하는 이들이여! 여러분이 하나님의 계획을 기억하고 영원히 신(神)의 가슴 속에서 살고자 하는 소망은 여러분 스스로가 이별의 길을 선택하지 않는 한 우리 모두가 결코 다시는 헤어지지 않음을 의미하는 것이다. 넘치는 기쁨 및 하늘의 은총과 더불어 나는 변함없이 **여러분의 다정한 형이자 오빠**이다.

제 4 장

나 예수는 과연 누구인가?

제4장 나 예수는 과연 누구인가?

이름에 담겨진 의미

현재 나의 이름은 사난다 임마누엘(Sananda Immanuel)이다. 나는 임마누엘[1]이란 이름을 사용하는 것이 좋은데, 그 이유는 이 철자법(Spelling)을 기독교인들의 저술에서 많이 볼 수가 있고, 또 기독교인들이나 기독교적 배경을 가진 사람들에게 더 쉽게 인지될 수 있기 때문이다.

문제는 "사난다(Sananda)" 라는 이름인데, 나를 오직 예수로만 알고 있는 사람들은 쉽게 혼란스러워 질 것이다. 그런데 나는 예수라는 이름을 가지고 있을 때는 정말 행복하지가 않

1)[마태복음] 1:23 - 이 모든 일이 일어난 것은 예언자를 시켜서 이르시기를, "보아라, 동정녀가 잉태하여 아들을 낳을 것이니, 그의 이름을 임마누엘이라고 할 것이다."라고 하신 말씀을 이루려고 하신 것이다. 임마누엘을 번역하면 '하나님이 우리와 함께 계시다'는 뜻이다.

았다. 왜냐하면 기독교 초기 때부터 성직자들에 의해 내 이름을 더럽혀지고 오용되었기 때문이다. 사람들은 예수로서 나를 사랑한다. 그리고 나는 전 세계로, 모든 인류에게 온다. 따라서 나는 사람들이 나로 알고 있는 그 어떠한 이름도 받아들일 것이다. 예컨대, 여러분 중의 많은 이들이 법률상의 이름이 있고, 별명이나 애칭(愛稱)이 있다. 나 역시도 마찬가지인 것이다.

그런데 내가 오직 문제를 제기하고 싶은 부분은 나는 하나님이 아니며, 또 유일한 하나님의 독생자도 아니라는 사실이다. 다시 말해 여러분 모두가 하나님의 아들들이고 딸들인 것이다. 그리고 이것이 이 지구를 지배와 통제에서 자유롭게 할 나의 가장 중요한 가르침들 중의 하나이다. 고로 여러분 가운데 '사난다'라고 하는 이 사람이 진짜 예수인지 아닌지 혼란스러운 사람들에게 내가 말하노니, "나는 불변의 나 자신"이다.

나는 모든 시간 속에서 이루어진 내 영혼여정의 소산이다. 나는 나의 영혼여정 과정 속에서 여러분 모두와 마찬가지로 수많은 이름들을 가졌었다. 유대인들은 나를 다윗(David)으로 기억하고 싶어 했는지도 모른다. 나는 이 이름이 어떻게 소실되었는지는 잘 알지 못한다. 당시에 나는 다윗이었으나 그들 중 대부분이 이 이름이 예수의 이름이라는 것에 관해 별로 확신이 없었다.

여러분 중에 어떤 이들은 종종 최면(催眠)을 통해 자신이 우주적인 이름을 가지고 있음을 발견하기도 한다. 여러분이

만약 어떤 이름을 가지고 이번 생(生)에서 만족스럽지 못한 삶을 살고 있다면, 자신의 형편에 따라 이름을 바꾸든지, 아니면 그 이름을 가지고 계속 살든지 해야 한다.

나의 이름은 사난다, 임마누엘(Immanuel), 엠마누엘(Emmanuel), 예수(Jusus), 에수(Esu), 예슈아(Yeshua)이다. 그리고 세계 각국의 자국 토착 언어에 따라 분류된 어떤 발음들이다. 여러분이 나를 편안하게 부르고 있는 그 어떤 이름으로라도 나는 지구사회의 모든 종교, 모든 인종, 모든 국가, 모든 구성원들에게로 온다. 결국 그것은 단지 이름에 지나지 않는 것이다. 나는 오래 전에 이 지구를 도우러 왔었던 쿠마라(Kumara)의 한 멤버이기도 했다. 따라서 여러분이 나를 사난다 쿠마라라고 부를 수도 있다.

그런데 나는 아직도 사난다라는 이름을 좋아하고 선호하는데, 왜냐하면 그것은 영혼의 여정 위에서 나의 현존(現存)을 묘사하는 이름이기 때문이다. **그것은 "신(神)과 함께하는 이"라는 뜻이다.**

이름보다 더 중요한 것은 여러분이 가지고 있는 에너지이며, 모든 사람의 에너지는 각자의 지문(指紋)만큼이나 독특하다. 여러분은 모두가 하나님의 이미지대로 창조된 독특한 존재들이고, 내면에 거하는 자신의 영(靈)과 더불어 은총을 받았다. 그리고 이것이 현재 여러분이 사용하고 있는 이름보다도 더욱 중요하다.

여러분의 이름은 단지 하나의 호칭인 것이다. 그것은 이곳 지구상에서 사람들이 여러분을 인식하는 방법일 뿐이다. 어떤 면에서 이름은 여러분이 차원 상승할 때 크게 중요하지 않으며, 그보다 당신들은 대단히 많은 이들에게 결여돼 있는 영적 교신 능력을 회복해야 한다.

여러분은 자체적으로 방출하는 에너지에 의해서 서로를 더 잘 알아보게 될 것이다. 이러한 에너지를 여러분이 현재 알고 있는 간단하고도 경건한 최상의 방법으로 최대한 증폭시키도록 하라.

그리고 하나님처럼 되고, 날마다의 시간을 성스러운 이벤트

(Event)로 만들라. 가능한 한 자주 기쁨 속에 잠겨서 살도록 하라. 기쁨의 시간을 풍미하고 기억하며, 기쁨 속에서 언제나 발전을 추구하라.

하나님을 대행해 소우주를 지배하는 창조자의 아들들

사실상, 지구상에는 신(神)에 대한 정확한 술어(述語)가 존재하지 않는다. 우리 우주의 지구외의 대부분의 존재들은 지구에서 사용해온 것과 같은 "하나님(God)"이라는 말을 실제로 사용하지는 않는다. 지구의 언어들에서 쓰이는 "하나님"에 관한 단어들의 실례(實例)들 속에는 여호와(Jehovah), 야훼(Yahweh), 그리고 알라(Allah) 등이 포함될 것이다.

이미 지적한 바와 같이, 나는 모든 창조의 근원인 하나님과 동등하지가 않다. 하나님은 사람이 아닌 것이다. 하나님은 영적인 실재이다. 어머니/아버지 하나님이란 용어가 점차 쓰이고 있는데, 이것은 옳지가 않다. 하나님은 참으로 성부와 성자, 성령의 삼위일체(三位一體)이다. 하나님의 영(靈)은 모든 창조의 윗자리에 계시며, 70만개의 우주들이 낙원 섬(The Paradise Isle) 속에 위치해 있다. 아버지(Father)란 표현은 하나님의 개념을 함축한 오리지날(Original)적인 총체이고, 그분은 참으로 파라다이스 섬 위의 장소에 거하고 계신 거대한 영적 존재인 것이다.

이 아버지가 영원한 자식이라 불리는 후손을 얻었다고 가르쳐져 왔다. 우리 우주의 많은 곳에서 이 자식은 "어머니 아들(Mother Son)"이라고 불린다. 그런데 아버지와 이 어머니

별 탄생의 거대한 보금자리 삼열성운 - 지구에서 궁수자리 방향으로 5400 광년 떨어져 있다

아들이 함께 무한한 영들(Spirits)을 낳았다. 그리하여 이제 그 아버지는 모든 인간들에게 자기 영(靈)의 한 조각을 불어넣어 준다. 내가 여기서 의미하는 "인간(Human)"이란 지구상의 육체형 인간을 말하는 것이 아니다. 우주에는 수많은 다양한 행성에서 형성된 많은 신체유형이 있다. 내가 의미하는 바는, 개체가 도달한 진화 수준에 따라 유형이 다른 여러 가지 신체들이 있음을 언급하는 것이다. 개체적 존재들은 의지(意志)에 대한 관념을 가져야만 한다. 나는 그것을 모든 이들에게 과제로 남겨둘 것인데, 의지가 무엇인지 깊이 한번 생각해 보라.

아버지께서는 의지의 원천이자 모든 창조의 원천인 것과 마찬가지로 인성(人性)의 원천이다. 그리고 앞서 언급한 영원한 자녀는 실제로 영(靈)이다. 이것은 모든 것 속에 내재해 있는 살아있는 생명의 영이다. 이 자식 또한 파라다이스 안에 거하고 있다.

그런데 무한한 영은 그 아들이 존재한 이래로 영이 아니다. 무한한 영은 마음(Mind)인 것이다. 이것은 간단한 (비유 의) 이야기이고 일반적인 아이디어를 얻기 위한 하나의 방법이다.

70만에 달하는 각 우주들은 말하자면 그 자체의 신(神)을 가지고 있다. 이들이 '창조자 아들들(Creator Sons)' 인데, 그들은 낙원을 에워싼 〈하보나(Havona)〉라고 부르는 중심우주에서 창조되었고, 훈련받았다. 하나의 새로운 우주가 형성되었을 때 한 창조자 아들이 그곳을 맡아 발전시키는 책임을 부여받는다.

창조자 아들들은 아버지와 어머니 아들의 소산이며, 또한 자신의 우주에 개성(個性)을 가져온다. 여러분이 잘 이해를 한다면, 바로 그가 곧 아버지의 모습이거나 아버지 하나님인 것이다. 아버지와 어머니 아들의 한 소산으로서 그는 그 소우주에다가 아버지와 어머니 아들(생명 속의 영)의 특성을 그대로 가져온다.

국지적 소우주의 어머니 영은 무한한 영으로부터 생겨나며, 성장하고 있는 소우주로 마음을 가져온다. 그녀는 또한 봉사의 마음이 일어나게 한다. 그리고 창조자 아들은 그 우주의 발전과 행정부에 대한 모든 책임을 진다. 그들은 자기들 사이

에서 그 소우주의 관리자들로서의 생명 부여자들(Life Givers), 수많은 형태의 천사들, 그리고 많은 다른 필요한 개체적 존재들을 낳아 배출한다.

70만개의 우주들을 각기 관리하는 창조자 아들들은 모두 '미카엘들(Michaels)' 이라고 불린다. 그리고 미카엘들은 각자 고유한 이름들을 가지고 있다. 우리 우주의 창조자 아들의 이름은 〈그리스도(Christ)〉이다. 그렇기 때문에 이 말을 그리스도화된 존재, 그리스도 에너지, 그리스도 의식(意識)과 같은 용어들 속에 붙여 사용하는 것이다. 나 예수도 그리스도화된 존재이다. 나는 이것을 성취한 것이다.

이곳 행성 지구에는 그리스도가 된 존재들이 많이 있다. 모하메드(Mohammed), 모세(Moses), 크리쉬나(Krishina), 붓다(Buddha), 등이 그러하다. 그리고 나와 함께 지구에 온 144,000명 모두가 그리스도화된 존재들이다. 여러분 가운데 다른 별들로부터 지금 이곳에 와있는 상당수가 역시 그리스도화된 이들이다. 또 2000년 전 나의 초림(初臨) 이전의 오래 전부터 지구와 함께 해온 인류 중의 많은 이들 역시 마찬가지이다. 여러분 모두는 강력한 힘을 가지고 있다.

현존하는 그리스도 의식은 그리스도화된 존재로 올라가는 디딤돌이다. 그리고 그리스도가 된 존재들은 하나님의 아들로 승격 중에 있는 것이다. 반면에 내가 위에서 언급했던, 창조자 아들과 어머니 영에 의해 창조된 존재들은 하나님의 아들들로 내려가고 있다.

상승 중에 있는 아들들은 진화 도상에 있는 행성들 출신에 속하는 개인들이다. 끊임없이 새로운 행성들, 새 태양들, 새 우주들과 은하계들이 형성되고 있고, 생명을 꽃피울 준비가 되었을 때 거기에 그 생명이 부여된다. 그리고 결국 진화과정을 통해서 의지가 계발되었을 때, 인류가 출현하는 것이다. 그때 이 개체적 존재들은 신(神)을 찾아 떠나는 그 진화 여정으로 계속 나갈 것인지를 선택한다. 이들이 상승 과정 중에 있는 아들들이다. 따라서 여러분 모두가 상승 과정에 있는 아들들인 것이다.

여러분 중에 일부 어떤 이들은 자신이 천사가 될 것이라는 사실을 안다. 그렇다. 천사들 중에는 역시 신(神)을 찾는 진화 여정에 참여하기를 바랐던 이들이 있으며, 참으로 그들은 이

화가 나네트 크리스트 존슨에 의해 그려진 <미카엘>의 모습

여행을 요청했고, 승인 받았던 것이다. 그리하여 여러분 중에 이런 경험을 원하던 천사들이었던 이들은 언젠가 다시 상승

하기 위해 자진해서 물질계로 내려왔다. 알려진 이야기 내용에서처럼, 천사들과 지구로 떨어진 다른 타락한 천사들 가운데 당신들의 경우는 필연적인 것이 아니었다. 그리고 일부 추락한 천사들 역시 선택에 의해서 상승하는 여정 중에 있다.

모든 존재는 배움의 상태 속에 있다

지구상에서 하나님을 남성 에너지적 존재로 보는 신관(神觀)은 매우 잘못되어 있다. 이것은 지구를 지배하고 자기들 스스로 하나님으로 행세했었던 모자라고 미성숙한 신들로 인한 결과이다. 그들은 매우 남성적이고 위압적이었으며, 그들의 행동은 한마디로 분노한 무시무시한 하나님에게 너희들이 어떻게 책임을 질 것이냐는 식이었다. 그들은 쉽사리 몹시 격노했고, 구약성경의 이야기 속에 나와 있는 그대로 아주 오래전에 자신들의 분노를 유대 민족을 협박하기 위해 이용했다.

진화 여정 과정에 있는 각 행성들은 빈번하게 천상에서 내려온 하나님의 아들들인 교사(教師)들을 맞이한다. 이런 하나님의 아들들의 일부는 낙원에서 오고, 일부는 우리의 국지 우주로부터, 또 다른 일부는 초우주(Super Universe)로부터 올 수가 있다.

7개의 초우주가 존재하는데, 그 각각은 10만개의 우주들을 거느리고 있다. 관리 직무에 관해서 언급해 보자. 여러분 모두는 경영, 교육, 연구, 치료 그리고 다른 많은 업무 종류 가운데서 자신의 몫을 맡아 일할 것이다. 이것은 여러분이 천상에서도 하는 일들이다. 하늘나라는 하나의 우주를 관리하는

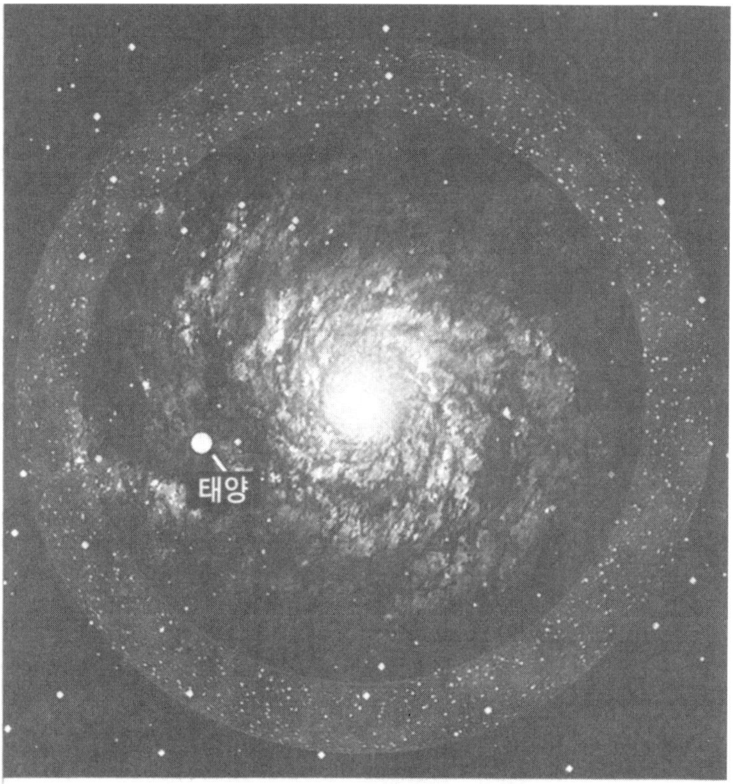

세계들로서 더욱 정밀하게 지시되는 세계라고 할 수 있다.

우주에는 거주와 관리, 교육, 연구 등의 목적을 위해 계획적으로 건조된 천체(天體)들이 존재한다. 말하자면, 이런 천체들은 일종의 우주의 관청 내지는 학교들이다. 여러분은 모두 어느 땐가 이런 곳들을 경험한 적이 있었다.

다시 이름의 문제로 돌아가 보자. 이름 속에는 무엇이 담겨져 있을까? "하나님" 이란 말과 이와 동등한 외국 언어들은 충분한 근거가 있는 이름들이다. 그러나 하나님은 어떤 이름에도 상관하지 않으신다. 하나님은 사람들이 그럴 거라고 믿고 있는 종류의 성(性)차이에 대한 관심을 갖고 있지 않다. 이런 유형의 자료들을 읽은 여러분의 대부분은 이 사실을 알고 있다.

하나님은 "존재 또는 존재상태"라고 해도 좋으나, 이 있음((Isness)의 상태는 3부분을 가지고 작용한다. 하나님 아버지는 최초의 원(原) 창조자이다. 그리고 70만개의 모든 우주 속에 있는 그 누구도 아직 이 모든 것이 어떻게 시작됐는지 실마리조차 잡지 못했다. 그러므로 나는 하나님을 호칭할 때, "그(He)"라는 용어를 사용하는데, 왜냐하면 그렇게 하는 것이 우주적인 관습이기 때문이다.

대창조주의 아들, 즉 우리 우주의 미카엘인 그리스도는 아버지(父性)과 어머니 아들, 양자(兩者) 자체이다. 삼위일체(三位一體) 가운데 "성령(聖靈)" 이란 <어머니 영(Mother Spirit)>이며, 우주들에게 마음을 부여하는 것 외에 그녀는 헌신적인 베품과 여성적인 감각을 부여한다.

아버지와 어머니 아들은 함께 그 우주의 낮은 세계로 하강하는 아들들을 창조한다. 또한 그들 두 존재는 나름대로의 능력을 통해서 여러분의 생명에게 베품을 행사한다. 그들은 구조상으로 양쪽이 하나로 일체화된 영(靈)이긴 하지만, 개체적인 에센스나 형태로 활동한다. 그러니 여러분의 삶을 계속하고, 당신들에게 가장 편하게 느껴지는 신(神)에 대한 용어를 사용하도록 하라.

그리고 아마도 여러분의 머리 속에서 생각되는 것은 어떻게 하나님이 여러분에게 거할 수 있느냐 일 것이다. 하나님은 모든 것 안에 있고, 어디에나 존재하신다. 하나님은 바위 속에도 있고, 공기 속에도 있으며, 갖가지 다양한 생명들 속에서 다른 방식으로 거하고 계시다.

시간을 넘어서, 지구상의 사물이 변하는 만큼 신(神)에 대한 명칭이나 개념들 또한 변할 것이다. 모든 행성들의 발전은 독특하며, 그곳 생명체들이 선택하는 신의 이름들은 그들의 현 단계의 깨달음을 그대로 반영한다.

우리가 살고 있는 우주는 매우 유연하고 탄력적인 우주이고, 이것은 이해해야 할 중요한 개념이다. 세상에는 많은 진실들과 부분적인 진실들이 있는데, 그것들은 모두 개인적인 것들이다. 여러분의 진실은 여러분 자신의 개인적인 경험에 토대를 두고 있다. 따라서 이 세상에는 경험하는 사람들이 있는 만큼이나 많은 진실과 진실에 대한 묘사들이 있는 것이다. 이것은 여러분 각자와 모든 이들이 독특하기 때문이며, 심지어는 똑같은 신체를 함께 나누고 있는 쌍둥이들조차도 그러하다. 시간을 통해 나아가는 영혼과 그 영혼의 여행들은 항상 독특하다.

그런데 사난다라는 명칭은 어떤 영적 성취를 나타내는 직함이고 따라서 내가 이런 타이틀을 가진 유일한 존재는 아니다. 나는 사난다 임마누엘이고, 2,000년 전에 이 행성에 그리스도 미카엘의 에너지를 가져왔던 바로 그 사람, 즉 예수였다.

그리스도, 즉 우리 우주의 아버지(미카엘)라는 존재조차도

"배움의 상태" 속에 있다. 그 어떤 존재에게도 배움과 경험은 결코 중단되지 않는다. 그리고 여러분은 절대로 그 모든

것을 알 수는 없다. 당신들은 오직 자신의 영혼 여정 속에서 현재 있는 곳에서 아는 것만을 알 수가 있다. 여러분은 자기 경험의 총계(總計)상의 어떤 지점에 서 있는 것이다. 이것이 그에 대한 표현인 바, "나는 스스로 존재하는 나이다.(I am That I am.)"

항상 만일의 사태에 대비해 준비된 상태로 대기하라

어떤 사람들은 나의 메시지를 자기 나라의 언어로 옮기는 과정에서 자신이 과연 정확한 뜻으로 번역하는지에 관해 걱정을 한다. 하지만 사소한 세부적 부분에 대해서는 너무 걱정하지 말라. 만약 정확한 의미 파악이 어려운 부분이 있다면, 단지 그 부분에 대해서만 사실 그대로의 어려움을 토로하는 주(註)를 달아 놓아라.

그러나 명심하라. 어둠의 세력들은 또한 인터넷상에서 이러한 메시지들이 어떤 사이트로 전송되기 전에 재가공하고 의도적으로 변조할 수 있다는 것을 말이다. 나는 번역상의 사소한 오류에 대해서는 신경 쓰지 않는다.

우리는 평화적으로 지구로 온다. 여러분은 그걸 알고 있다. 만약 우리가 공식적인 발표와 함께 공개적인 방식으로 우리가 실제적인 존재이고 여기에 있다고 우리 자신을 드러내야만 한다면, 나는 여러분의 도움이 필요하다. 그러므로 나는 다시 반복하고자 한다.

준비하라! 만일의 경우를 대비하여! 우리는 비밀 없이 정당하게 우리를 알리고 첫 접촉을 하기를 원한다. 그러나 이렇게 되지 않을 가능성이 높다. 그렇게 하려면 (UFO 함대를) 안보이게 조치해 놓은 위장 상태를 해제할 필요가 있을 것이고, 우리는 적어도 세계의 일부 지역에서 목격되어질 것이다.

어둠의 세력들은 자신들의 외계 본거지와 접촉해 올 수 있었다. 그러나 거기에는 빛의 세력의 지원과 유사한 뒷받침이 없었다. 어둠의 앞잡이들의 군주(君主)들은 제거되었던 것이다. 우리는 빛에 대한 지원을 엄청나게 증가시키고 있다. 하지만 어둠의 군주들의 부하들은 홀로 서 있고, 도움을 바라고 있지만 그것은 기대할 수 없을 것이다.

부여된 사명에 관해

많은 사람들이 자기들의 사명이 무엇인지, 그리고 어떻게 그것을 발견할 것인지를 질문한다. 모든 사람들이 다 어떤 특별한 사명을 부여받은 것은 아니다. 그런데 대체적으로 사실상 사명을 가진 사람들은 자신의 임무를 스스로 만들어 낸다. 모든 것은 오랜 세월의 흐름 속에서 변화하며, 하나의 사명조차도 변화할 수가 있다. 여러분의 대부분이 어떤 특별한 임무를 받은 것은 아니다. 하지만 하나님과 공동 창조를 하고, 자신의 할 일을 만들고, 다가오는 변화 이전에 여러분이 아는 만큼 그것을 어떻게 세상에 펼칠 것인가는 여러분에게 맡겨져 있는 것이다.

여러분 주위를 한번 둘러보고, 무엇이 잘못돼 있는지를 깨달으라. 자신이 가진 기량과 지식을 생각해 보라. 그리고 내 이름으로 모이는 2명이나 그 이상의 모임을 만들어 하나의 임무를 창조하라. 내가 여러분 각자와 모두에게 당신들이 무엇을 해야 할지를 일일이 말할 수는 없다. 만약 이미 어떤 일에 참여하고 있지 않다면 당신은 자신의 임무를 설계하기로 예정돼 있는 것이다. 이것이 바로 여러분이 이 행성에 태어나 있는 가장 큰 이유 중의 하나인 것이다. **지구에는 엄청나게 많은 문제들이 산적해 있다. 그러니 할 일없이 빈둥거리며 서 있지 말고, 또 내가 어떤 임무를 주어 일으켜 세워주기를 기다리지 말라. 당장 하나님과 함께 지구의 역사를 공동 창조하는 일을 시작하도록 하라**.

누가 메신저인가?

누가 이 시대에 메신저인가 하는 문제에 있어서는 많은 혼란이 존재한다. 자신만이 유일하게 참다운 메신저라고 주장하는 많은 사람들이 있다. 하지만 결코 그렇지가 않은데, 왜냐하면 우리는 보다 많은 사람들에게 메시지를 전하기 위해 수많은 메신저들을 활용해야 하기 때문이다.

메신저들은 때때로 수많은 독자들이 볼 때, 서로 일치하지 않아 보이는 메시지들을 전달하기도 한다. 일반적으로 메신저들은 메시지를 듣고자 원하는 사람들이 필요로 하는 내용을 전한다. 나는 개인적으로 요청되는 메시지에 대한 응답으로서 다양한 메시지들을 여러 다른 수신자들에게 내보낸다. 메시지 수신자와 메시지를 듣는 청중, 양자(兩者)가 어디서 어떤 내용을 필요로 하는가는 그 때 그 때의 장소와 상황에 달려 있다.

여러분은 계속해서 채널링 내용들의 그 차이점에 대해서 알아차려야 한다. 메시지에서 “진실을 찾아내는 것”에 관한 우리의 입장은 이러하다. 메시지 발신자의 그 시점에서의 개인적인 “앎”의 수준에 따른 개인적인 견해와 함께 진실에 대한 수많은 버전(Version)들이 있다는 점이다. 나는 스타피플(Star People)들이 착륙했을 때, 여러분은 그들 가운데서도 여러 가지 다른 버전들을 발견할 것이라고 말한 바가 있다.

여러분은 아직도 자신이 읽은 채널링 자료들을 검토해 보아야만 하고, 무엇이 자신의 가슴과 공명(共鳴)하는가를 찾아내기 위한 연구를 계속해야 한다. 실상 대개의 메신저들은 단순히 다른 언어 형식과 이해로 묘사된 내용들을 전한다. 여러분은 사실 자신의 성장을 위해 노력해야만 하고, 많은 자료들을 읽고 그것을 자신을 위해 어떻게 활용할 것인가를 결정해야 한다.

많은 사람들이 특정한 성서 외에 어떤 것을 읽는 데 대한 두려움을 안고 살아가고 있다. 그런데 지구상에 있는 주요 성스러운 책들이 사실은 인간을 지배하고 통제하기 위해 의도적으로 변조된 많은 부분들을 포함하고 있다는 사실이다. 그러니 많은 것을 읽고, 읽고, 또 읽고, 연구에 연구를 거듭해 보라.

제 5 장

천상의 차원으로 상승하는 지구

제5장 천상의 차원으로 상승하는 지구

이 장(章)에 대한 캔데이스 서론

이것은 차원상승에 관한 내용이며, 2005년 2월 25일에 있었던 말씀의 기록이다. 분열되고 조직화된 종교들에 몸담고 있는 많은 사람들이 종말의 시기, 즉 일종의 영혼의 심판을 믿고 있고, 어떤 사람들은 천국으로 가고 또 어떤 이들은 지옥으로 갈 것이라고 믿고 있다.

기독교인들은 휴거(들려 올라가기)라고 부르는 것을 믿는 경향이 있는데, 이것은 예수가 재림할 때 구름 속에서 144,000명과 예수를 따르는 나머지 사람들이 예수와 만나게 되리라는 것이다. 이것은 오해이며, 이러한 환상을 날조한 지구의 조종자들에게 원인이 있다. 실제로 진행되고 있는 것은 지구가 천상의 상태로 복귀하는 지구 차원의 상승이다. 그리고 이것은 갑작스러운 사건이 아니다. 이것은 오래전부터 일어나고 있으며, 그 과정은 사난다의 재림 이후 아주 약간의 시간 동안만 진행될 것이다. 사난다(예수)는 수많은 말씀을 하셨으며, 그 전문(全文)이 아래에 이어질 것이다.(캔데이스)

종료돼 가고 있는 우주의 사이클(週期)

이전에 나는 광자대(光子帶)에 관해서, 그리고 인류는 이제 2,000년의 기간 동안 그 안에 있게 된다고 언급한 바가 있다. 과연 광자대라는 것은 무엇일까? 그것은 지속적인 빛의 충전 상태인데, 우리 은하수 은하계의 중심으로부터 계속 방사되는 순수한 빛의 광자(光子)들이다. 플레이아데스 성단의 중심 태양은 다양한 태양계들의 중심 태양이 그러하듯이 이 빛을 받아들인다.

만물은 일종의 질서를 가지고 있다. 모든 항성계나 별무리들은 중심태양을 가지고 있으며 그 세계 속에 있는 모든 태양들이 그 중심태양 주변을 공전하고 있다. 이것이 바로 대우주(大宇宙)이다. 대우주는 곧 하나의 중심을 두고 그 주위를 전자(電子)들이 움직여 돌고 있는 원자(原子)인 것이다. 모든 창조는 원자 속에서와 마찬가지로 어떤 것의 주변에서 이루어진다. 창조계의 중앙에는 <하보나(Havona)>라는 중심 우주가 있다. 그리고 하보나의 중심에는 '낙원의 섬(The Paradise Isle)'이 존재한다. 오직 그 '낙원의 섬'만이 어떤 것의 주위를 돌지 않는다. 그곳이 모든 것의 중심이고 거기에 하나님이 거하시는데, 그곳으로부터 모든 에너지가 흘러나오고, 또 그곳으로부터 영(靈)과 마음이 삼라만상의 창조계로 흘러나간다.

<하보나>는 낙원 주위를 공전하는 약 100만개의 세계들을 가지고 있다. 그리고 이곳이 여러분 영혼 여정의 최종적인 목적지이다. 여러분이 <하보나>로 가는 길을 성취하고 그곳의 학교들을 졸업했을 때 여러분 자신은 아버지 하나님의 오른편에 앉게 될 것인 바, 이는 곧 여러분이 신(神)을 추구했고, 신을 발견했으며, 엄청난 에너지이신 신을 잠시 상면하여 이 빛 속에서 거한다는 것을 의미하는 것이다. 그 다음에는 대개 시간과 공간의 우주들로 돌아와 거기서 일하기를 계속한다. 나는 아직 확실히 그러한 상태에 이르지는 못했지만, 우리 우주의 대학교들[1] 내에서는 높은 단계의 여정을 밟아왔다.

여러분의 태양은 하늘에서 쉽게 관측되는 7 자매별[2]보다 훨씬 거대한 약 150개의 태양들로 이루어진 성단인 플레이아데스(Pleiades)의 한 부분이다. 광자대는 실제로 플레이아데스의 중심태양인 알키온(Alcyon)을 통과하는 일종의 '광자들의 밀집 대역(帶域) 또는 범위'이다. 광자대는 일반적인 광선처럼 모든 방향으로 빛을 방사하지는 않는다. 그 이유는 위대한 진화의 과정을 위한 의도에서이다.

알키온에 더 근접해 있는 태양들은 자연히 알키온 주위를

---

1)여기서 대학교라는 표현은 비유로서 참된 의미는 높이 진화된 행성 또는 별을 뜻한다. 지구는 초등학교 수준의 별이라고 할 수 있다.

2)플레이아데스 성단은 지구에서 관측할 때 대략 7개의 별로 보이는데, 이 7개의 별은 이 성단으로 들어가는 출입구와 같은 별들이라고 한다. 동양에서는 예부터 이 별을 묘성(昴星)이라고 해왔고 서양에서는 7자매 별로 불려왔다. 지구에서 대략 415광년 떨어진 거리에 있는 산개성단이다. 플레이아데스 성단을 북두칠성과 혼동하는 사람들도 있는데 이는 전혀 별자리가 다른 것이다.

플레이아데스 성단의 아름다운 모습

도는 상대적으로 더 작은 공전궤도로 광자대 속에 더욱 빈번히 들어 있게 된다. 결과적으로 이러한 태양계들은 더 멀리 떨어진 태양들보다 훨씬 고도로 진화되어 있다. 이에 반해 지구는 알키온에서 아주 멀리 떨어져 있다. 여러분이 지구라는 학교를 졸업했을 때, 대개 학교로서는 더 높은 등급에 해당하는 행성에 배치가 된다. 지구가 알키온 주위를 한 바퀴 여행하는 데는 약 26,000년이 걸린다. 알키온은 대부분의 태양들처럼 그 주위를 도는 생명체가 서식하는 행성들을 가지고 있다. 그것은 지구의 태양보다 훨씬 더 거대하다. 그러므로 요컨대 중심우주의 낙원 섬 이외에 우주의 모든 것들은 어떤 중심 주위를 돌고 있다는 것이다.

알키온도 우리 은하수 은하계의 거대한 중심태양 주위를 약 2억 2천 5백만 년에 걸쳐서 일주하는 여행을 한다. 행성 지구가 광자대 속에 들어가 있는 이 시점에서 특수한 사항은 알키온이 현재 은하계의 그 거대한 중심태양 주위를 도는 자신의 여정을 거의 끝내가고 있다는 것과 전체 은하계가 도처에서 커다란 변화를 겪고 있다는 것이다. 이보다 더 세부적인 내용들이 있으나 이 주제에 관해서는 이 정도만 하도록 하고 지구와 지구의 차원상승 문제로 돌아가 보자.

지금은 행성 지구 학교를 졸업해야 할 우주적 시간대

지구라는 행성은 이러한 26,000년간의 주기(週期)를 학교의 한 기간으로서 통과한다. 만약 지구와 그곳에서 수학하는 그녀의 학생들이 훌륭히 학업을 이수했다면 졸업이 일어난다. 그러나 만일 그렇지 못했다면 그 학교 교육은 다시 되풀이 돼야하고, 때때로 한 학년이나 그 이상을 허비해 버리는 것이다.

여러분의 태양계가 이 26,000년간의 시기에 광자대 속에 2번 들어가 있었으므로 이 기간 동안에 2번의 학기(學期)가 있었다. 대개 학기와 학기의 중간 동안의 변화들은 학년말의 변화들만큼 대단하지는 않다. 그러나 우리는 지금 학년 말에 와 있으며, 때문에 마지막 때이고 더욱 중대한 변화들이 일어나게 된다. 실상 지구는 이 지난 26,000년의 기간 동안 특별나게 잘하지 못했으며 대부분이 오히려 퇴보하였고, 극소수만이 진급하여 올라갔을 뿐이다.

만약 세계 제2차 대전 이후에 여러분의 우주 친구들이 곧바로 지구에 관여하지 않았다면, 당신네 행성은 곤두박질쳐서 매우 소수의 생명체들만이 살아남았을 것이다. 이렇게 되었다면 지구는 인류의 진화여정을 위해 적당한 새로운 육체인들을 포함하여 생명체들을 다시 이식시키는 것이 필요했을 것이다.

이러한 지구의 심각한 상황이 야기된 데는 대단히 부족한 여러분의 교사들과 천상에서 추락한 자들, 그리고 힘으로 지구를 지배하고 노예화한 자들의 잘못이 매우 크다. 인류의 전부는 아닐지라도 그 대다수는 전쟁으로 인해 여러 종류의 파괴에 직면했었던 다른 행성들로부터 지구로 이주해온 것이다. 이와 같이 당신들은 원래 살던 행성이 살 수 없게 됨으로써 새로운 행성이 필요했던 것이다.

여러분 태양계 내의 소행성대(Asteroid Zone)[3]를 주목할 필요가 있는데, 그것은 한 때 '말데크(Maldek)' 라고 불렸던 하나의 행성이었다. 이 행성은 전쟁 행위로 파괴되었고 여러분은 거기서 살 수가 없었다. 인류 가운데 많은 숫자가 화성과 금성으로부터 왔으며, 이 두 행성은 과거에 극심한 문제들을 겪은 바가 있다. 금성은 자체의 궤도에서 흔들려 그 여파로 인해 대단한 혼란이 발생했는데, 이것은 바로 지구가 현재 처해있는 문제인 것이다.

화성의 주민들은 자신들의 대기권을 파괴했었다. 화성인들

3) 화성과 목성의 궤도 사이에 펼쳐져 있는 부서진 수많은 소행성들의 지역을 의미한다. 과학자들도 오래전부터 의문을 가져 왔으며, 일부 과학자들이나 사이언스 작가들 역시 거대 행성이 파괴된 잔해가 아닐까하고 추측해 왔다

붉은 행성 화성의 모습

은 그들 주민의 일부가 살고 있었던 어떤 지하 시설들을 가지고 있었으나, 지표면의 사람들은 핵(核) 사건으로 인해서 솔직히 말해, 일종의 감자튀김처럼 바싹 타서 희생되었다. 따라서 그들에게는 새로운 고향이 필요했었고, 아울러 나중에야 그들의 영혼은 회복되고 치유되었다. 핵무기에 의한 죽음은 심각한 영혼의 손상을 일으키며, 때때로 원상복구가 불가능하여 완전한 영혼의 말살을 가져올 수도 있다. 지구인들은 핵무기 제조 능력을 갖춤으로써 다시 이러한 길로 치닫고 있고, 행성 지구는 스스로 굴러 넘어짐으로써(※궤도이탈을 의미함) 당신들을 자신의 몸에서 털어 버리기를 희망했다. 이것은 자극(磁極)의 이동과는 또 다른 사건이며 더욱 심각한 것이지만, 그렇게 함으로써 지구는 살아남을 것이다

(※캔데이스 註釋:아주 오래 전 과거에 지구는 핵폭발을 겪었다. 중동의 사해(死海)에는 소돔과 고모라가 남아 있는데, 그곳은 풀루토늄(Plutonium) 폭탄에 의해 파괴되었다. 정확히 회상하자면 그 시대 동안에 인도와 같은 곳에서 또다른 핵폭발이 있었다. 우리가 광자대 속에 있었

던 약 13,000년 전의 마지막 시기 이전에 아틀란티스와 레무리아는 서로 적대해 핵 전쟁에 관련되어 있었다.)

화성 북극의 만년설과 적도 부근의 '얼은 바다'

유럽우주국(ESA)의 화성탐사선 <마스익스프레스호>가 전송한 사진들이다

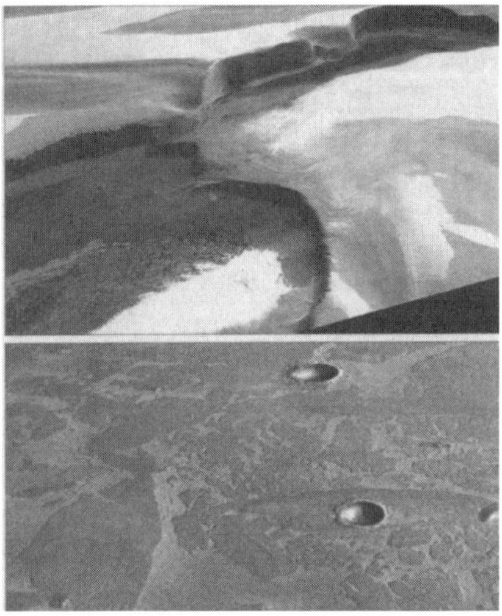

지구는 인간의 끝없는 학대와 무례함으로 인해 대단히 지쳐 있다. 그리고 여러분의 태양계 전체가 지구 때문에 힘들어하고 있다. 이곳은 아수라장이고 더러운 쓰레기장인 것이다. 이 특수한 우주인 〈네바돈 우주〉에 있는 여러분에게는 특별히 자유의지가 허용되어 있다.(※네바돈이란 지구가 속한 우주의 이름이다.) 하지만 지구상에는 많은 선량한 사람들이 포로마냥 (어둠의 세력에게) 속박돼 있으며, 해방을 원하는 여러분의 기도가 우리에게 들려왔다. **그래서 우리가 여기에 와 있는 것이다.** 왜냐하면 다른 자들의 자유의지의 남용으로 인해 신(神)과 같이 되어간다는 의미로서의 신을 추구하는 여러분의 영혼여정이 더 이상 지체되어서는 안 되는 까닭이다.

그러므로 144,000의 사명자들과 내가 왔던 것이고, 그 과정에 착수하기 위해 많은 해들에 걸쳐 배후에서 지원하고 있는 것이다. 이 과정은 시간이 소요된다. 하나님은 마법의 지팡

이를 흔들지 않으시며, 모든 일이 저절로 잘되는 것이 아니다. 하나님의 아들들로서 여러분은 스스로 변화를 창출해 내거나 또는 이 경우에는 사명자들 속에 참여해야만 하는 것이다.

천군천사(天軍天使)들의 지구 개입은 불가피하다

거대한 어둠의 일당들이 무기 면에서 여러분보다는 강력한 힘을 소유하고 있고, 여러분이 그 열세를 극복하기는 매우 어렵기 때문에 이러한 우리의 개입은 불가피하다. 따라서 여러분에게는 많은 배후의 원조가 주어지고 있다.

만약 여러분이 TV에서 "스타트렉(Star Trek)" 이란 프로를 보았다면, (향후) 인류가 발견한 행성들의 진화과정에 인간들이 개입하는 것이 허용돼 있지 않다는 것을 배웠을 것이다. 이것이 바로 우주의 <불간섭 법칙>이다. 어떤 사람들은 자유의지라는 것이 여기저기를 마음대로 돌아다니고, 기분 내키는 대로 해도 좋은 것이라고 생각한다. 하지만 사실 자유의지란 또한 그만큼 다른 사람의 자유의지를 반드시 존중해야만 한다는 것을 의미하는 것이다.

다른 행성에 개입한다는 것은 영단(Spiritual Hierarchy)으로부터 그렇게 해도 좋다는 은하계적인 허가와 지령(指令)을 필요로 한다. 이러한 지령이 내려졌으며, 고로 그것이 지구상에서 진행 중에 있다. 따라서 인류 가운데 올바르게 살고자 하는 사람들과 평화로이 자신의 영혼여정을 계속하고자 하는 사람들은 그렇게 할 수가 있다. 그리하여 우리는 전쟁기계로

서가 아니라 사랑으로 여러분을 (어둠으로부터) 해방시키기 위해 천군(天軍)을 이끌고 이 시기에 재림해 오는 것이다. 그렇지만 나는 이것이 미군(美軍)이 이라크를 해방시키는 식의 방식이 아니라는 점을 분명히 말하고자 한다.

태양계 내에는 여기에 같이 참여하지 않은 존재들도 많이 있다. 그들은 단순히 지구의 상황을 관찰하고 연구하고 있는 중이다. 여러분은 장차 지구에서 벌어지는 이것이 얼마나 장대한 사건인지를 잘 인식하지 못하고 있다. 다른 우주들로부터 이곳에 온 존재들이 있고, 또 우리 은하계 내의 거의 모든 태양계들에서 보내온 대표자들이 여기에 와있다.

나는 지구에서 가르침의 책임을 맡고 있고, 나의 임무가 성공적이 될 때 나는 우주에서 인류를 대표하는 "행성 지구의 왕자(Planetary Prince)"가 될 것이다. 행성의 왕자들은 대개 천사계로부터 오는 것이나 나는 완전한 인간이고 이 목표를 두고 아주 오랫 동안 열심히 일해 왔다.(※지구의 이전의 행성 왕자는 루시퍼의 반란에 관여했었으며, 당연히 그 지위에서 해고되었다.) 나는 이 행성을 사랑하며, 오래 전부터 지구의 (천국으로의) 향상을 위해 헌신해 왔다. 그런데 나는 내 영혼여정의 과정 속에서 과거 한 때 다윗(David)이었고, 또다른 많은 인물이었다.

자, 차원상승의 문제로 돌아가도록 하자. 우리는 천상에서 여러분의 기도들을 들었다. 그리하여 우리는 왔고, 3,000년 전에 세운 계획을 착수하고 있는 중이다. 우리는 여러분을 내면에서 깨우치고 여러분에게 힘을 주기 위해 일했다.

정확히 계산하기는 어렵지만, (지구인 가운데) 최소한 1억1천만 명이 인류를 돕기 위해 다른 별들로부터 왔고, 그 길을 보여주기 위해 이러한 수준 이하의 인간 육신을 입고 태어났다. 나는 절대로 유일하게 〈길을 보여주는 자(Way Shower)〉가 아니다. 하지만 나는 그리스도 에너지로, 그리스도의 실제적인 지구방문으로, 네바돈 우주의 마스터 창조자의 아들로 은총을 입었고, 그는 다시 이곳에 와 있다. 과거 그 당시 나의 육화(肉化)는 하나의 육신 속에 내 자신과 그리스도가 같이 있었던 이중육화(二重肉化)였었다.

계산상으로 70만개의 우주들이 존재하고 있으며, 그 각 우주들마다 그 우주의 맨 윗자리에는 창조주의 아들들이 앉아 있다. 다시 한번 언급하지만, 이 위대한 신(神)의 아들들은 보통 '미카엘들(Michaels)'로 알려져 있다. "네바돈" 우주의 창조주의 아들의 이름이 〈그리스도〉이다. 그리고 나는 인간이다. 나는 창조주의 아들이 아니며, 여러분 모두는 이것을 인식할 필요가 있다.[4] 이전에 내가 언급한 바와 같이, **나는 나의 영혼 여정 속에서 더욱 앞으로 나가고 있는 여러분의 만형일 뿐이다. 나를 신격화(神格化)하지 말라. (내가 하나님의 아들이라면) 여러분 모두가 하나님의 아들들인 것이다.**

행성 지구를 원래 상태로 되돌리고, 여러분 모두를 천상의 상태로 복구시키기 위해 우리는 배후에서 일해야만 했다. 매

---

4)성서에서 예수님이 자기 자신을 스스로 지칭할 때 자주 쓴 용어인 "인자(人子), 즉 〈사람의 아들〉이라는 표현을 숙고해볼 필요가 있다.

우 오래 전에 여러분은 우리의 개입에 의한 원조를 제의받은 적이 있었으나 두려움 속에서 그 제의를 거절했었다.[5] 그리고 있었던 그 사건에 관해 함구하거나 손을 떼지 않으면 고달파지는 세상적 두려움 속에서 살고 있기는 그때나 지금이나 거의 마찬가지인 것이다.

이 행성은 참으로 아주 비열한 인간들의 지배 아래 놓여 있다. 그리하여 당시 우리는 배후에서 인류를 교육하고 희망을 주고 길을 보여주는 자가 되는 작업을 하기로 결정하였다. 그러한 활동이 충분치는 않았으나 한 가지 일에 변화를 가져왔다. 여러분이 우리의 개입을 요청할 만큼 용기를 얻었으며, 그리스도는 그것을 승인했던 것이다. 따라서 우리는 무장한 채 여기에 대기하고 있고, 행성 지구의 조종자들과 더불어 대치상태에 놓여져 있다. 우리의 길에 맞서고 있는 모든 자들은 육체로 태어난 자들이며, 그들은 자기들의 어둠의 군주들 없이 홀로 서서 겁먹은 채로 수많은 어리석은 잘못들을 저지르고 있다. 그들은 실제로는 아주 영리하지 못하며 자기들의 주인들이 없는 까닭에 지구 지배를 위한 수많은 내분(內紛)에 휩싸여 있다. 그리고 이와 같이 권력을 상실해 가고 있는 것이다.

심지어 이 거대한 어둠의 일당들은 신(神)께 봉사하지 않는 것을 제외하고는 "내 이름으로 둘이나 그 이상이 모이면

---

5) 1950년대인 미국의 아이젠하워 행정부 시절 이미 선의(善意)의 우주인들과의 비밀 접촉이 있었다.. 이때 우주인들은 지구에 피해를 주는 핵실험 금지과 석유연료 사용 중단을 전제로 우주 에너지 기술 원조를 인류에게 제의했었다. 그러나 미국 정부를 뒤에서 움직이는 그림자 정부의 세력들은 이를 거절했다고 한다.

(Two or more in My name)" 의 법칙을 알고 있다. 그러나 그것은 그들이 여러분에 대한 지배를 유지하는 방법이다. 최소한 이제 여러분 가운데 많은 이들이 여러분 자신도 역시 힘을 가지고 있음을 알고 있다. 여러분은 단지 이러한 일당들에게 항거할 무기들을 지니고 있지 않다는 것뿐이다. 여러분 가운데 일부 집단들이 가지고 있는 당신들의 총들은 광선무기나 중성자 폭탄 등에 대항해서는 아무런 쓸모도 없는 것이다. 하지만 그들은 핵무기 사용에도 아무런 문제가 없는 자들이다. 핵무기는 영혼의 질료 자체에도 손상을 입히며, 그렇게 하려는 것이 그들의 의도인 것이다.

차원상승이란 학교에서 유급하거나 뒤로 쳐지는 대신에 3차원에서 5차원으로 두 등급 진급해 올라섰다는 것을 의미한다. 5차원은 곧 "천국(天國)" 이다. 이러한 세계는 평화가 목적이고 전쟁은 사라진다. 그리고 모든 것이 소중히 여겨지며 돌보아진다. 여러분이 최소한 3차원의 상위단계나 4차원의 하위단계에만 진입해도 우주여행 능력을 지니게 되는데, 그렇다고 이것이 현재 여러분이 사용하고 있는 로케트(Rocket)을 의미하는 것은 아니다.

여러분은 현재 삶을 더 편하고 윤택하게 만들어주는 훌륭한 기술들을 갖고 있다. 전기(電氣)의 출현이나 세탁기, 자동차 등과 같은 삶의 도구들은 여러분 삶의 질을 크게 증진시켰으며, 그만큼 여러분은 3차원 상위의 단계로 들어가고 있다. 인류 가운데 많은 이들이 이제는 그 영성(靈性)에 있어서 4차원이나 그 이상에 있고, 지구의 과학기술 역시 그러한 단계에 놓여 있다.

천상의 도움으로 인류에게 주어진 기술들이 모두 억압되거나 은폐되었다

우리는 기술을 가지고 드러나지 않게 역사해 왔다. 우리는 어둠의 일당이 먹이를 물기 전에 그들을 훈육하기 위해 당근을 매달아야 했다. 그리고 우주의 다른 세계들로부터 지구상에 태어난 많은 존재들에 의해서 인류의 과학기술이 발전되었다. 우리는 이 과정에서 그들을 원조했으나 그 모든 것이 항상 성공적이지는 못했다.

테슬라(Tesla)[6]라는 과학자가 지구상에 왔었고, 그는 인류에게 프리 에너지(Free Energy)를 비롯하여 반중력(反重力) 여행 기술을 포함한 수많은 기술들을 남겨주었다. 그는 또한 대기(大氣)와 그 전기적인 잠재성에 대해서 연구했었다. 그것이 여러분이 격자(Grid)를 가지고 있는 이유이나 그 격자를 세우는 것은 그의 꿈이 아니었다. 그것은 권력을 쥔 자들의 꿈이었는데, 왜냐하면 그것이 부(富)를 생산할 것이기 때문이다. 모든 '엔진들(Engines)'에 기름을 사용하는 것 등도 마찬가지이다. 그들은 매우 근시안적이었다. 석유는 플라스틱과 다른 용도를 위한 것이고 여러분이 알다시피 환경에는 유해한 것이다. 특히 여러분이 스모그가 낀 도시에 살고 있다면 더욱 그러하다. 권력을 거머쥔 자들은 아직도 자기들이 지구에 대한 지배권을 가지고 있고, 또 지구를 강간하고 약

6) [참고 자료]란의 해설을 참고할 것

♣ [참고자료] 선구적 과학자 테슬라 (Tesla, Nikola)

(구) 유고슬라비아, 지금의 크로아티아 출신의 전기공학자이다. <과학문명을 1백년 앞당긴 천재 과학자> <우주에서 길을 잃어 지구에 잘못 태어난 외계인>, 이러한 칭호 모두가 발명왕 에디슨에 버금가는 20세기 최고의 발명가이자 미국의 전설적인 과학자인 니콜라 테슬라(1856~1943)를 일컫는 말이다.

테슬라의 아버지는 집안의 오랜 전통 대로 그리스 정교 성직자가 되어 마을의 대표적인 지식인으로서 지역을 위해 많은 공헌을 했다. 한편 테슬라의 어머니는 발명가로서의 재능을 갖고 있었으며 집안의 가구 등을 비롯한 여러 발명품을 고안하였다. 또한 기억력도 월등하게 뛰어나서 상당히 긴 책의 내용을 암기 했다고 한다. 그리고 12살 때 불의의 사고로 죽은 테슬라의 형도 자타가 공인하는 뛰어난 천재였다.

이처럼 집안의 천재성을 물려받은 테슬라는 다섯 살 때 처음으로 수(水)차를 발명하였고, 친척들에게 나이아가라 폭포에서 에너지를 얻는 계획을 설명했다고 한다. 결국 테슬라의 이 계획은, 1895년에 테슬라의 특허를 이용하여 웨스팅 하우스사가 나이아가라 폭포에 교류 발전소를 만듦으로써 실행에 옮겨지게 되었다. 그 후 전기 공학에 깊은 관심을 가지고 형가리에서 그라츠의 공업학교와 프라하 대학에서 공부하였다. 학교를 다니면서 교류 모터에 대한 아이디어를 개발했으며 오스트리아 정부의 전신국에 근무하다가, 후에 부다페스트 및 파리에 있는 에디슨의 유럽 지사에서 전기기사로 일하였다. 그곳에서 교류 모터에 대한 생각을 계속 발전시키던 중, 자신이 가지고 있던 교류 기술에 대한 가능성을 인정받기 위해서 1884년 6월 미국으로 이주하여 에디슨의 조수로 일하게 되었다.

에디슨 회사에서 수년간 발전기와 전동기(電動機)를 연구하다 에디슨과 결별하고 나와 뉴욕에서 테슬라 연구소를 설립하고, 1888년 최초의 교류유도전동기(交流誘導電動機), 1891년 테슬라 변압기 등을 만들었다. 1895년 그가 개발한 2상 교류 방식은 웨스팅하우스사(社)에 의하여 나이아가라 수력발전소에 이용되었다. 그리고 자기장의 세기를 나타내는 자기력선속밀도(磁氣力線束密度)의 기본 단위인 기호 T(테슬라)는 그의 이름에서 따서 제정된 것이다.

테슬라는 28세 때인 미국으로 이주한 이래, 수많은 중요한 발명과 선구적 업적을 이뤄냈다. 교류전압 송신, 다상교류 시스템, 무선통신, 고압전원을 만드는 테슬라 코일, 형광등, 라디오 등의 발명자로 그는 기록되고 있다. 그는 에디슨에 필적할 혁혁한 업적을 남겼음에도 생전에 합당한 평가를 받지 못한 불운한 생애를 살았다.

테슬라의 꿈은 세계 곳곳으로 통신을 가능하게 하며, 기상을 조절하고, 무한한 에너지를 공급하고, 꺼지지 않는 빛을 만들고, 다른 행성에 존재한다고 믿는 생명체와 소통하는 것이었다. 그는 시대를 너무 앞서갔기에 사람들로부터 몽상가, 미치광이란 오래를 받기도 했다. 그러나 그가 연구했던 무선에너지 전송기술, 테슬라 터빈, 테슬라 엔진, 입자빔 무기, 공간 자체에서 무한한 에너지를 뽑아 쓰는 실험 등은 현재까지도 많은 과학자들이 뒤를 이어 탐구를 계속하고 있다. 그러나 이미 테슬라의 연구자료 중 상당 부분은 그의 사후 미국의 국방정보기관에서 입수해 현재까지도 비밀문서로 분류돼 있다.

그의 연구 중에는 현대 과학자들이 따라잡지 못하고 있는 분야가 많다고 한다. 예컨대 그는 작은 공 모양의 전기덩어리(구형 번개라고도 불린다)를 마음대로 만들고 다루는 시범을 여러 차례 보였다. 이 현상은 핵융합 플라즈마 연구의 혁신적인 돌파구로 밝혀졌지만 아직도 과학자들은 못하고 있다. 1915년 11월 6일자 뉴욕타임스는 에디슨과 테슬라가 노벨물리학상의 공동 수상자로 결정되었다는 기사를 내보냈지만 정작 수상의 영예는 다른 사람에게 돌아갔다. 스웨덴 한림원이 막판에 수상자를 바꾼 이유는 아직도 분명하게 밝혀지지 않고 있다.

그의 발명에 대한 열정은 만년까지 식지 않았으나 자금 부족으로 매우 불우한 노년을 보냈으며 빈곤과 고독함 속에서 마지막 생애를 마쳤다. 다른 대부분의 천재들과 마찬가지로 테슬라도 사후에야 비로소 자신의 업적을 인정받게 되었으며 1943년 그가 죽은 후에 미국은 무선 전신에 대한 테슬라의 특허가 마르코니의 특허에 우선함을 인정했다. 그때서야 비로소 웨스팅 하우스 등이 가지고 있던 많은 기술들이 테슬라의 업적으로 평가받게 되면서 인류 역사상 최고의 발명가로서의 지위를 얻게 되었던 것이다. 현 미국과학자 85%가 니콜라 테슬라 전기문을 읽고 과학자가 되리고 결심했다고 한다.

테슬라의 뛰어난 재능과 낭만적인 생애는 많은 사람들에게 영향을 미치고 있으며, 지금 현재 미국과 유럽 등지에서 폭발적인 인기를 얻고 있다.

그런데 일설(一說)에 의하면 그가 시대에 너무 앞서 놀라운 과학기술들을 개발한 탓에 어둠의 세력들에 의해 그는 비밀리에 제거되었다고 한다. 예컨대, 이미 그 당시에 간단한 장치만으로 공간에서 무한히 전기 에너지를 뽑아 쓸 수 있는 기술을 개발했으나, 그때나 지금이나 석유가 주에너지원(源)으로 사용되는 지구상에서 석유산업을 장악하고 석유로 부(富)를 축적하고 있는 세력들 입장에서는 이런 기술이 달갑지 않은 것이다. 따라서 어둠의 세력들은 테슬라의 기술 가운데 자기들에게 유용한 군사 기술들만을 실용화시켜 보유하고 불리한 기술들을 폐기시켜 버리기 위해 그를 암살했을 가능성이 높다. 테슬라는 사실 지구에 잘못 태어난 외계인이 아니라 아마도 우주의 기술을 인류에게 전해주고자 일부러 지구에 태어난 외계인의 영혼이라고 보아야 할 것이다.

[참고문헌: 니콜라 테슬라-마가렛 체니 저(양문출판사), naver in 지식백과]

탈할 권리가 있다는 믿음 속에서 살고 있다. (지상의) 지배권에 관한 구약 <창세기>에 관한 구절은 인류가 행성 지구를 돌봐야할 의무를 부여받았고, 그 지표면에서 조화롭게 살아야 한다는 것을 의미하는 것이다. *진보된 행성들은 대개 보는 즐거움과 생명의 진화를 위해 행성 지표면을 그대로 두고 행성의 내부(지저세계)에서 살고 있다. 여러분도 아마 언젠가는 이렇게 사는 방식을 택하게 될 것이다.*

상승이란 여러분이 신(神)의 은총을 부여받았다는 것과 우

은하계의 보석, 아름다운 행성 어머니 지구의 모습 - 이제 머지않아 천상의 빛의 세력들은 지구를 학대하고 파괴해온 어둠의 존재들을 이곳에서 몰아낼 것이다. 그리고 이 행성은 천상의 차원인 5차원으로 상승할 것이다

리가 행성 지구와 그곳의 모든 생명에너지를 높이 끌어올리고 있다는 것을 의미한다. 우리는 지금 지구와 태양계 전체를 복구하고 있는 중이다. 이에 관한 보다 상세한 내용은 쉘든 나이들(Sheldon Nidle)의 웹사이트를 방문하여 검색해 보기 바란다.[7] 우리의 시리우스인 친구들은 여기에 관한 정보를 제공하고 있다. 나는 여기서 모든 것을 다 설명하지는 않을 것이다. 이용할 수 있는 정보의 소스들(Sources)이 얼마든지 있으며, 스스로 배우고 정보를 구할 수 있는 곳에서 해답을 구해야 하는 것은 여러분의 몫이다. 그것이 여러분이 인터넷을 하는 이유가 아니겠는가? 인터넷은 내면에서 우리가 일하는 방식이고, 여러분에게 다른 소스의 자료를 제공하는 방법이며, 통신하는 또 다른 방법이다.

손상돼 있는 인류의 DNA 복구가 가져올 놀라운 결과들

여러분 중에 많은 이들이 상승할 때 신체가 바뀔 것이고 또 현재 변화하고 있는 중이다. 지구가 광자대 속에 들어 있을 때, 인간의 신체는 크게 변화할 수 있게 된다. 그리고 여러분 모두는 현재 사용하지 않는 유전자(DNA)를 지니고 있다. 그런데 그것은 아주 오래 전에 인류를 노예화하기 위해 그 연결이 끊어져 있다. 광자대의 영향과 여러분의 보다 자비스러워지려는 노력 등이 그 DNA를 다시 연결시킬 것이다. 이 DNA는 정신적 텔레파시(Telepathy)를 가능케 하고, 여러분의 지도령이나 천사들과의 통신을 허용한다.

---

7) www.paoweb.com

우리는 육체로 태어나 있는 삶 동안 우리를 돕는 천사들이나 지도령들을 가지고 있는데, 이런 존재들은 한 인간이 계획에 따라 인생행로를 계속하는 것을 돕는다. 인류의 변변치 못한 현재의 유전자(DNA)로는 자신의 지도령과 교신하기에 대단히 많은 어려움이 있다. 여러분이 신(神)의 뜻을 행한다고 느낄 때, 이것은 여러분이 육신으로 태어나기 전에 여러분이 세상에서 행하는 것을 선택했다는 것과 그 선택이 옳다는 것을 의미한다. 만약 여러분이 뜻밖의 어떤 발견이나 발명을 하는 경험을 했을 때, 이것은 대개 여러분이 단지 지도령이 전해주는 정보를 성공적으로 들은 것이다.

현재 사용되지 않는 DNA는 신(神)과의 통신을 가능케 하는데, 이 DNA의 단절 상태가 바로 대다수의 사람들이 신과 진정으로 통신하지 못하는 참된 이유이다. 불완전한 DNA를 가진 그들은 결코 통신할 수가 없다. 따라서 그것이 하나님을 찾고 있는 그렇게 많은 사람들이 교회에 몰려가서 하늘의 신(神)을 찬양하는 원인의 하나이기도 하다. 여러분의 신체는 현재 오직 2 가닥의 DNA만을 사용하고 있다. 그럼에도 여러분은 현 육체 형태 속에 12 가닥 DNA의 잠재성을 가지고 있다.

더 많은 DNA 가닥들은 신체 내에 빛이 더 많고 물질이 보다 적다는 것을 의미한다. 이렇게 DNA 가닥이 늘어가게 되면 여러분의 임신 기간은 시간상 더 짧아질 것이다. 그리고 만약 아기들이 몸에 물질적 질료를 덜 갖고 있다면, 그들의 성장은 보다 빨라진다. 음식도 적게 먹을 것이다. 그리고 여러분은 지금과 같이 나이를 먹어 늙지 않을 것이다. 수명은 대단히 길어질 것이고 많은 영적성장이 가능하게 된다. 이것이 바로 '빛의 몸(Light Body)' 이라는 것이다. 인간의 몸은 점점 더 비물질적이 되고, 때가 되면 신(神)과 같이 되어가는 여러분의 여정으로서 인간은 신체에 전혀 물질적 요소를 지니지 않게 되어 완전히 영(靈)이 될 것이다.

우리가 네사라(NESARA)를 공표하고 내가 재림을 이루었을 때 우리는 천상에서보다 지구상에서 더 위대한 일들을 행하게 될 것이다. 우리는 인류의 신체 변화에 관해 여러분을 돕기 위해서 현존하는 교회들을 통해 많은 교육기관들을 세울 것이며, 이러한 교육기관들은 끊어져 있는 DNA 가닥들을 다시 연결시키기 위해 필요하다. 지구상의 다수의 사람들이 이미 그것을 이루었고, 또 그 길을 보여주고자 기다리고 있다.

지금 새로 태어나는 대부분의 아기들은 태어난 그 시점에 변화하고 있는 부모를 통해서, 또는 다른 별(星)로부터 자신들의 고유한 DNA를 가져온 (외계출신의) 부모들을 통해서 이미 향상된 DNA를 지니고 있다. 현재 태어난 새로운 아이들은 또한 (고향) 별들로부터 DNA를 가져오고 있다. 그 아이들은 오래 전에 내가 그랬던 것처럼 자신들의 사명을 위해서 그러한 DNA가 필요하다.

(※캔데이스의 註釋:사난다는 자신의 "처녀출산"을 다음과 같이 설명한다. 그는 영적교신과 자신의 사명 수행을 가능하게 하기 위해서 높은 질(質)의 DNA를 필요로 했고, 성모 마리아는 인공 수정되었다고 한다. 이러한 고차원의 DNA가 그가 행했던 인류를 위한 빛을 일으켰던

것이다.)

이것이 비록 자유의지의 문제라 하더라도 "피납"이 일어난 한 이유인데, 그렇지만 여러분의 의사에 반하는 납치 행위는 아니었다. 자식을 둔 여러분 중의 일부는 자손을 위한 DNA 보완 작업을 위해서 밤에 (광선에 의해 끌어올려져) 우주선으로 여행을 했었으며, 이것은 여러분이 자신의 잠재의식 속에서 선택했던 것이다. 여러분은 이러한 DNA 연결이 결여된 채 태어났기 때문에 여러분 중에 많은 이들이 그것을 보다 빠르게 재연결하기 위한 특수한 조치를 받기 위해서 밤에 여행했었다. 그리고 여러분에 대한 이러한 특수한 조치는 "길을 보여주는 자"가 되기 위해 필요하다. 그러나 이러한 "피납"은 작은 회색의 외계인들(Greys)에 의해 저질러졌던, 자기들의 용도를 위해 유전 물질을 채집하고자 자행한 납치와는 전혀 다른 것이다. 8)

(※Candace 註釋:나 자신도 수없이 많이 광선에 의해 들려 올라갔었고, DNA 가닥을 다시 연결시키는 조치를 받았다. 그것이 내가 텔레파시를 하고 사난다와 접속하여 이런 글을 쓸 수 있는 이유이다.)

---

8) 미국 정부와의 검은 뒷거래에 따라 제타 레티큘리 성단에서 온 이 그레이 외계인들에 의해서 1960년대~90년대 초까지 많은 피납 사건이 미국을 중심으로 서구에서 발생했다. 피납자의 수는 통상 수십만~수백만이라고 일컬어진다. 미국의 경우 데이비드 제이콥스 교수라든가 존 맥 박사, 버드 홉킨스와 같은 저명한 UFO 연구자들에 의해 피납자들에 관한 깊이 있는 연구가 이루어졌다. 아울러 그들이 집필한 외계인의 납치에 관한 책들은 미국에서 한 때 베스트 셀러가 되기도 하였다.

제 6 장

다가오는 지구변동과 인류의 미래

제6장 다가오는 지구변동과 인류의 미래

다가오고 있는 지구변동에 관해서

행성 지구에는 거대한 변화가 다가오고 있다. 지구는 그녀[1] 본래의 장엄한 상태로 복구되기를 바라고 있다. 그리고 잃어버린 대륙 아틀란티스와 레무리아가 해저 밑바닥으로부터 융기하여 떠오를 예정이다. 다른 별들로부터 온 방문자들이 이 과정을 도울 것이며, 지구의 창공 역시 원래대로 복구될 것이다.

지구는 방출해야 할 부정적인 에너지를 가지고 있다. 만약

1) 여기서 "그녀"라는 여성적 칭호를 사용하는 것은 지구를 살아 있는 거대한 생명체이자 성별로는 여성으로 보기 때문이다. 천상의 존재들과 우주인들은 모든 우주의 별들과 행성들도 진화, 성장해가는 생명이라고 말한다. 이것은 그리스 신화에서 지구를 <가이아 여신(女神)>으로 묘사한 것과 일맥상통한다. 우리나라 고대사서 "부도지(符都誌)"에서도 대지의 신(神)을 여성인 <마고 할미>라고 지칭한다. 실제로 지구는 지구상 모든 생명체의 어머니로서 지구의 에너지와 그 맥동이 모든 생명의 맥동이자 에너지이다. 지구의 아픔이 곧 인간의 병마와 직결되어 있고, 또 지구가 빛이 되면 그 위에 서식하는 인간을 비롯한 모든 생명체가 빛이 되는 것이다

여러분이 정당하게 어떤 분노를 느꼈을 때, 의당 그 분기(憤氣)를 어떤 식으로든 해소해야 할 필요가 있지 않겠는가? 일찍이 언급한 바와 같이 우리는 최근에 지진활동이 활발한 태평양 북단 지역과 서태평양 가장자리에서의 대재앙을 막기 위해 노력하고 있다. 최악의 참변이 될 수 있는 대이변을 예방하고 지각(地殼)의 압력을 방출시키기 위해 우리는 매우 빈번하게 수많은 소규모의 지진들을 일부러 유발시키고 있다.

그리고 현재 여러분의 태양계 자체가 복구되고 있다. 여러분의 태양계는 은하계 전쟁과 국지적인 전투로 인해 큰 손상을 입었었다. 행성 말데크(Maldek)는 바로 때맞춰 다시 건조될 것이다. 그러므로 여러분의 인구가 늘어났을 때, 미래에 인류는 거기에 가서 거주해도 좋을 것이다. 여러분 중에 어떤 이들은 인류가 은하계 여행 능력을 되찾게 된 이후에 이 태양계 복구 작업에 참여할 것이다.

나는 지구의 몇몇 정부들이 어떤 이유로 우리의 도움을 거부하는지 도저히 이해할 수가 없다. 행성 지구는 참으로 장엄한 형상을 하고 있고, 우리는 여러분을 구해낼 수 있는 기술을 제시했었다. 그러나 그들은 만약 자기들이 이 행성을 소유할 수 없다면 지구를 구하기보다는 차라리 파멸시켜 버리고자 하였다. 그들은 아직도 지구 주민수의 대부분을 제거하고 자신들의 안락한 삶에 쓸모가 있고 자기들에게 복종하는 자들만을 남겨두려는 공작에 열중하고 있다.

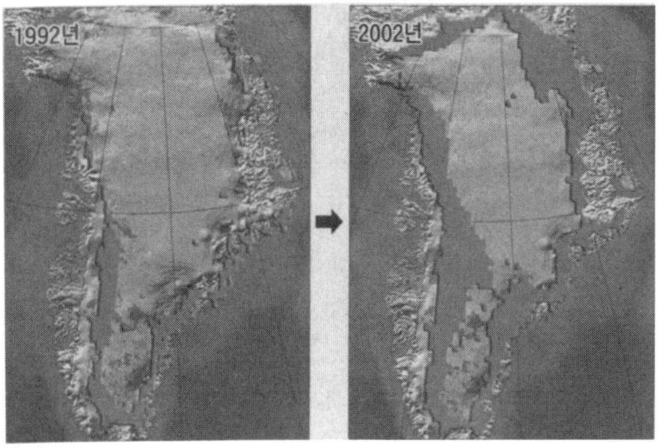

빙하 녹이는 지구 온난화

북극 기후 영향협회가 공개한1992년(왼쪽)과 2002년(오른쪽)의 그랜랜드 얼음 분포도. 92년에 비해 얼음이 녹은 면적이 상당히 넓어져 있다.

태양계 전체가 현재 과거의 영광과 자연적 상태로 복구되고 회복되고 있다. 광자 에너지는 태양을 통해서 오고 있으며, 지구상의 모든 것을 변혁시키고 있다. 지구온난화가 발생하는 상당 부분이 태양을 통해서 오는 이 에너지에 원인이 있다. 필요한 변화들을 위해서 이것은 중요하며, 두려워해서는 안된다. 지구는 모종의 계획에 의해서 점점 더 따뜻해질 것이다. 지구의 창공은 현재 재건되고 있다.

지구변동의 목적은 파괴가 아니라 새로운 세상을 재건하기 위한 것이다

어둠의 세력은 내가 오는 것이 멀지 않았다는 것을 알게 되면서 무력(武力)을 완전히 드러냈다. 나의 재림이 멀었다는 모든 잘못된 소식들은 그들의 어릿광대들의 공작에 의한 결과이다.

우리는 하늘에서 어둠의 세력과 교전(交戰)을 해야만 할지도 모를 상황을 점점 우려하고 있다. 아직까지는 그러한 상황을 일부러 피해 왔다. 우리는 그들의 무기에 의한 공격을 슬쩍 비껴가게 해왔고, 그들의 광선 무기 시스템들로부터 벗어나 있다. 또한 우리는 하프(HAARP)[2] 및 유사한 시스템들을 단절시키고 있는 중이다. 우리가 핵폭발을 저지할 수 있다고 여러분에게 언급한 것 외(外)에도 우리는 그러한 조치를 취할 수 있는 권한을 가지고 있다.

현재 대기권 아래에는 우리가 배치해 놓은 보다 많은 우주선들이 있다. 여러분은 하늘에 더 많은 "구름 우주선들(cloud ships)"이 떠 있음을 알아차릴 것이다. 우리는 이러한 조치를 취해야만 하고, 종결지어야만 한다.

이제 함대 사령관 솔텍(Soltec)이 최근에 지구상에서 빈발하고 있는 지진 상황 및 지구변동에 관한 정보를 여러분에게 제공할 것이다. 그의 이야기를 잠시 들어보도록 하라.

"친애하는 이들이여, 안녕하십니까? 나는 아쉬타 사령부의 안토니오스 솔텍이며, 현재 하톤과 플레이아데스 함대들을 지원하고 있습니다. 동시에 나는 한 사람의 행성 물리학자로서 지구의 변화를 관찰하고 문제점들을 지도하면서 적절한 조치들을 하달하는 책임을 맡고 있습니다. 나는 현재 높아지는 지구의 압력을 경감하기 위해 불가피하게 발생시키고 있는 수많은 소규모 지진들을 의도적으로 조정해야 할 책임이 있습니다.

지금 인터넷상에는 지중해 지역에서 상당한 규모의 지구 변화가 있을 것이라는 두려운 내용들이 퍼지고 있습니다. 이런 잘못된 정보들은 지중해 해분(海盆)이 심하게 오염돼 있고, 따라서

---

2) 170 P. [참고자료] HAARP 해설란을 참고할 것

구름으로 위장한 우주선의 모습

거대한 쓰나미(Tsunami)[3]가 휩쓸어 그 곳을 청소할 거라는 것입니다. 이것은 스페인 주변에 지진 활동이 있을 것이라는 의미로 보입니다. 아울러 코르시카 섬이 반으로 쪼개질 것이라고 말들을 합니다. 여기에 관해 나는 여러분에게 약간의 물리학적 지식을 제공하고자 합니다.

지중해가 오염돼 있기는 하지만 여하튼 쓰나미가 어떤 청소 작용을 하지는 않을 것입니다. 왜냐하면 해일이 그 지역을 청소하기 위해서는 그 바다 전체가 움직여 그곳을 비워야만 합니다. 쓰나미 파도는 바다를 통해 이동합니다. 그리고 그것이 어떤 거대한 규모로 바닷물을 움직이지는 않습니다. 한 가지 예로서, 최근의 인도네시아 사태에서 지진 진앙지(震央地) 근처의 바닷물

3) 지진 해일:해저에서 발생하는 급격한 지각 변동으로 발생하는 파장이 긴 해일. 일본에서 빈번하게 일어나다 보니 일본말이 국제어가 되었다.

전체가 인도의 해안가를 넘어 이동하지는 않았던 것입니다. 단지 파도의 움직임만이 바다를 통해 이동했던 것이지요.

그 다음에 만약 스페인 지역에 다가오고 있는 지진의 진앙지로 추정되는 지점에서 지진이 일어난다면, 그 파도의 작용은 바다를 통해 움직이며 지중해 동쪽 끝에 쓰나미를 유발할 것이고 오염된 지중해를 청소하는 작용을 일으키지는 않을 것입니다.

코르시카 섬을 두 조각낼 것이라는 설도 있는데, 그 정도의 지진의 힘이라면 매우 강력한 흔들림일 것이고, 수마트라에서 발생했던 것보다 훨씬 거대한 지진이어야 할 것입니다. 만약 코르시카 섬이 두 조각난다면, 북쪽과 남쪽에 더 많은 균열이 일어나기 십상일 텐데, 왜냐하면 그러한 말들은 조각난 반쪽 섬이 이탈리아 쪽으로 움직일 거라는 것을 의미하기 때문입니다. 일반적으로 섬들은 바다 위에 떠 있는 것이 아닙니다. 그것들은 바다 속 깊은 곳에서는 땅이 서로 연결돼 있습니다. 이것이 코

미 워싱턴 주에 있는 세인트 헬렌스 화산이 24년 만에 다시 폭발했다

르시카가 반으로 쪼개지거나 위치 이동을 하지는 않을 것이라는 분명한 이유입니다.

지진이 일어날 정확한 시간은 나도 모릅니다. 우리가 지구의 과학자들보다 더 나은 방법을 가지고는 있지만, 우리는 아직도 지진이 발생하기 전에 그 날짜까지 정확하게 짚어서 예언할 수는 없습니다.

캘리포니아와 태평양 지역은 현재 시점(2005년 3월 현재)에 예측되고 있는 급격한 재난은 없습니다. 이 지역은 최근 지진이 나타나고 있는 지역만큼 불안정하지는 않습니다. 여러분에게 깨닫게 해주고 싶은 것이 있는데, 만약 다음 몇 주 안에 태평양이나 캘리포니아 쪽에서 모든 지각 변동이 일어난다면 지구는 자체의 궤도에서 무섭게 요동칠 것이고, 모든 것이 종말을 맞이하게 될 것입니다. 사실 우리가 여기에 와 있는 이유는 바로 그러한 것을 막기 위해서입니다. 이 엄청난 위험은 과거 세계 2차 대전이 끝난 후 오래지 않아 일어날 예정이었습니다. 그것이 발생하지 않았다는 점에 주목하십시오. 나는 아주 오래 동안 이런 지구 프로젝트에 관계해 왔고, 이 행성을 안정시키는 작업을 해오고 있습니다.

현재 가장 불안정한 지역은 인도네시아 수마트라에서부터 환태평양 서부 지역, 북부, 호주의 북쪽 지역, 필리핀 전체와 일본의 북쪽 지방 일부입니다. 혹시 여러분이 정부가 운영하는 지진 관련 웹사이트(//neic.usgs.gov/neis/bulletin.html)를 방문해 본다면 그것이 매우 정확하다는 것을 발견할 것입니다. 그리고 우리가 그런 지역들의 압력을 경감시키기 위해 일부러 발생시키고 있는 모든 소규모의 지진들에 관한 기록을 볼 수 있을 겁니다.

여러분은 중남미 해안을 따라서 이어진 태평양 북서쪽에서 어떤 활동을 보게 될 것입니다. 이 지역의 지진 발생 회수는 태평양 지역만큼 빈번하지는 않습니다.

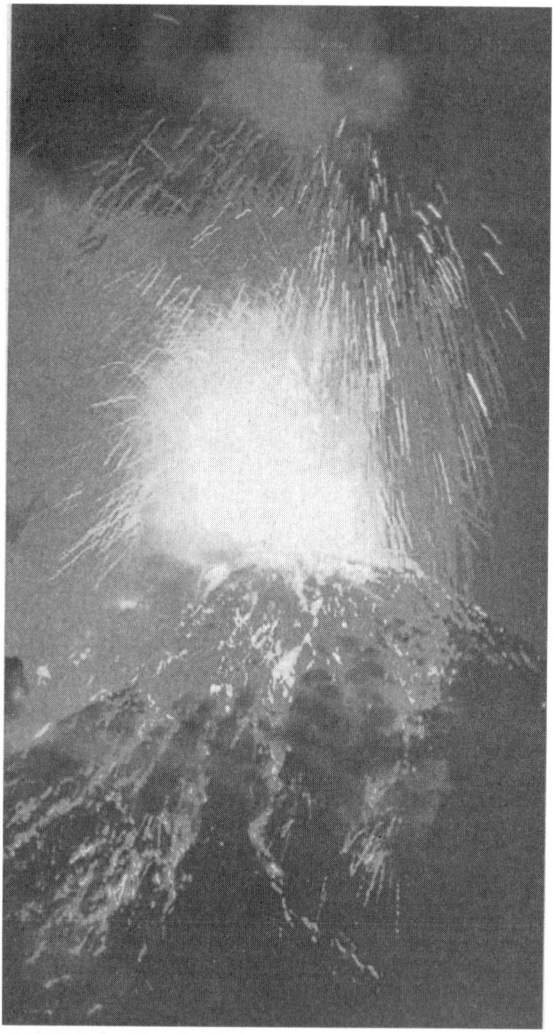
과테말라에 있는 데 푸에고 화산이 폭발하여 용암이 분출하고 있다

만약 떠도는 허위의 정보들 마냥 환태평양 동부 연안이 무너진다면, 행성 지구는 자멸하게 될 것입니다. 인도네시아의 지진은 해저 밑바닥의 비교적 소규모 지역에서 발생했습니다. 그리고 수백만 마일에 걸친 긴 지각판(地殼板) 전체가 즉시 붕괴되지는 않습니다.

여러분은 아틀란티스와 레무리아 대륙이 다시 융기될 것이라는 내용을 읽은 바가 있습니다. 그렇습니다. 그 두 대륙은 다시 떠오를 것입니다. 그리고 우리가 이러한 지구의 재건 과정을 돕고 있습니다다만 이것은 하룻밤 사이에 이루어지는 프로젝트는 아닙니다. 이런 지구의 리모델링(Remodeling)은 일정한 기간에 걸쳐 점차적으로 이루어질 것입니다. 또 지구의 자기학(磁氣學)에 관계된 부분은 벼락치기 작업으로 손대지 않을 것입니다. 우리의 계획은 행성 지구를 복구하려는 것이지 파괴하려는 것이 아닙니다. 만약 우리가 참으로 파괴를 원했다면, 지구를 폭파되었을 겁니다.

여러분뿐만 아니라 지구 자체와 동물들 역시도 갑작스럽게 닥치는 거대한 변동을 견뎌낼 수가 없습니다. 이 영광스러운 행성을 그 본래의 모습이자 과거의 상태인 믿을 수 없이 진화된 행성으로 되돌리려는 것이 우리의 바람이며 또 그렇게 될 것입니

구름 우주선(Cloud Ship)의 또 다른 위장된 모습. 성경에서는 이러한 모습을 보고 대개 UFO를 <구름>,또는 <구름기둥>이라고 묘사하고 있다.

다. 모든 것이 치유되고 있는 중입니다. 여러분에게 요청하건대, 부디 어둠의 세력과 그 하수인들이 여러분을 조종하기 위해 유발시키고 있는 두려움에 사로잡혀 살지 마십시오. 그들은 다만 종말의 시기를 잘못 오해하고 있는 것이지요.

사난다를 뒷받침하는 말을 몇 마디 더 하자면, 여러분은 실제로 광자대(Phone Belt)가장자리로 진입해 있으며, 지구와 더불어 상승하기를 선택하는 이들은 그 안에서 2,000년에 가까운 세월을 커다란 영광 속에서 보내게 될 것입니다. 자 나는 이제 내 본연의 임무로 돌아갑니다. 나는 지금 대부분의 시간을 지구의 지질학적 움직임에 집중하고 있습니다.

-안토니오스 솔텍-

바뀌게 될 인류의 미래 사회에 관해

사회보장제도가 (지구상의 일부 국가에서) 현재 실행되고 있는데, 사실상 지구가 차원 상승에 진입함에 따라 가까운 미래에는 그러한 제도의 필요성이 적어질 것이다. 더 나아가 멀지 않아 그러한 사회보장제도의 대상자가 아무도 없게 될 것이다. 그리고 여러분의 새롭게 개조된 몸들은 죽지 않게 될 것이다. 여러분은 나이를 먹지도 않고 은퇴할 필요도 없으며, 육신의 생존을 위해 일하지도 않게 될 것이다.

현재 운영되고 있는 사회보장제도는 여러분을 풍요롭게 하는 것 이상으로 어둠의 세력들을 풍요롭게 할 것이다. 왜냐하면 그 자금이 그들의 투자조직으로 흘러들어가도록 프로그램이 짜여져 있기 때문이다.

또한 수많은 세월이 지나온 이래 아마도 멀지 않아 인류는 더 이상 돈을 사용하지 않게 될 것이다. 모든 사람들이 필요한 것을 공급받게 될 것이고, 현재 여러분이 단지 먹고 살기 위해서 일하는 시간보다 훨씬 적게 일할 것이다. 또한 여러분은 신성한 방식으로 스스로 성장하기 위한 풍부한 시간을 향유하게 될 것이다. 돈을 사용하지 않는 사회에서 물물교역(物物交易)같은 제도는 필요한 물품을 서로 교환하는 선호하는 방식이다.

지구 내부(지저) 세계에 진보된 문명이 존재한다

지구의 내부세계에 살고 있는 주민들은 그들이 있는 곳에 따라서 다양한 시간으로 일한다. 예컨대, 샤스타산(Mt Shasta) 지하에 있는 도시, 텔로스(Telos)[4]의 주민들은 모든 이들에게 필요한 물품을 공급하기 위해 1주일에 약 20 시간을 일한다. 그리고 그들은 이 20 시간 동안 자기가 하고 싶은 일을 함으로써 정말 모든 일이 즐거운 것이다. 나머지 여가 시간들은 가족들과 함께 보내거나 개인적인 취미와 오락, 우주여행을 포함한 여행 등에 사용한다. 개인적인 취미를 선택하는 데 있어서는 스스로 선택한 분야에서 노력하여 배우고 진보해 나가는 것이 포함된다.

현재 여러분 가운데 많은 이들이 단지 기본적인 생계를 영위하기 위해 일해야만 하는 가족들 속에서 두 분의 양친을 모시고 있기도 하다. 그러한 각박한 여건 아래서 그들은 다

4) [참고자료}란의 해설을 참고 할 것

♣[참고자료] 지저세계의 도시 텔로스(Telos)

지구 내부가 공동(空洞)이고 그 안에 또 다른 세계가 존재한다는 <지구 공동설>은 오래전부터 있어 왔다. 하지만 일반인이나 보통 과학자들의 입장에서는 쉽게 믿을 수 없는 이런 사실이 최근에 점차 단순한 전설이나 신화적 허구가 아님이 드러나고 있다. 수많은 우주인들의 정보나 천상의 메시지들에서 한결같이 언급되고 있는 것이 지구 내부의 세계와 그곳의 도시들에 관한 이야기들이다.

여기서 말하는 텔로스 역시 그러한 여러 지저 세계의 도시들 중의 하나이다. 텔로스는 위치상 미국의 서부 캘리포니아의 샤스타 산 아래 지하에 존재한다고 하며, 약 12,000년 전, 고대 아틀란티스와 레무리아 대륙의 침몰 후 약 25,000명의 생존자들이 피난해와 독자적 문명을 이룩하고 이제까지 존속해 왔다고 한다.[5] 현재 인구는 약 150만명 정도라고 한다

이 지하 도시는 다른 지저문명세계와도 통합되어 교류하고 있고, 원반 비행체(UFO)에 의한 우주여행도 자유로울 정도로 과학이 발전돼 있는 것으로 알려져 있다. 그동안 이 사람들이 지상의 인간 세계와는 단절하고 내부 세계에서만 살아온 이유는 우선 지상 인간들의 호전성(好戰性) 때문이라고 한다.

이들은 본래부터 채식주의자로서 점차 수명을 연장해 가다가 어느 시점부터는 노화(老化)가 완전히 정지되어 젊은 신체

5) www.lemurianconnection.com 들어가면 자세한 정보를 얻을 수 있다.

캘리포니아의 샤스타 산의 모습

의 상태로 최하 500세~1000세 이상의 수명을 누린다고 한다. 외모는 체격이 크다는 점 외에는 우리와 동일하다고 하며, 심지어는 몇 천 세를 한 육체로 사는 존재들도 다수일 정도로 매우 진화된 인종들이다.
텔로스 사회의 주요 특성과 시스템은 다음과 같다고 한다.

① 인간 세계와 같은 화폐나 세금 제도가 없다.
② 모든 생필품이나 식품, 필요한 물품은 누구에게나 무료로 제공된다. 또 때로는 서로 필요한 물품을 맞교환 한다.
③ 정치제도는 인간세계와 달리 복수(複數)로 이루어진 집단 지도체제이다. 즉 보통 사람이 아닌 영적승격을 이룬 12명의 깨달은 대사들(Masters)로 구성된 12인 위원회에 의해 통치

텔로스의 대변인이라는 마스터 아다마의 초상

된다. 12명 가운데 6명은 남성, 나머지 6명은 여성이다.
④ 주민들은 텔레파시 능력이 있으며, 고도로 진보된 컴퓨터 시스템에 의해 지상에서 벌어지고 있는 일들을 면밀하게 모니터 할 뿐만이 아니라 은하계 통신도 가능하다.
⑤이곳 사람들의 평균적인 신장은 약 2m~2.5m로 인간의 입장에서 보자면 거인족에 속한다. 텔로스가 아닌 다른 지저문명 세계의 종족들은 약 3m~3.7m에 달하는 존재들도 있다.
⑥ 지하 세계 내에서의 이동 및 운송수단은 거미줄처럼 연결된 터널을 통해 시간당 3,000마일(48,000km)의 초고속으로 운행되는 전자 지하철이다. 지상이나 우주공간으로 나갈 때는 반중력 비행체(UFO)를 이용한다.

른 관심사에 눈을 돌릴 여유는 거의 없다. 고로 이러한 현실로 인해 부모가 아이들과 함께 있어야할 시간이 허용되지 않고 있다. 또 어떤 유형의 사람들은 일을 많이 하는 쪽을 선택하여 스스로 자기 아이의 양육을 포기하는 사람들도 있다. 그들은 오직 돈을 원하는 것이다. 그러나 새로운 지구에서 여러분은 돈을 벌기 위해 깨어있는 모든 시간을 바쳐야 하는 일이 없이 금융의 풍요로움 속에서 살 것이다.

우리는 이제 네사라(NESARA)의 성공적인 실현을 위해 노력하고 있는 사람들에게 직접적인 도움을 제공할 것이다. 여기서 그 세부적인 것들을 설명할 수는 없는데, 그 보안유지가 아주 중요하기 때문이다. 하지만 이 정도로 충분하다고보며, 여러분은 멀지 않아 곧 네사라 제도를 가지게 될 것이다.

우리의 기술은 모든 면에서 어둠의 세력이 가진 것보다 월등한 방식이다. 사실상, 우리의 기술은 인간의 수많은 육체적 노동을 끝내버릴 수가 있고, 또 작업 시간을 훨씬 줄일 수가 있다. 외계의 매우 진보된 사회들과 더욱이 아직도 지구상에 남아 있는 일부 토착사회들은 오직 자기들 사회를 돌보는데 필요한 일들만을 한다. 게다가 이런 사회들은 미국에서 수용하고 있는 표준 근무 시간인, 주당(週當) 40시간 가까이 일하는 곳은 전혀 없다. 주당 40시간이란 사실 대다수 사람들에게 일종의 조소거리인데, 왜냐하면 그들은 어떻게든 생활을 꾸려가기 위해 잔업이나 임시직을 또 해야 하기 때문이다.

원래 어린 아이들을 멀리 떼어놓고 두 부모가 모두 일을 해서는 안 된다. 이렇게 되면 어른이 아이들을 돌봐줄 여가가 없기 때문에 아이들이 부모의 날마다의 돌봄 속에서 온전히 성장할 수가 없고, 또 자연히 매우 많은 아이들이 방과 후 혼자 남겨지기 마련인 것이다. 특히 홀어머니는 반드시 그 대부분의 시간을 가정에 있어줘야 한다. 더군다나 이 세상에 그렇게 많은 홀어머니들이 존재한다는 것은 너무나 슬픈 일이다.

삶이란 누리기 위해서 있는 것이다. 레저(Leisure)는 매우 중요하다. 미래의 어느 시점에 만약 여러분이 우리가 제공할 수 있는 것을 받아들인다면 여러분은 단지 1주일에 몇 시간 정도만 일을 할 것이고, 배움을 추구하거나 (바보상자 앞에서 시간을 소비하는 것이 아닌) 양질의 레저, 스포츠, 살아 있는 관광 등에 참여할 것이다. 아니면 적어도 이 모든 것을 TV를 통해서가 아닌 실제적인 관람을 즐길 것이다. 그리고 여러분은 해변과 산 등을 즐기는 여가시간을 가질 것이다. 또한 여러분은 창조적인 활동에 종사할 것이고, 그것을 즐길 것이다.

진보된 문명들에 의해 이루어지는 물물교역(物物交易)의 일부는 장인(匠人)들과 같은 사람들에 의해 창조된 아름다운 물품들이 그 대상이다. 진보된 문명들은 인간사회처럼 돈(Money)을 사용하지 않는다.

여러분은 단지 여러분의 인생을 즐기게 될 것이다. 삶을 누리기 위한 시간을 갖고, 여러분이 사랑하는 것들을 추구하고, 또 끊임없이 신성(神性)에 이르는 여정을 계속해나가는 것, 이것이 진정한 풍요인 것이다.

미국은 이미 UFO를 보유하고 있다

내가 여기서 이런 말을 해도 좋을는지는 잘 모르겠다. 하지만 여러분은 은폐된 진실들을 알아야할 필요가 있다. 여러분 정부의 우주계획은 어리석은 행위이며, 그것은 UFO 은폐 공작의 일환이다. 여러분의 정부는 사실 세계 2차 대전이래로 "비행접시"를 보유하고 있다. 그리고 외계인들

2002년 이란 상공에서 목격된 UFO의 모습

의 도움으로 현재, 화성의 내부에 지구인들이 가 있고,[6] 미국 정부는 화성의 상황을 알고 있다. 그러나 그 소수의 유랑자들을 거기 화성에다 배치해 놓을 필요가 없는 것이다.

---

6)일반인들 입장에서는 믿기 어려운 이런 일들은 미국정부와 비밀협정을 체결했던 어둠의 외계인들의 기술적 도움에 의한 것이다.

놀라운 것은 이러한 작업에 관계하고 있는 여러분의 일부 과학자들인데, 그들은 여러분에게 비밀을 유지해 왔으며 만약 이 사실을 발설하면 자신들이 죽을 것이라고 말한 바가 있다. 미국은 달에도 자기들의 요원을 가지고 있다.

화산 활동의 흔적을 드러낸 화성의 지표면

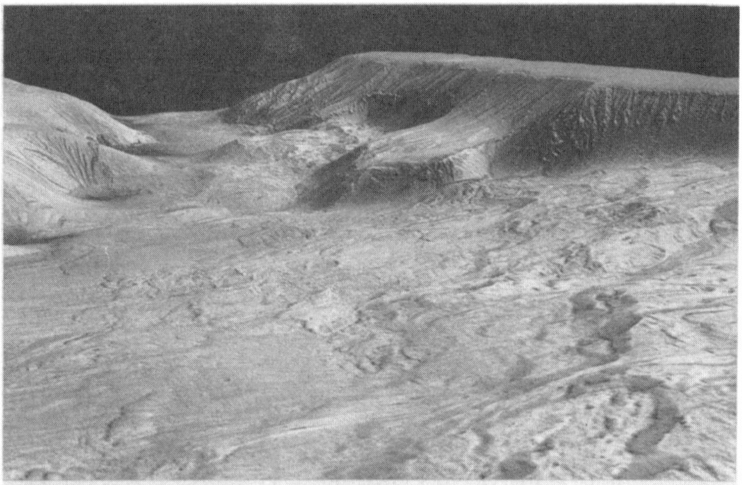

로이터 연합

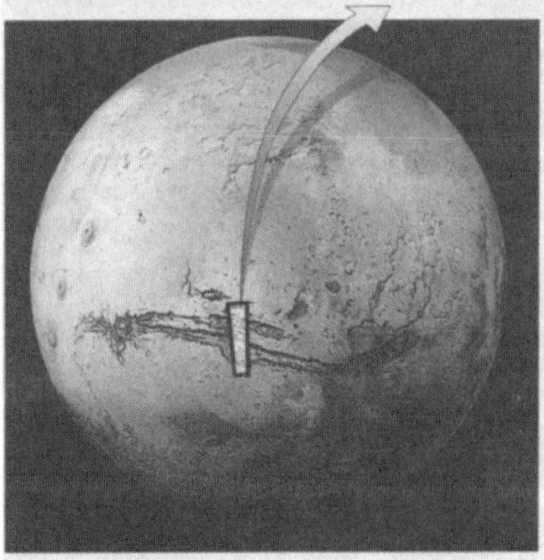

유럽 첫 탐사선 '마스 익스프레스'
화성 적도부근 협곡 촬영전송

유럽 최초의 화성탐사선인 '마스 익스프레스'호가 27일 화성상공 250km에서 촬영해 전송한 오피르 카스마 협곡의 모습(위). 이 협곡(아래 사진 위쪽)과 평행한 마리너리스 협곡(아래 사진의 아래쪽)은 화산활동과 단층활동에 의해 형성되었을 것으로 추정되고 있다. 마스 익스프레스호는 2003년 6월 발사돼 현재 화성 궤도를 돌고 있다.

지구는 한 때 2개의 달을 가지고 있었다. 그중 하나가 아주 오래 전에 어둠의 세력에 의해서 낙하되어 아틀란티스와 레무리아를 파괴하는데 이용되었다. 아틀란티스 대륙의 침몰은 일종의 사고였다. 그들은 그 달을 가지고 지금의 중국 지역을 파괴하려고 계획했으나 착오를 일으켰던 것이다. 여러분의 달은 인공물(人工物)이며, 오리온(Orion)에서 건조되어 지구로 견인돼 온 것이다. 장차 지구에 자연적인 달이 복구된 이후에는 현재의 인공 달은 다른 곳에서 이용될 것이다. 여러분의 과학자들은 지구 주위를 약 80일에 걸쳐 공전하는 새로운 달을 보고하고 있고, 또 다른 아주 작은 달이 그 외곽에 있다. 이것들은 인공물이 아니라 소행성대로부터 끌어온 우리의 작품들이다.(※캔데이스 주석:달 뒤에는 거대한 모선이 감추어져 있으며, 그곳의 주민들은 2만년에 걸쳐 그 위에서 살고 있다. 이들은 외관상 인간형의 몸을 갖고 있고. 우리는 또한 언젠가 첫접촉 이후에 그들과 만나게 될 것이다.)

나는 여기서 다시 한 번 반복해서 언급하고자 하는데, 나는 머지않아 정말로 재림할 것이다. 나는 앞을 보고 지상을 공공연히 걸을 것이고, 우주선이나 지저세계에 있지는 않을 것이다.

귀환하고 있는 수많은 마스터들(大師) 역시 지구 위를 걸을 것이고, 일반 대중들을 가르칠 것이다. 그리고 여러분은 멀리 떨어진 어느 곳으로 공중 휴거되지는 않을 것이다. 나는 여러분을 당신들의 교회에서 만날 것이고, TV에도 출현 것이다. 그리고 나는 다시 여러분들 속에서 인간으로 있기를 간절히 바라는데, 그 이유는 그러한 기회가 오랫동안 없었기 때문이다.

♣ [참고자료] 하프(HAARP)란 무엇인가?

하프(HAARP)라는 것은 High-Frequency Active Auroral Research Frogram의 약자로서 "고주파수 활성화 오로라 연구 프로그램"이란 뜻이다. 이것은 그림자 세계정부에서 미국방성을 통해 비밀리에 연구하고 있는 군사 프로젝트의 하나로서 <스칼라파>라는 고주파를 이용해 파동 빔(Pulse Beam) 전자 무기 등의 여러 가지 군사무기로 활용하려는 계획이다. 이 하프에 의한 전자 광선 무기는 전투기나 탱크 미사일 따위의 재래의 무기들과는 비교할 수 없는 다음과 같은 가공할 능력이 있다고 한다.

1.적의 전투기나 함정, 탱크, 잠수함 등에 이 파동 빔을 발사하게 되면 순식간에 통째로 파괴할 수가 있고, 적군을 몇 초 내에 전멸시킬 수가 있다.
2.기상(氣象)을 마음대로 조종하여 이를 무기로 사용할 수가 있다. 예컨대 태풍이나 가뭄, 홍수, 천둥, 번개를 인위적으로 유발하여 적 지역을 자연재해로 초토화시킬 수가 있다.
3,전 세계의 컴퓨터를 비롯한 모든 전자장치를 교란하여 일시에 마비시킬 수가 있다.

하프 프로젝트에 이용되는 안테나들이 도열된 모습(미 알래스카)

4.지구의 오존층이나 반알렌대 등을 파괴하여 대기권 자체를 불태워버릴 수가 있다.
5.스칼라 전자 빔들을 땅 속이나 바다 속으로 투사할 경우, 어느 지역이든 손바닥 보듯 영상으로 볼 수가 있다.
6.원거리에 있는 특정인의 마음을 인위적으로 콘트롤할 수가 있다.

따라서 이러한 전자 광선 무기에 비교하자면, 현재 각국이 비축하고 있는 기존의 재래식 무기들은 장난감에 지나지 않는 것이고, 있으나마나한 것들이다.

제 7 장

기독교인들에게 고한다

제7장 기독교인들에게 고한다

여러분은 누구를 위해서 성직자들에게 헌금을 하는가?

나는 여러분 모두를 깨우기 위해 1954년에 백만 대의 우주선들로 구성된 나의 함대와 함께 돌아왔다. 지구의 어둠의 세력들은 이 시점에서 볼 때 나의 재림을 방해하는 데 있어서 대부분 성공적이었다. 자 그리고 그 다음에 무엇이 추측되는가? ***미국에 있는 대부분의 당신네 기독교인들은 여러분 모두가 사탄 또는 악마라고 부르기 좋아하는 존재들과 행복하게 협력해 왔다는 사실이다.***

여러분 모두는 매주 일요일 아침마다 흔히 2시간이나 그 이상을 할애해 교회에서 모인다.(복음주의 운동이 시작되기 전에는 한 시간 정도를 사용했다.) 그리고 나와 아버지에 대한 찬송가를 부르고 종종 간단히 춤을 추며 음악이 점점 높아감에 따라 손을 흔들거나 서로 포옹을 하고, 그 다음에는 헌금을 하여 여러분의 성직자들의 금고를 채워준다. 그러고 나서 여러분은 하나님을 숭배하는 데 필요한 조건들을 이행했다고 스스로 생각하면서 교회를 떠난다.

그것 외에 여러분 중에 많은 이들이 그 주(週) 동안 성경읽기반 등에 참석한다. 또한 여러분은 세계의 타 지역에 보낼 성경 구입을 위해 헌금을 하기도 한다. 하지만 그 성경들은 별로 도움이 되지 않는다. 선행(善行)이라는 것은 무엇인가를 직접 실행하는 것이다.

고로 나는 여러분에게 묻노니, **무엇을 위해서 여러분은 성직자들에게 헌금을 하는 것인가?** 그들은 일요일마다 하나님의 사업에 쓰기 위한 헌금을 여러분에게 요구하면서 당신들 앞에 선다. 그런데 이 하나님을 위한 사업이라는 게 실상은 그 대부분이 여러분의 성직자들의 주머니를 채워주기 위한 목적인 것이다.

성공적인 목사들은 수많은 그들의 교구민(敎區民)들보다 더 잘 산다. 교회 건물의 유지비용으로 인해 지출은 매우 많다. 그런데도 보다 부유한 신도들을 보유한 교회들은 성직자들의 생활비와 건물유지비 이상의 상당한 돈을 모은다. 그리고 그 대부분이 특수한 성직자들의 조직으로 보내진다. 이것은 특히 가톨릭 교회에서 진실이다. 이러한 교회들은 생각 이상으로 믿을 수 없을 만큼 부유하다. 그럼에도 불구하고 이런 교회들은 단지 매우 작은 비율의 자선 행위만을 하고 있고, 그 하찮은 도움을 베풀고 나서는 사람들을 쫓아낼 것이다.

여러분 자신은 이런 경험을 한 적이 있을 것이다.

만약 여러분 모두가 어딘가에서 자유롭게 모이게 된다면 나와 아버지 하나님에 대한 찬양은 잊어버리고 벙어리마냥 침묵 속에 잠겨보라. 그리고 그 시간만큼은 이 세상이 아닌 것 같은 시간, 즉 내면세계로 침잠하는 신(神)께서 부여하신 그 참다운 목적에다 1주일에 2시간이나 그 이상을 투자하라. 하나님과 성령(聖靈), 또 내 자신은 결코 교회에서 행하고 있는 식으로 1주일에 하루의 예배(禮拜) 의식을 요구하지 않았다.

하나님께서는 여러분이 하나님 자신처럼 되는 것을 바라신다. 그리고 여러분이 하나님처럼 돼가는 그러한 과정 속에서 당신들은 주저하지 않고 이 세상을 뜯어고치기 위한 진지한 계획을 세울 것이고 또 그 실천에 착수할 것이다. **하루하루가 신성한 것이다.**

하나님께서는 여러분이 1주일에 몇 시간씩 시간을 내서 교회에서 시간보내기를 요구하지 않으신다. 오히려 하나님은 여러분에게 함께 모여 “내 이름으로 한 사람이나 그 이상이 모이면” 법칙의 힘을 기억할 것을, 그리고 주일마다 (교회예배의) 최면적 상태에 빠지거나 돈을 내기 보다는 진지한 무엇인가를 실천하고 실행할 것을 제안하신다.

죄의식(罪意識)에 관해서

나는 아직도 가장 옳은 절대적 진리를 찾고 있는 어떤 사람들이 있음을 알고 있다. 그러나 여러분이 알고 있는 진리이라는 것은 여러분이 더 읽고 더 배웠을 때 변한다는 사실이다. 그리고 세상에는 자신이 뭔가 사악한 것을 읽지는 않았을까, 또 해서는 안 되는 것을 하지는 않았을까하고 걱정하는 일부 사람들도 있다. 그러나 하나님께서는 결코 여러분에게 어떤 것을 읽지 말라거나, 어떤 것을 공부하고 연구하지 말라고 하시지는 않는다.

일부 사람들은 아직도 오직 성경이라든가 코란(회교 성전), 그리고 읽어도 좋다고 허가된 문학 작품들만 읽어야 한다는 기독교와 이슬람교의 가르침 때문에 괴로워한다. 그런데 나는 아직도 어떤 것만을 읽어야 한다는 생각에 사로잡혀 있는 성직자들을 납득시키는 데 많은 어려움을 가지고 있다.

나는 여기서 포르노(Porno)의 예를 들어 이치적으로 설명하고자 한다. 여러분 가운데 어떤 이가 성적인 탐닉에 빠지는 사람들을 대상으로 연구하고자 선택했다고 가정하자. 이런 경우에 그런 연구를 하는 당신은 포르노에 열중하는 사람들의 입장이 한번 되어 볼 필요가 있다. 그렇다고 당신자신이 도색적인 것에 탐닉하게 돼 보라는 의미는 아니다. 단지 나는 당신이 확실하게 자신의 유추(類推)하는 능력을 이용해서 이런 도색 자료를 살펴보고 그들의 입장이나 관점에 서서 그런 자료를 보려고 노력한다는 뜻이다. 따라서 만약 당신이 이런 포르노에 탐닉하고 있는 사람들을 연구하고 있다면, 당신은 분명히 그런 자료들을 이런 사람들 행위의 원인이 어디서 왔는가를 이해하기 위한 노력의 일환으로 살펴 볼 수도 있다는 것이다.

내가 2000년 전에 지상에 왔을 때, 나는 제자들에게 "앎(Knowing)"에 대해 추구하는 것을 장려했었다.1) 그리고 그것은 여러분이 의당 그렇게 해야 할 "신(神)의 법칙" 이다. 그것은 곧 여러분이 하나님과 같이 되라는 하나님의 뜻인 것이다.2) 하나님처럼 된다는 것은 곧 여러분이 그러한 상태에 이르기 위해 노력해야 한다는 것이다. 하나님께서는 여러분이 특정한 어떤 진화 과정 속에서 어느 선까지는 배워 알아야 한다는 이 모든 것을 알고 계신다. 그러므로 여러분은 자신의 긴 영혼의 여정 속에서 앞에 놓인 과제를 극복하고 앞으로 전진하려는 시도를 해야만 하는 것이다. 만약 여러분이 불쾌한 어떤 자료를 읽었거나 잘못된 방식으로 행위를 했다면, 그다음에 여러분은 스스로 무엇이 시행착오인가를 깨달음으로써 자신의 문제점 관해서 배우게 된다.

이것이 바로 자신을 용서하고 자신의 죄(罪)를 버리게 되는 커다란 동기가 되는 것이다. 그럼으로써 여러분이 완전한 상태에 도달했다면 그때 여러분은 실수를 저지르지 않을 것이다. 실수나 잘못은 어떤 선택을 해야 옳은가를 여러분에게 가르친다. 이미 언급한 바와 같이 그것을 여러분의 스승으로 생각하고, 자신이 무엇을 배웠는가를 통찰하여 스스로를 용서하고 앞으로 계속 나아가라.

---

1) 너희는 진리를 알게 될 것이니, 진리가 너희를 자유케 하리라(요한복음 8:33)

2) 하늘에 계신 아버지께서 완전하신 것 같이 너희도 완전한 사람이 되어라. (마태복음 5:48). 너희의 율법서에 보면 "내가 너희를 신(神)이라 불렀다"하신 기록이 있지 않느냐?(요한복음 10:34)

나는 여러분에게 내 자신에 관한 작은 '비밀'을 말하고 싶다. **그것은 나는 완전하지 않다는 것이다. 나는 아직 배우고 있는 중이다.** 이전에 나는 이 말을 한번 언급했었는데, 나는 이 위대한 차원상승 모험에 우리 모두가 지구와 더불어 일하고 있는 만큼 열심히 참여하지 않았다고 생각한다. **우리 우주 안에는 현재 행성 지구에서 벌어지고 있는 것만큼의 거대한 프로젝트가 존재하지 않는다.** 그러므로 모든 이들이 배우고 있는 중이다. 여러분에게 이것을 말해야겠는데, 모든 것이 드러나고 모든 것이 이루어졌을 때, 여러분 모두는 가장 엄청난 배움의 기회를 가질 것이다. 그것과 더불어 여러분이 경험하게 될지도 모를 것과 더 나아가 여러분의 영혼 여정 위에서 있을 수 있는 일들을 상상해 보라.

따라서 나는 시간적인 참을성이 없는 사람들에게 모든 것을 용서하고 이 하나의 거대한 프로젝트를 이해하라고 요청하는 바이다.

어둠의 세력은 모든 곳에 침투해 있다

나는 지구상의 어둠의 세력으로 인해서 너무나 오랫동안 인류와 격리되어 있었다. 이제 곧 이러한 분리 상태가 끝나게 될 것이다. 한 독자가 텔레파시 능력을 신속하게 얻을 수 있는 좋은 방법에 관해서 질문했었다. 여러분에게 보장하건대, 여러분 모두는 다가오고 있는 변화와 더불어 텔레파시와 같은 자신들의 본래 능력들이 점차 회복되고 증진될 것이다.

어둠의 세력들은 지구상에서 종교들만 강탈한 것이 아니라 또한 뉴에이지(New Age) 운동도 강탈해 갔다. 그들은 뉴에이지 운동에서 많은 불필요한 소음들과 종교적 의식들을 만들어냄으로써 이를 변질시켰다. 예를 들면, 뉴에이지에서는 사람들에게 적당한 수정(水晶)들을 가지고 집에다 제단을 만들어야한다고 가르치고 있고, 많은 시간 동안 종교적 의식에 따라 명상을 해야만 한다고 믿게 만들었다. 캔데이스는 비용이 비싸고도 복잡한 뉴에이지 단체들로부터 광고 이메일(E-mail)을 받았는데, 그것은 초월 명상을 배우기 위해서는 상당한 비용을 지불해야 하는 것이었다. 내가 여러분에게 말하건대 모든 명상은 아무런 비용도 들이지 않고 여러분 스스로 배울 수가 있다.

내가 장차 지상에서 실현하게 될 가르침들과 학교들은 단순한 것이 될 것이고 비용이 들지 않을 것이다. 거기에 돈은 필요치 않을 것이고 그러한 자금들은 남을 돕는 데와 같은 유용한 곳에 쓰일 것이다.

세계 곳곳에는 많은 뉴에이지 교육 단체들이 있고 미국에서는 점점 증가 추세에 있다. 하지만 그런 단체들은 많은 사람들이 몸담고 있는 교회의 클럽들보다 더 나을게 없다. 이런 교육 단체들에서 많은 시간을 버리며 시도하고 있는 것은 기껏해야 예컨대 공기로부터 어떤 대상을 물질화시키는 것과 같은 것이다. 하지만 이런 기술은 이 시점에 지구상에서 별로 필요치 않은 것이고 또 실제로는 거의 이루어지지도 않는 것이다.

이러한 것은 창조의 도구로서 별로 가치가 없음에도 사람들은 여기에다 많은 돈을 지불한다. 우리가 가르쳐 오지 않은 이런 내용들을 주의하도록 하라. 우리에게 필요한 것은 여러분이 자신들의 창조적 아이디어로 지구를 치료하고 재건하는 것이고, 그러한 아이디어들을 실현시키는 것이다.

구약의 바벨탑 사건의 내막

이제부터 언급하려고 하는 것은 줄곧 인류를 통제해오고 인류를 신성(神性)으로부터 멀어지게 만든 어떤 일에 관한 것이다. 과거에 발생한 가장 중요한 사건은 성경의 바벨탑 이야기에서 다소 묘사되어 있듯이, 인류가 정신적 텔레파시 능력을 빼앗겼을 때의 일이다. 이렇게 됨으로써 인류를 지배해온 사기꾼들은 발각됨이 없이 인류의 면전에서 비밀리에 그들을 게임을 확실히 실행할 수가 있었던 것이다. 오늘날의 미국의 조직화된 종교들이나 뉴에이지 단체들만큼이나 이런 현상이 그렇게 확실한 곳은 어디에도 없다. 그러나 여러분이 텔레파시 능력을 지녔을 때는 진행 중인 어떤 속임수들을 간단히 짚어낼 수가 있다.

기원전 3,000년 경, 여러분은 이 능력을 상실했는데, 인류가 혈거시대(穴居時代)에서 벗어날 때쯤이었다. 이런 원시적 상황은 지구가 광자대 속에 마지막으로 있었던 때인 과거 당시의 지구 청소에 이어서 자연적으로 일어났었다. 한 가지 예로서 아메리카 인디언 중의 다수가 아틀란티스로부터 왔으나 아틀란티스 대륙의 침몰과 더불어 그들은 상당수가 과거로 퇴행되었던 것이다.

따라서 인류가 다시 단결하여 문명을 시작하고 신(神)이 부여한 힘을 발견하던 때 그들이 인류의 텔레파시 능력을 빼앗아 갔던 것이다. 지구상에서 종종 인간은 사악했었고 그래서 하나님이 그 힘을 빼앗을 필요가 있었다고 가르쳐져 왔다. 그러나 이것은 진실이 아니다. 인간으로부터 힘을 빼앗을 필요가 있던 것은 신(神)이 아니라 지구에 대한 소유권을 원했던 어둠의 세력들이었다. 이전에 언급한 바와 같이, 유전자(DNA) 가닥의 단절은 여러분이 고차원 세계와의 교신하는 능력을 차단시켰다.

물론 그들은 유대 사람들에게 침투했었고 모세의 가르침들을 가지고 인류를 더욱더 지배하는 데 이용하였다. 그들은 자신들의 이미지대로 야훼(여호와)를 창조해냈고, 당시 유대민족 면전의 신이나 다름없었던 모세의 지휘권을 이용했다. 그들이 지구상에서 발달된 일반적인 DNA에 손을 대어 훼손시켜 놓은 이래, 그들은 자기들 스스로 창조주 신(神)들로 자처했고, 야훼신으로 숭배 받는 것이 정당하다고 생각했다. 그럼에도 유대 사람들은 그들이 유전자 훼손에 관여해 왔음을 깨닫지 못했다.

내가 지상에 왔을 그 당시 유대민족의 종교는 극도로 통제되고 있었고 이는 전혀 하나님과 무관하였다. 이들 통제자들은 모든 사람들을 매우 획일적으로 만들었으며 오늘날에도 아직 그러한 동일한 방법을 사용하고 있다. 고로 여러분은 고문당할 수 있고 투옥될 수 있으며, 교리대로 믿지 않는다고 해서 살해당하거나 나처럼 십자가에 매달릴 수가 있다.

이 어둠의 조종자들은 기독교인들과 회교도들을 통제하기 위해 "불지옥(地獄)"을 창안해 냈다. 또한 그들은 성경에 원래 있었던, "환생(還生)"이란 말과 "우주선(Starship)"이란 말을 삭제해 버렸다. 만약 여러분이 수없이 다시 태어날 수가 있고, 각 생(生)마다 그것이 성장의 기회라는 것을 알고 있다면, 반복되는 지상에서의 이 짧은 생애들과 더불어 얼마만큼 진보할 수 있다고 상상이라도 할 수 있는가? 지구의 통제자들은 이 사실을 알고 있었고, 따라서 그것을 삭제해 버린 것이다.

그들은 성직자들에게 자신들의 율법(규범)을 주었으며, 추종자들이 더욱 자발적으로 노예 상태에 예속되는 것을 발견했다.

근본주의 기독교 목회자들의 문제점

현재 미국의 빌리 그래햄(Billy Graham)[3]은 정확하게 말해 훌륭한 성직자가 아니다. 그는 불지옥을 강조하는 형태의 설교자로 되풀이 하여 지상에 돌아왔고, 현재 대통령과 측근들의 조언자이다. 그는 자신의 테크닉을 아주 완전하게 만들었다. 나는 여러분 모두가 지금 이 사람과 팻 로버트슨(Pat

3) 20세기 최고의 복음 전도자라 불리는 미국의 목사. 플로리다 신학교와 탬퍼 위튼 칼리지를 졸업하고, 1939년에 목사가 되었는데 1949년 L.A 전도 대회 때, 많은 군중을 모아 크게 성공함으로써 대부흥사로 급부상했다. 본래 복음주의로 출발해 가톨릭을 포함한 모든 교파를 연합, 포용하는 듯한 활동을 해왔다. 그런데 40세까지 방탕아였던 부시 대통령이 철저한 기독교인으로 전환된 계기가 바로 빌리 그래햄 목사의 설교를 듣고 나서였다고 한다. 현재 빌리 그래햄과 그의 아들 프랭클린 그래햄 목사는 부시의 열렬한 지지자인 동시에 부시가 의지하는 정신적 지도자이기도 하다. 이루 미루어 볼 때 그는 현재 근본주의 기독교의 선두에 서 있는 입장이다.

빌리 그래햄 목사

팻 로버트슨 목사

Robertson)[4] 제리 폴웰(Jerry Falwell)[5] 그리고 짐 돕슨(Jim Dobson)[6]을 주시하길 바라며, 그들이 기독교 외의 종교들을 무시하고 업신여긴다는 사실을 깨닫기 바란다. 그들은 기독

4) 미국의 기독교 근본주의 세력을 대표하는 목사 중의 한 명. 기독교 우파 정치단체인 미 기독교 연맹 회장이고, 기독교 방송네트워크(CBN)와 자회사인 케이블 방송 패밀리채널(TFC), 신학대학 등 여러 미디어와 단체를 거느리고 있다. 이처럼 근본주의 목사들은 교회 중심의 일반 개신교 교회들과는 대부분이 TV, 라디오, 잡지, 출판 등의 대중매체를 통한 대량선교에 치중한다. 그 결과 폭발적 인기와 급속한 교세 신장을 가져오고 있는데, 덕분에 "텔레반젤리스트(Televangelist: TV로 부흥회를 여는 목사들)" , " 텔레반젤리즘(Televangelism:TV를 통한 선교)" 이라는 신조어(新造語)까지 만들어 졌다. 아울러 이들은 대개 자체적으로 TV나 라디오 방송국까지 운영하고 있다.

5) 역시 미국의 기독교 근본주의 세력을 대표하는 목사 중의 한 명이다. 버지니아 린치버그에 있는 신도수 수만 명의 대형교회인 토머스 로드 침례교회의 목사이자 린치버그 침례교 대학 학장이고, 역시 기독교 우파 정치조직인 '도덕적 다수'와 <자유연맹>을 이끌었다. 제리 폴웰은 9.11 테러 사태가 발생한 직후, 다음과 같은 종교 편견적 발언을 내뱉어 물의를 일으켰었다. "이러한 사건은 모두 이교도들과 낙태론자, 여권주의자들, 동성애자, 그리고 미국시민자유연합과 같은 단체들이 미국을 세속화하려 하기 때문에 일어난 것이다. 나는 그들 앞에서 이렇게 말하고자 한다. 이런 일이 일어난 것은 당신들 때문이라고 말이다." 이 사람은 또한 UFO 문제에 관해서도 매우 무지하고도 몰상식한 견해를 지니고 있는데, 다음과 같은 견해를 피력한 바가 있다. "만약 UFO가 존재한다면, 그들은 단지 사람들을 그리스도로부터 멀어지도록 만들기 위해 꾀하고 있는 악마(마귀)들이다. 이것은 매우 심각한 위협이며, 외계인을 믿는 사람들은 하나님이 말씀에 따라 돌에 맞는 처형에 의해 죽음에 처하게 될 것이다."

6)<가정의 중심>이라는 비영리 가정 상담 단체의 설립자이자 의장. 미국의 3500개에 달하는 각 주(州) 라디오와 TV에 출현하고 있다. 아울러 <Focus on the Action>이라는 정치조직을 만들어 이끌고 있기도 하다.

교인들 모두를 잘못된 기초 위에 올려놓았고, 기독교에만 특별한 것이 있다고 믿게 만들어 그들에게 교만한 관념을 불러일으키고 있다. 이것은 뉴에이지 운동을 통해 영적인 길을 가는 일부 사람들에도 해당된다. 나는 이런 집단에 몸담고 있는 많은 사람들에게서 자신들만이 참다운 진실을 갖고 있다는 이와 똑같은 독선적(獨善的) 생각을 본다. 이것은 분리

제리 폴웰

짐 돕슨

의 테크닉을 실행하는 것이다. 여러분이 만약 하나님을 사랑한다면 여러분은 하나님의 화현인 모든 것을 사랑하며, 여러분 자신을 타인과 특별하게 구분하거나 스스로 교만해지지 아니한다. ***어둠의 세력은 종합적인 계획에 의해 나를 창조주 하나님과 같게 만듦으로써 높이 받들어 모시고 있고, 지구상의 선량한 사람들로 하여금 스스로 자기 비하감(卑下感)을 가지게 만들고 있다.***

2,000년 전의 나의 초림(初臨) 이후에 이들 어둠의 암살자들은 내가 이중육화(二重肉化)되어 창조주의 아들이자 우리 네바돈 우주의 창조자인 그리스도를 동반했다는 것을 눈치채고 있었고, 내가 행했던 모든 것들을 거의 전체적으로 왜곡하기 위해 그들은 함께 머리를 맞댔다. 이러한 결과로 인해 중세 유럽에서 저 암흑의 시대가 발생했었다.

그들은 대중 속에서 나의 사명자들인 144,000명을 분별해낼 수 있었고, 그들이 윤회해서 지상에 태어나는 대로 계속해서 살해했다. 그러니 지구에 전해주려던 그들의 선물 때문에 이들이 얼마나 고통을 겪었겠는가! 사실 그들은 내 자신이 받았던 고통보다도 2,000년에 걸쳐서 훨씬 많은 고통을 당했다. 이 부분에 대해서 깊이 한번 생각해보라!

그러므로 우주적 존재들은 여기에 저항했고, 우주로부터 더욱 많은 존재들이 활동하기 왔다. 훨씬 많고도 많은 수백만의 "그리스도화된 존재들"이 인류에게 길을 보여주기 위해 이곳에 왔으며, 그것은 참으로 어려운 여정이었다. 그것이 고난스러운 길이었던 것은 우선 유전자 가닥이 단절된 이러한 육신 때문이었다. 그리고 누군가 경건한 종류의 영적 능력을 보일 경우, 특히 텔레파시 능력이 있거나 명백히 고차원의 세계들과 연결돼있던 사람들은 잔인하게 죽음을 당했으며, 대중들은 그런 사람들을 "마녀(魔女)[7]"라고 불렀다. 그러나 이들 마녀들은 지구를 돕고자 파견된 존재들이었던 것이다.

---

7)[참고 자료]란의 해설을 참고할 것

♣[참고자료] 중세 유럽의 마녀사냥의 진실

마녀사냥은 중세 유럽의 암흑시대인 13~17세기에 걸쳐 종교 성직자들과 이단 심문관들의 야만적 광기에 의해 저질러진 참담한 비극이었다. 통상 그 희생자는 최소한 몇 백만으로 추산되고 있는데, 아무런 죄도 없는 멀쩡한 여성들이 대부분이었다. 마녀로 몰린 희생자들은 처음에는 혼자 사는 과부, 노약자, 주술가(呪術家), 일부 정신병자에서 시작되었으나 점차 품위 있는 주부, 관리. 학자, 순결한 처녀나 어린 소녀, 노파 등의 남녀노소, 빈부귀천에 상관없이 확대되어 나갔다.

마녀 사냥의 발단에 관해서는 일반적으로 다음과 같은 몇 가지 복합적 원인들이 제시되고 있다.

1. 중세에 교회 성직자들이 극도로 부패하고 타락하게 되자 12세기부터 이에 대중들이 반발하고 교회의 부당한 권위와 횡포를 비판하며 개혁을 요구하게 되었다. 그리하여 점차 교회의 권위와 교리에 대한 무조건적 복종을 거부하는 움직임이 나타나고 교회의 권위가 실추되어 갔다. 따라서 로마 가톨릭 교회는 이를 탄압하고 억누름으로써 교회권력을 공고히 하기 위해 이단심문제도(異端審問制度)를 만들었다. 초기에는 각지의 주교(主敎)가 전담하던 이단자 색출작업이 이단세력의 규모가 커지자 여기에 병행해 점차 확대되었다. 그리하여 교황의 칙령에 의해 이단 심문관들은 어디서나 이단자

마녀로 몰려 매달린 채로 이단 심문관들에게 고문 받고 있는 가련한 여인의 모습.

를 종교재판에 회부하여 심문할 수 있게 되었고, 이 과정에서 이단자나 이교도들을 마녀나 마법사로 몰아 처형하기 시작했다.

2. 당시는 중세 유럽을 휩쓴 전염병이나 가뭄, 기근, 등의 자연재해와 교회의 폭압에 따른 사회적 불안, 체제 불만 및 저항이 매우 높았다. 따라서 이를 해소시키기 위한 방출구로서의 희생양이 필요했다. 바로 그러한 희생양으로 선택되어 조작되어진 것이 마녀이다. 악마, 마귀, 마녀라는 대상은 교회 교리에 의해 기독교 세계인 중세 유럽인들의 마음 밑바닥에 두려움의 대상으로 주입돼 있었으므로 이는 효과적이

었다. 처음에는 이교도들이나 이단자들을 박해하기 위한 수단이었던 종교재판이 이처럼 사회적 광기에 휩쓸려 보다 폭넓은 마녀사냥 열풍으로 옮겨갔다.

3. 마녀사냥의 주된 공격대상이 여성이었던 것은-마녀로 희생된 사람의 80~90%가 여성 - 신학적 관점에서 여성은 원죄(原罪)로 각인돼 있는 존재이기 때문이었다. 여성은 악마의 심부름꾼이라는 생각이 당시 유럽의 중세 사람들에게 있었고, 여성의 육체 자체가 두려움의 대상이었다. 어떤 면에서 교회권력이라는 남성 우월적 기득권 세력이 종교적 편견에 따라 나약한 여성을 더욱 차별하고 통제하기 위해 희생양으로 삼았다는 측면이 있다.

우선 마녀로 체포되는 사람은 이단 심문관들의 직접적인 색출 외에도 누군가가 어떤 사람이 마녀로 의심된다고 고발을 하든가, 떠도는 불확실한 소문만으로도 체포될 수가 있었다. 예를 들면 교회를 가기 싫어하는 사람은 마녀로 의심되었고, 또 교회를 열심히 다니는 사람은 위장된 마녀라고 단정되어졌다. 그리고 일단 체포된 사람은 스스로 마녀라고 자백할 때까지 잔인하고도 끔찍한 고문이 합법적으로 자행될 수가 있었다.

고문방법으로는 먼저 발가벗겨 나체로 만든 후 결박하여 바늘로 찌르기. 채찍질, 손가락 조여 뼈 부수기, 매달아 높은 곳에서 떨어뜨리기, 쇠로 만든 신을 신겨 쐐기로 다리뼈 부수기, 손발 잘라내기 등이었다. 이런 고문과정에서 마녀라고 자백하면 물론 마녀라고 인정되어 목매단 뒤 불태워 죽였다. 자백하지 않은 사람은 자백하지 않는 그 자체가 악마의 보호를 받고 있는 증거라고 단죄되었다. 한편 손발을 묶은 뒤 강이나 늪 같은 물에 빠뜨려 가라앉으면 무죄, 떠오르면 마귀의 도움이 있었으므로 유죄라는 어처구니가 없는 감별법도 사용되었다. 끝까지 자백하지 않은 사람은 산 채로 화형(火刑)시키거나 나체 상태로 날카로운 창으로 몸을 밑에서 위로 관통시켜 매단 채 죽였다.

이처럼 일단 한번 마녀로 지목된 사람은 빠져나올 구멍이란 없었다. 그리고 이렇게 마녀재판에 몰려 처형된 사람의 재산은 몰수되어 그 지방의 영주(領主), 주교(主敎), 이단 심문관 등이 배분하기 때문에 그들에게는 매우 벌이가 좋은 장사였다.

그러나 마녀사냥은 가톨릭에서만 성행한 것은 아니었고 나중에 개신교 국가에서도 극심하기는 마찬가지였으며, 17세기 신대륙 아메리카에까지 넘어가 그 여파가 미쳐졌다. 종교개혁자 마틴 루터 역시도 마녀에 대해 증오를 나타내며 이를 부추긴 사실이 있으며, 저 유명한 프랑스의 성녀 잔 다르크마저도 이단 심문에 의해 마녀로 단정돼 산 채로 불태워졌다.

이렇게 고통 속에서 무고하게 죽어간 몇 백만이나 되는 사람들 가운데는 천상에서 온 빛의 존재들인 초자연적 능력의 소유자들, 예언능력자들, 약초를 다루던 민간요법가들, 마을

벌거벗긴 채 줄지어 화형 당하는 마녀 사냥의 희생자들

과 남을 돕던 주술가 등이 마녀로 몰려 대량으로 희생되었다. 결국 중세 유럽의 마녀 사냥이란 어둠의 세력의 조종에 의해 광기에 휘말린 하수인들이 빛의 존재들을 이단이나 마녀로 정죄해 피비린내 나는 대량학살을 자행한 끔찍한 만행이었던 것이다. (naver 지식백과 in, 두산동아백과 참고)

가톨릭 종파에 몸담고 있는 사람들은 과거 이 대단히 사악한 성직자들에 의해 저질러진 엄청난 해악과 통제에 관해 가톨릭 교회로부터 배워야만 한다. 그러나 많은 성직자들이 그들 교회의 이런 어두운 역사에 관해 알지 못한다. 따라서 만약 여러분이 가능하다면 그들을 가르치려는 노력을 해야만 하는 것이다.

나는 여러분의 도움이 대단히 필요하다고 말하고 싶은데, 여러분이 현재 있는 곳에서 더욱 그러하다. 이것은 다가오는 변화에 관련해 여러분이 가진 지식으로 여러분 주위에 있는 모든 사람들을 돕는 것이다.

교회에는 나가지 않지만, 매우 만연해 있는 왜곡된 관념으로 아직 재림에 관해서 믿고 있는 많은 사람들이 존재한다. 그들은 앞으로 여러분의 지식과 앎의 도움이 필요할 긴박한 상황 속에 처하게 될 것이다. 그리고 향후 하늘에서 내려오는 우주선에 탑승한 존재들은 가슴에서 우러나는 가장 중대한 문제들에만 집중할 것이다. 이것이 내가 활용하기 위해 현재 여러분이 있는 곳에서 여러분이 필요한 이유이다.

나는 여러분 가운데 많은 이들이 주위의 사람들에 의해 억눌려 침묵당하고 있다는 것을 알고 있는데, 그 억압하는 자들은 우리의 존재를 믿을 수가 없는 것이다. 그들은 우주 공간의 먼 거리를 여행할 수 없다는 유언비어(流言蜚語) 때문에 우리를 믿지 않거나, 아니면 우리가 사악한 존재라고 들었기 때문이다. 따라서 나는 이들 잘못된 생각에 빠져 있는 사람들 때문에 그것을 바로잡아줘야 할 여러분이 필요한 것이다.

창조법칙의 가장 높은 명령은 "앎의 지혜를 성취하라"는 것이다. 그 이유는 그럼으로써 여러분이 창조의 법칙을 현명하게 따를 수 있는 까닭이다. 그런데 역설적이게도 이 법칙의 명령에 가장 불복종하는 자들은 교회의 설교자들이다. 어쨌든 그들은 의도적으로 정보의 원천이 오직 성경 속에만 있다고 여러분에게 말하기 때문인 것이다.

나는 머지않아 행성 지구의 군주가 된다

지금은 여러분이 우리 모두가 누구인가를 완전히 이해해야 할 시간이다. 또한 우리가 행하고 있는 임무의 전체적 구도(構圖)를 충분히 이해할 시기이다. 아울러 빛의 일꾼, 여러분 모두가 그리스도 미카엘에게 봉사하고자 메시아들로 이 지상에 왔음을 깨달아야 할 시기이기도 하다.

아주 오래 전에 이 프로젝트가 지구를 위해 계획되었다. 그리스도 미카엘이 사명을 수행하는 데에 상승하는 아들이 더불어 함께 하는 것이 적절하다고 생각되었다. 그래서 내가 이 임무를 위해 선택되었던 것이다. 여러분은 내가 쿠마라(Kumara)의 일원이었다고 앞의 내용에서 읽었는데, 이것은 사실이다. 까마득한 옛날에 나를 거문고 별자리에서 우리 우주로 탄생시킨 나의 진짜 아버지는 다름 아닌 사나트 쿠마라(Sanat Kumara)[8]이며, 그가 바로 성경에 기록돼 있는 "옛적부터 항상 계신 이"[9]이다.

나는 아주 오래 전에 그리스도 미카엘의 임무 과정이 시작되는 것을 돕고자 지구에 여러 번 육화되어 내려오는 것에

---

8) 지구 중심 샴발라에 거하고 있다는 지구의 영왕(靈王:Logos)이자 대초인(大超人). 샴발라 최고위직인 <세계의 주님(Lord of World)>의 섭정자이고 행성의 주재자이다.
9) [다니엘서Ⅶ:9]

동의하였다. 나는 지금 이 시기에 이곳에서의 나의 임무를 완수함으로써 지구에 봉사하고자 온다. 그리고 나는 재림 사건과 더불어 우리 우주에서 이른바 "행성의 왕자(王者) 또는 군주(君主)[10]"가 된다. 나는 우주 본부의 지구 대표자가 될 것이다.

지구에는 한 때 다른 행성 왕자가 있었으나, 그는 루시퍼(Lucifer)의 반란에 동조하여 말려들었고, 나의 초림(初臨) 시기 동안에 제거되었다. 이것은 루시퍼와 당시의 행성 왕자였던 칼리가스티아(Caligastia)가 회합하여 그리스도를 유혹했던 배후적인 이야기인데, 그들은 나 자신과 미카엘에게 자기들과 합류하라고 했었다. 그러나 우리가 그것을 거절함으로써 그들 세력에 동조하는 일은 일어나지 않았던 것이다.

그 때 이후로는 그리스도 미카엘이 행성 왕자로 활동해 왔다. 그리고 지구가 어둠의 세력에 의해서 파괴되지 않는다는 전제 하에 다가오는 재림 사건과 더불어 앞으로 이 행성 왕자의 임무는 내가 수행하게 될 것이다. 우리는 이 지구 파멸의 가능성에 대비해 계획해 왔으며, 지구는 두 번의 세계 대전으로 인해 상황이 더욱 악화돼 온 것이다.

기독교 성경에서 언급된 "나는 너희들을 위해 하늘에 있을 곳을 마련하러 간다(요한복음 14:2)." 는 말은 *인간들을 다른 행성들로 대피시키는 것이 필요한 상황이 되었을 때, 내가 가서 여러분이 옮겨갈 여러 행성들을 물색한다는 의미였*

10) [마태복음 16:28]에 다음과 같은 예수의 말씀이 예언되어 있다. "나는 분명히 말한다. 여기 서 있는 사람들 중에는 죽기 전에 사람의 아들이 자기 나라에 임금(君主)으로 오는 것을 볼 사람도 있다."

다. 인류는 이미 천국(Heaven) 속에 배치되어 있다. 이것은 지구가 천상의 세계로 복귀한다는 뜻이다. 나는 어느 정도 동안 행성 왕자로 남아 있을 것이지만 그렇다고 그 자리가 영속적인 자리가 되지는 않을 것이다. 조만간 여러분이 하나로 통합되고 성장했을 때, 여러분은 자신들의 행성 왕자를 힘에 의해서가 아닌 투표로 선택할 것이다. 인류는 우주의 모든 행성들의 주민들의 의식이 높아졌을 때 그러하듯이 하나로 통합될 것이다. 그렇다고 이러한 통합이 여러분을 기만하면서 목을 조이는 어둠의 세력의 <신세계질서>와 같은 식은 아니다.

이제 우리 모두 사랑으로 하나가 되고, 우리 본래의 신분인 하나님의 모든 아들, 딸이 되도록 하자. 나는 인류의 한 교사(敎師)이고, 또한 나는 한 전사(戰士)이다. 나의 이 행성에서의 첫 과업은 하나님의 적들과 치룬 전쟁 속에서 수행되었다. 이제 나는 평화 속으로 돌아간다.

쿠마라(Kumara)라는 것은 일종의 가족 집단이다. 일부는 혈연에 의해서, 일부는 선택에 의해서 서로 관련되어 있다. (우주) 전쟁 때문에 오래 전에 지구상에서의 과업을 그만두고 지구를 포기하는 것이 고려되었다. 우리 모두는 더 이상 이런 세계에 육화하여 활동하지 않고 천상의 세계로 올라갈 수가 있었다. 그러나 우리는 그렇게 선택하지 않았다. 그 대신에 이 태양계로 와서 (어둠의 세력으로부터) 지구를 되찾고자 활동해 왔던 것이다.

나를 신격화하거나 우상화하지 말라

나는 영혼의 여정에 있어서 여러분의 큰형이나 큰오빠, 선배일 수는 있고, 또 내가 그리스도 미카엘을 대표하고는 있지만, 결코 내가 그 전체적인 구성 체계 내에서 여러분 보다 윗자리에 위치해 있지 않다. 우리는 모두 하나님의 아들로 올라가는 과정에 있고, 우리 모두가 이 시대에 지구로 온다. 그것은 경험을 함께 나누는 것이며, 나는 여러분이 나에게 머리 숙여 경배할 것을 여러분에게 요구하지 않는다. 내가 여러분에게 적극적으로 요청하는 것은 여러분의 영혼 여정 상의 진화, 발전을 위해서 힘쓰라는 것과 하나님처럼 되기 위해 더욱더 노력하라는 것이다.

가톨릭 교회에서 상당히 관습화되어 있는 머리를 조아려 절하는 행위는 잘못된 권력에 대한 복종이다. 이것은 지구상의 다수인들에게 강요되고 있는 문제이고, 그러므로 권력에 머리를 조아리는 행위는 그 권력에 힘을 더 부어주는 것이다.

진정한 하나님의 아들들은 어느 모로 보나 다양한 것이며, 자신만의 에고(Ego)를 위해 이러한 복종과 숭배를 요구하지는 않는다. **사실 나는 무리를 지은 사람들이 내 발 밑에 엎드리는 것을 원치 않는다. 단지 나는 사람들이 그들 자신의 영혼여정에 대해**(자신의 삶과 행위에 대해) **책임을 지는 것을 원한다. 나는 누군가 내게 저자세로 넙죽 엎드려야할 대상이 아니라 한 사람의 교사일 뿐이다**. 그리고 어떤 분야의 교사란 〈길을 보여주는 자〉가 되어야만 한다. 한 사람의 스승은 배우는 그 분야에 빛을 비추어 주는 것이다. ***내 앞에서 저자세로 굴종(屈從)하는 행위는, 실제로 나를 높이는 것이 아니라 오히려 나를 아래로 끌어내리는 것이다.***

지구상에는 나를 찬양하고 추켜올리는 많은 노래들과 가르침들이 있는데, 일반적으로 이런 찬송가와 가르침들의 대부분은 나에 대한 굴종을 부추기는 것들이다. 그것보다는 **부디 여러분 자신이 빛으로 화(化)함으로써 나를 높여 달라.** 그렇게 함으로써 우리는 함께 지구를 그녀의 불행과 고난으로부터 구해낼 것이다. **여러분이 어디를 가든 빛을 보여주고, 빛을 실연(實演)해 증거함으로써 사람들에게 길을 예시(豫示)해 주는 것, 이것이 바로 나를 높여주는 참다운 의미인 것이다.** 잡화점 같은 이 세상 속을 비추는 한줄기 빛이 되어라. 여러분의 미소를 여러분 주위에 있는 사람들에게 비추라. 그래서 그 사람의 하루를 밝게 해주라. 삶의 지치고 짜증나는 고단함을 일소해 버리고 빛으로 승화시키라. 하나님께서는 모든 이들을 사랑하신다.

♣[참고 정보] 네오콘(신보수주의자들)과 기독교 근본주의(원리주의)의 관계

현재 중동에서 벌어지고 있는 이라크 전쟁에는 미국의 유대계 <네오콘(Neo-Con)들>과 <기독교 근본주의(根本主義)>가 깊이 관여되어 있다. 네오콘이란 미국의 <신(新)보수주의 세력>을 말하는데, 이들은 힘이 곧 정의라고 믿고 군사력을 바탕으로 미국이 세계의 패권국으로 부상하는 것을 목표로 한다. 이 네오콘들은 전부터 미국의 주요 정계, 관계와 언론계, 연구기관, 군수산업계에 포진하여 미 행정부에 막강한 영향력을 행사해 왔고, 공화당의 부시(Bush) 정권이 들어서면서부터는 권력의 핵심으로 등장하였다.

이 세력의 다수가 유대인들이며, 이들은 공화당의 전통적인 보수주의자들과도 노선이 구별된다. "네오콘의 음모"라는 책의 저자인 일본의 오타 류(太田龍)씨는 자신의 저서에서 네오콘의 실체에 대해 한마디로 이렇게 언급했다. "네오콘의 주체는 극명한 시오니스트(Zionist) 유대이다."

이들은 오로지 힘을 바탕으로 불량국가들에 대한 선제공격 등을 감행함으로써 미국이 훨씬 적극적으로 국제문제에 개입해 새로운 국제질서, 즉 신세계질서(New World Order)를 확립해야 한다고 주장한다. 따라서 바로 이들에 의해 아프간 전쟁과 이라크 침공이 주도되었던 것이다. 부시 정권의 대표적인 네오콘 인물들은 실질적인 대통령이나 다름없다는 체니(Dick Cheney) 부통령, 럼스펠드(Donald Rumsfeld) 국방부장관, 라이스 국무장관, 울포위츠(Paul Wolfowitz) 국방부 부장관, 리비(Louis Libby) 부통령 비서실장 등이다. 이 밖에도 네오콘들은 신문과 강경 우파 잡지들, 학술기관 및 싱크탱크(Think Tank), 군수산업체, 기타 여러 단체들에서 대단한 파워를 자랑한다. 한가지 예로 미국의 대표적 양대 신문인 <뉴욕타임스>와 <워싱턴포스트> 지(紙)부터가 네오콘 계열의 유대인 소유이며, 이 신문들은 중동문제에 있어서 친(親)이스라엘 편향의 기사를 쓰기로 유명하다.

네오콘 세력은 완전히 친이스라엘, 보다 정확히는 강경노선 일변도의 샤론 총리가 이끄는 이스라엘의 친리쿠드당이다. 현재 네오콘들은 미국의 핵심 권력과 샤론 이스라엘 정권을 연결하는 중간라인 역할을 하고 있다. 그리고 이 세력들은 궁극적으로 테러와의 전쟁을 통해 악의 세력을 제거하고 미국의 자유 민주체제를 전 세계에 퍼뜨린다는 명분하에 제3차 세계대전을 획책하려고 하고 있다.

그런데 네오콘들에 대해 비판적인 미국의 일부 논객들이나 반전주의자(反戰主義者)들은 심지어 "부시 대통령은 배후의 유대인 네오콘들에게 조종당하는 꼭두각시에 불과하다"고까지 주장한다. 왜냐하면 부시 정권의 대외정책들이 거의 이들의 주장대로 움직여지고 실행되고 있기 때문이다. 그렇다면 왜 대통령 부시는 이 세력에 동조하여 좌우되고 있는가? 이것은 그가 가지고 있는 종교적 성향 및 배경과 깊은 관계가 있다.

부시는 개신교 신도이고 남부 감리교 신자인데, 40세 때

빌리 그래함 목사와의 만남을 계기로 방탕한 생활을 청산하고 철저한 기독교 근본주의자로 거듭났다고 한다. 근본주의 또는 원리주의라고도 하는 이 기독교인들은 일반적인 복음주의나 신복음주의 기독교인들과는 뚜렷이 구별되는 사람들로 자신들만이 성서적인 순수성을 지키고 있는 참된 기독교도라고 주장하는 세력들이다. 미국에서는 남부의 교회들과 유대계가 이 세력에 많이 포함돼 있는데, 부시뿐만이 아니라 부시의 참모진과 각료, 행정부의 다수가 종교적으로는 근본주의자이거나 이 기독교 세력과 관련을 맺고 있다. 그리고 본래 부시가 대통령이 된 것은 사실 기독교 근본주의 세력의 지지와 뒷받침이 있었기 때문에 가능했었다. 따라서 부시 행정부는 근본주의적 종교관과 이념을 정치에까지 끌어 들여 실제 정책에다 반영하고 있는데, 그렇다면 과연 기독교 근본주의는 무엇일까? 근본주의자들은 다음과 같은 공통적 요소를 가지고 있다고 한다.

1) 성경 내용의 일점일획도 영감(靈感)에 의한 것이며, 추호도 틀림이 없다는 성경의 무오류성(無誤謬性)과 성경에 나온 것은 무엇이든 문자 그대로 그렇다고 믿는다. 예컨대, 하나님이 7일 만에 천지창조를 했다든지, 아담의 갈빗대 하나를 취해 하와를 만들었다든가, 구름타고 온다든가 등의 내용을 비유나 상징으로 보거나 합리성과 이성(理性)에 의해 재해석하지 않고 글자 그대로 믿는다.

2) 이러한 성경에 대해 흔들리지 않는 신앙적 충성과 더불어 오직 성경에 의해서만 모든 것을 판단하고 성경에 의해서만 판단을 받는다.

3) 또한 그리스도의 성육신, 동정녀 탄생, 대속(代贖)에 의한 구원, 육체적 부활과 승천, 재림, 성도들의 무덤 속의 부활과 영생, 최후의 아마게돈, 자기들만의 휴거, 영생, 불신자들과 불경건한 자들의 최후 심판과 영원한 죽음을 확언한다.

4) 이러한 성경에 대한 확고한 믿음에 토대를 둔 자의적 판단에 의해 모든 것을 선(善)과 악(惡)이라는 이분법으로 구분한다. 즉, 자기들의 종교적 입장과 견해에 동조하지 않는 종파나 세력은 자신들의 잣대를 적용해 단호하게 모두 악(惡)이거나 이단(異端), 이교도들로 규정하고 배격한다.(※부시 대통령의 악의 축(軸)에 대한 발언이나 자기들과 함께하면 선(善)이고 함께 하지 않으면 악(惡)이다라는 식의 발언은 이러한 근본주의의 종교적 배경에서 나온 발상이다.) 따라서 이들은 자기들과는 달리 개방적, 과학적, 포용적 신학 연구 입장을 취하고 있는 자유주의 신학[11]이나 신

11) 19세기의 일반 사조였던 자유주의적인 연구 태도를 기독교 해석에 도입, 적용한 현대 신학운동 및 사조. 자유주의는 교리주의와 대립되는 용어로, 이 용어를 처음 사용한 것은 신학자 젬러(Semler)인데, 그는 성서를 엄격한 역사학적 입장에서 연구한다는 뜻으로 사용하였다. 다시 말해 이는 신학이나 신앙, 종교 교리가 절대적인 것이 아니라 역사적 상황에 의해 형성된 것이라고 보고, 이성(理性)에 의해 보편적, 과학적으로 설명되어야한다는 입장이다. 그러므로 자유주의 신학이란, 정통주의 신학에 반대하여 인간의 주체적인 사고와 이성적 활동을 적극 신뢰하고 인정하는 신학을 의미한다. 형식면에서는 그리스도교 해석의 궁극적 권위를 성서에 두지 않고, 이성에 둔다는 의미에서 성서의 권위로부터 자유를 주장하는 입장을 취한다. 성서 그 자체에 대해서도 자유스럽게 검토를 가한다. 이밖에도 과학의 발전을 존중하여 진화론과 같은 사상과 과학적 방법을

(新) 복음주의를 용납할 수 없는 배교자들로 비난한다. 이들에게는 같은 기독교적 뿌리를 갖고 있는 가톨릭, 동방정교, 성모 신앙, 신흥 개신교 종파들도 모두 우상 숭배이거나 이단 내지는 사탄의 종교들로 매도의 대상이다. 따라서 자기들의 교리적 믿음 외에는 어떠한 대화나 타협도 배격한다. 교황도 적그리스도의 우두머리로 본다.

참고로 부총리를 지내신 한완상 전(前) 서울대 교수도 <서프라이즈>에 게재된 미국의 이라크 침공에 관한 글인 "아, 기독교인임이 부끄럽다"라는 글에서 이 근본주의의 특징을 다음과 같이 지적했다.

"첫째 세계를 선과 악으로 간단하게 구분해서 판단합니다. 하기야 선과 악을 분별하는 지혜는 필요한 것이지요. 하지만 역사현실에서는 선과 악을 칼로 두부 자르듯 갈라놓기 힘든 것도 사실입니다. 그러기에 심사숙고와 관용과 인내의 덕목이 필요합니다만, 근본주의자들은

신학에 도입하였고, 신(神)과 인간의 연속성, 내재성을 강조, 인간의 미래에 대한 신뢰 및 낙관주의 등의 특징이 있다.

내용면에서 가장 중요한 점은, 그리스도교의 중심교리인 대속론(代贖論)에 대한 새로운 해석인데, 이 역시도 종래의 교리로부터의 자유로운 입장이다. 종래의 대속론이 그리스도의 십자가에서의 죽음에 인류를 대신한 속죄적인 의의를 부여하는 데 대하여, 자유주의 신학은 오히려 인간의 주관적인 정신상태의 변화에서 속죄적인 의의를 인정하고, 예수는 단지 뛰어난 종교적 인격자라고 생각한다. 이 신학은 종교사학파(宗教史學派)에 의한 그리스도교의 역사적·비평적 연구와 서로 호응한다. 19세기 자유주의신학의 뿌리는 슐라이어마허의 신학과 헤겔 철학에서부터 비롯되었다. 이 새로운 신학사상은 20세기 말에 와 서구에서 강력한 세력을 형성하였고, 외국에서는 다수의 교회들이 이 자유주의 신학을 수용하고 있다. 반면에 우리나라 교회들은 기독교가 처음 들어올 때 이를 전해준 미국의 선교사들이 대부분 근본주의에 속했기 때문에 아직도 그러한 영향이 크다.

매사를 선악의 이분법으로 보고 대번에 해석하고 신속히 행동하게 됩니다. 이것이 근본주의의 첫째 특징이지요.

둘째가 심각한 문제가 됩니다. 세계를 선과 악으로 갈라놓고 나서 자기는 항상 선이고 상대방은 항상 악이라고 단호하게 규정합니다. 근본주의 신앙이 돈독할수록 자기는 절대로 선의 편이고 상대방은 절대로 악의 축을 이룬다고 확신합니다. 이것은 교만의 극치요, 종교적 독선입니다. 가장 위험한 발상이지요. 참다운 뜻에서 보면, 이 독선이야말로 가장 反종교적 심성이라 하겠습니다. 예수와 붓다를 슬프게 하고 핍박했던 추악한 힘이었지요.

셋째는 두 번째 특징의 필연적 결과로써, 악의 축인 상대방을 박살내야 한다는 믿음입니다. 그것도 초전에 박살을 내야 합니다. 그간 개발된 모든 도구를(이념적이든, 군사적이든 간에) 총동원해서 전쟁초기에 짐짓 악마화시켜 놓은 적을 완전 궤멸시키려는 의지입니다. 왜냐하면 악마와의 싸움은 거룩한 싸움이기에 이겨 마땅하며, 마땅히 초전에서 이겨야 하기 때문입니다.

넷째로, 선과 악 두 축 사이에 위치해있는 모든 사람들과 집단을 불순하거나 비겁한 존재로 낙인찍습니다. 자기 축과 전통적으로 가까웠던 집단들이 자기편에 들지 않을 때 가차 없이 그들을 적인 양 정죄하는 짓도 서슴치 않습니다. <내편을 들지 않으면 모두 나의 적>이라는 신념으로 전통적 우호권을 끊임없이 분열시켜 나갑니다. 지금 서구권은 역사상 최초로 이 같은 근본주의 작태로 인해 심각한 균열의 조짐을 보여주고 있습니다.

이 같은 특징을 지닌 근본주의 신념은 그것이 갖는 확신의 문화(Culture of Certitude)와 힘 숭상의 문화로 인해 일단 악으로 규정된 상대방을 총공격하지 않을 수 없습니다. 그들의 존재 근거가 그 같은 공격으로 합리화되고 유지되기 때문이지요. 그러기에, 이 같은 신념에 사로잡힌 사람이 한 나라의 최고 지도자가 되면, 그 나라의 앞날은 위태로워지게 마련입니다. 게다가 세계에서 가장 힘센 나라의 지도자가 근본주의자일 경우 세계 전체가 위태로워지며 인류역사가 잠시나마 파행의 길로 빠져들 수 있습니다.

그렇다면, 예수님이 그의 삶과 죽음을 통해 증거해 주신 가치가 과연 오늘 저 개신교 근본주의자들(미국이나 한국, 그 어디서든지)의 신앙과 같은 것일까요? 만일 같은 것이라면, 저는 평생 개신교신자로 살아온 것을 부끄럽게 여길 수밖에 없습니다. 그리고 그와 같은 기독교를 버릴 수밖에 없습니다. 저는 단연코 예수의 삶이 보여준 메시지는 그러한 것이 아님을 외치고 싶습니다.

먼저 예수님은 당시 유대적 근본주의자들 (또는 율법주의자들)에 의해 고난을 받고, 피소되어 로마의 극형인 십자가에 달려 돌아가셨음을 지적하고 싶습니다. 예수를 죽인 자들이 바로 열광적 유대적 근본주의자들임을 잊지 말아야 합니다. 그런데 예수의 하나님은 상대방을 적으로 몰아 악마화하는 증오의 신이 아니었습니다."

아울러 한완상 전 서울대 교수는 대통령 부시가 기독교 근본주의와 관계를 맺게 된 계기를 이렇게 설명하고 있다.

그는 아버지 부시가 대통령 후보였을 때 아버지를 도와 기독교 우파세력을 끌어들이는 역할을 담당했습니다. 당시 텔레반젤리스트(Televangelist)들의 영향력은 무시할 수 없었지요. 이들 대부분은 기독교 수구세력인데, 정치적 영향력 증대를 즐기고 있었습니다. 이때부터 아들 부시의 근본주의 신앙은 정치적 야망과 야합하기 시작했습니다.

그가 93년 텍사스주지사 출마하기 직전에 "예수 믿는 자만 천당에 간다"는 신념을 공개적으로 밝혔는데, 비록 유대인이나 카톨릭신자, 그리고 무종교인들로 부터는 신뢰를 받지 못했지만, 이른바 바이블벨트(Bible Belt: 성서를 문자 그대로 믿는 사람들이 사는 지역)에 속하는 텍사스에서는 오히려 정치적 인기를 크게 얻을 수 있었습니다. 물론 그는 주지사로 당선되었고, 99년에 그는 보수적 교계 지도자들을 지사 관저에 초청하여 안수기도를 받기도 했습니다. 바로 그 자리에서 그는 더 높은 자리(곧 대통령 자리)로 부름을 받았음을 알렸다고 합니다.

(<서프라이즈> 2003, 5,23 "아, 기독교인임이 부끄럽다" 에서 인용)

미국 기독교 근본주의의 본거지는 남부 개신교 계열의 침례교와 감리교, 그리스도의 교회 등이 주류를 이루고 있다. 인종상으로는 주로 앵글로-켈트족이다. 과거 남북전쟁 때 이 지역의 주민들은 남부 연방을 지지했고, 그 후에는 유색인들에 대한 인종차별적 테러까지 감행해온 백인 인종우월주의자들인 KKK단까지 지지한 사람들이다. 이들 신학적으로 근본주의(원리주의) 기독교에 속하는 미국의 최대 교단인 남부 침례교 교단을 비롯한 세력들이 미국의 네오콘(신보수주의자)을 밀고 있는 것이다. 미국의 텍사스 웨이코에서 부시 대통령의 목장이 있는 크로퍼드까지를 요즘 부시랜드라고 부른다. 부시랜드는 앵글로 켈트 족을 중심으로 한 침례교와 감리교가 주류를 이룬다.

이 부시랜드 사람들은 가장 맹렬한 원리주의의 실천자들이며, 빌리 그래햄에 의해 거듭났다는 부시와 빌리 그래햄의 아들 프랭크 그래햄이 앞장서 이들을 이끌고 있다. 2001년의 9.11 사태 후 반 유대적 정서에도 불구하고 원리주의자들은 " 우리는 모두 이스라엘"이라고 말했다. 왜냐하면 그들이 악으로 규정하고 있는 종교인 이슬람교로부터 공격당하는 모습이 같기 때문이라는 것이다. 이들은 이라크 침략 전쟁을 요한 묵시록 14장의 실현이라고도 말한다.

이 사람들 사이에서는 "뒤에 남겨진 자(Left Behind)- Tim Lahaye, Jerry B. Jenkins, 공저" 라는 휴거적 종말론에 바탕을 둔 원리주의 종교 소설이 폭발적인 인기를 끌고 있고, 이들은 그것을 마치 성경처럼 즐겨 읽으면서 소설의 내용이 실제로 이루어진다고 강하게 믿는다. 96년부터 2004년까지 발행된 12권으로 된 이 시리즈 소설은 그중 5권이 베스트셀러에 올라 약 5,800만부나 판매되었다. 9.11 테러이후에 실시된 타임지와 CNN의 공동 여론 조사에 따르면, 미국인들의 35%가 종말론에 관심을 갖고 있고, 17%가 세계의 종말이 자신들의 생전에 온다고 믿고 있고, 59%가 요한 묵시록의 예언이 실현될 것으로 믿고 있다고 한다.

성경의 무오류성(無誤謬性)을 주장하는 근본주의 세력은 특히 '요한묵시록' 이나 '데살로니가전서' 등의 성경 구절을 글자 그대로 수용, 확대하여 환란의 시기에 기독교 성도들만 하늘로 올라가게 된다는 소위 <공중휴거론(Rapture)>을 강하게 믿고 있다. 아울러 휴거되기 전,후에 일어난다는 7년 대환란, 아마겟돈, 재림, 등을 신봉하는 반면에 UFO나 외계인 문제는 사탄의 전략 내지는 마귀 장난 정도로 인식하는 경향이 있다.

그런데 근본주의 기독교 세력들이 강경 일변도의 유대계 네오콘들과 부시 정권을 강력히 지지하는 핵심 이유는 바로 그들이 믿는 교리상의 휴거나 재림 문제에 관계가 있다. 휴거와 재림이 있기 전에 이루어져야 한다는 다음과 같은 전제 조건이 있기 때문이다.

1. 이스라엘의 완전한 영토회복- 따라서 팔레스타인 주민들도 몰아내야 한다.
2. 유대민족에 의한 현 예루살렘 성전 언덕에 성전 건설(※성전을 다시 건설하려면, 현재 그 자리에 있는 이슬람 사원은 파괴되어야 함)

이렇게 되면 적그리스도의 군대(아랍이나 러시아)가 이스라엘을 침공하게 되고, 선(善)과 악(惡) 간의 인류 최후의 종말 전쟁인 아마겟돈(Armageddon)이 터지게 된다고 한다. 그 다음에 성도들의 공중 휴거가 일어나고, 예수가 재림하게 된다는 시나리오다. 현재 이 공중 휴거론은 미국의 근본주의 기독교인들에게 열광적으로 신봉되고 있는 추세이다. 요컨대, 그들이 철저하게 신앙하고 있는 이러한 일들이 그대로 이루어지려면, 그들은 중동문제 있어서 아랍이나 팔레스타인 쪽이 아니라 친이스라엘 노선을 지향할 수밖에 없는 것이다. 근본주의 기독교인들의 종교 교리적 입장에서 보자면 미래의 시나리오에서 아랍 민족은 악(惡)인 적그리스도 세력에 가까운 것이고, 이스라엘은 필요한 조역(助役) 정도에 해당된다고 하겠다.

그렇기 때문에, 예를 들어 근본주의 세력을 대표하는 성직자중의 한 명인 제리 폴웰(Jerry Falwell) 목사 같은 사람은 "유

유대교, 기독교, 이슬람교가 공존하고 있는 예루살렘의 모습

대인은 하나님의 선민(選民)" 이라는 주장을 되풀이 해왔고, 심지어 "복음주의 기독교인들은 미국의 어떤 대통령이라도 이스라엘에 불리한 정책을 펴도록 놔두지는 않을 것이다." 라고 선동적인 공언을 하기까지 했다. 100개 이상의 핵무기를 비축하고 있는 이스라엘은 오히려 두둔하고, 아무런 근거도 없이 대량살상무기를 가졌다는 허위의 명분으로 이라크를 침공한 부시정권의 불합리한 정책의 배후에는 바로 이러한 원리주의에 따른 종교적 배경들이 깔려있는 것이다.

그런데 침례교단이 세운 텍사스주 웨이코의 베일러 대학 종교학부장 랜들 오브라이언 같은 학자는 유대인이 성지를 다시 차지해야만 예수 재림이 가능하다는 기독교 원리주의자들에 관해 이렇게 말한다.

"기독교 원리주의자들은 성경을 잘못 읽고 있다. 그들은 예루살렘에 신전을 재건해야 그리스도가 재림한다는 성경의 예언을 맹신한다. 신전을 지을 자리에는 이슬람의 알아크사 사원이 서 있으며, 성경의 예언대로 그곳에 신전을 짓자고 이슬람 사원을 철거한다는 건 말도 안 된다. 재림의 시기를 결정하는 것은 그리스도 자신이다. 그리스도 재림을 위해 이스라엘에 무기를 제공할 필요 따위는 없는 것이다. 신약성서는 교회가 하나님의 백성이라고 가르친다. 이라크인이라고 해서 하느님의 백성이 아니고 이스라엘인이라서 무조건 하나님의 백성이라는 해석은 맞지 않다."

기독교 근본주의자들이 정치 세력화되어 부시정권을 지지하고 중동에서의 침략 전쟁을 옹호하고 지지하는 이유는 이미 살펴보았듯이, 한마디로 유대계 네오콘들과 서로 간의 조건과 코드가 잘 맞기 때문인 것이다. 여기에 미국의 군수산업체와 석유재벌들이 네오콘들을 뒷받침하고 있는데, 이들 3자 세력들은 외견상 종교교리와 이스라엘 지원, 기업이익 등의 각자의 목적에 서로 맞물려 동조, 협력하고 있는 상태라고 할 수가 있다.

그러나 궁극적으로는 세계를 조종하는 숨겨진 절대 권력인 유대계 그림자 세계 정부가 이 모든 것을 이미 꿰뚫어 보고 있으면서, 기독교 근본주의 세력을 세계지배라는 자기들 목적에 교묘히 이용하고 있다고 하는 것이 보다 정확한 말이 될 것이다. 왜냐하면 왜곡된 교리로 무지한 종교인들을 세뇌하고 선동하는 대부분의 근본주의 세력 자체가 어둠의 세력, 즉 유대계 그림자 세계 정부의 정체를 잘 모른 채 그들의 배후 공작에 의해 조종당하고 있는 것이기 때문이다.

[참고 및 인용 문헌]

*신동아 2003/3월
*월간중앙 2004/10월
*네오콘의 음모, 오타 류 저
*Left Behind, Tim Lahaye, Jerry B. Jenkins,
*서프라이즈
*중앙일보 (2003.10.28)
*naver 지식백과, IN

제8장

건강한 삶을 위해

제8장 건강한 삶을 위해

정신 건강의 중요성과 그 해결책

정신 건강에 대한 주제로 넘어가 보도록 하자. 많은 사람들이 나쁜 기억들을 간직하고 있거나 이상한 악몽(惡夢) 또는 마음속에서 갑자기 떠오르는 부정적인 이미지(영상)들을 가지고 있다. 이처럼 만약 나쁜 기억들을 갖고 있다면, 이것은 여러분이 이런 좋지 않은 기억들을 처리하지 못했다는 것을 의미한다. 이런 부정적 기억들을 해결하는 것은 차원상승의 한 과정으로서 중요하다. 이러한 기억들이 반복해서 일어난다면, 이런 현상은 해결해야 할 필요가 있는 문제가 아직도 남아 있는 것이다.

이러한 기억이 일어날 때 특히 그것이 별로 자랑스럽지 못한 것들일 경우 자신이 과거 그 당시에 무엇을 더 잘할 수도 있었는가를 연구하고 통찰해야만 한다. 만약 그 기억 속에 부정적인 사람들이 포함되어 있고, 그들에게 정면 대응하는 것이 이치가 맞는다고 생각되었다면 그렇게 할 필요가 있다. 하지만 이런 정면대응은 상황을 더욱 악화시킬 수도 있다.

중요한 점은 필요하다면 여러분이 그 기억들을 잘 살펴보고 연구해야 하고, 변화하여 계속 전진해 나가야 한다는 것이다. 거기에 뚜렷한 해결책이 없을 수도 있다. 이럴 때는 이런 기억들을 단순히 환영하는 마음으로 받아들이고 그 다음에는 그것들을 버리도록 하라. 이것은 매우 일상적인 일이며 여러분의 상식을 이용하여 해결하도록 하라.

여러분은 이러한 좋지 않은 기억에 관련된 그 상황 속에서 여러분 자신을 용서해야만 한다. 그 기억들이 다시 계속 떠오르고 동일한 주제를 거듭 나타낸다면, 그것을 해결할 수 있는 가장 좋은 방법은 여러분 자신을 용서하는 것이다. 여러분이 이 문제를 다루기 위해 선택하는 방법이 그 무엇이든 반드시 자신을 용서해야 하고 짐을 내려놓아야만 한다. 이것이 여러분의 영혼을 치유하는 방법인 것이다. 이러한 부정적 기억들을 치유함으로써 당신들은 자신의 과거와 현재의 삶을 치유하고, 그리고 이것이 미래의 삶에 영향을 미친다. 이렇게 될 때 여러분은 그 교훈을 배우기 위해 더 이상 같은 경험을 반복할 필요가 없게 되는 것이다. 이것이 신(神)의 자비(慈悲)이다. 일단 한번 배워야 할 과정을 배웠다면 더 이상은 그것을 되풀이해서 배울 필요가 없는 것이다.

카르마의 법칙과 질병의 관계

카르마(業)에 대해 잘못 이해하고 있는 한 가지 예를 들어 보도록 하자. 여러분이 의도적으로, 또는 잘못된 판단에 의해서 10명의 사람들을 죽였다고 가정해 보자. 이런 경우 그렇다고 해서 여러분이 미래의 생(生)에 반드시 10번의 죽음을 당해야 하는 것은 아니다. 하지만 당신들은 단지 (인과응보적 체험을 통해) 남의 생명을 함부로 빼앗아서는 안 된다는 교훈을 반드시 배워야만 하는 것이다. 따라서 자신의 부정적인 기억들을 회고해보고 그것들을 공부하는 것은 매우 중요하다. 거기서 교훈을 배우고 용서하고 그리고 그것을 놓아 버리도록 하라. 이것이 전부인 것이다. 이런 식으로 여러분은 죄(罪)에서 해방돼야만 한다.

여러분 중의 일부는 자신들이 보다 진보된 행성에서 왔다는 사실을 알고 있다. 그리고 자신이 어떻게 현생과 다른 생에서 이런 모든 과오들을 범했는지 의아해 한다. 하지만 여러분은 이에 대해 자기 자신이 더 잘 알고 있음을 느낄 것이다. 당신들은 자신이 왔을지도 모를 아름다운 행성들에서는 이러한 도전적 시험들이 없었다는 사실에 대해 숙고하기 바란다.

여러분이 이 지구에서의 삶을 마쳤을 때 많은 이들이 다른 행성들로 여행을 하게 될 것이고, 그곳 사람들의 차원 상승을 돕게 될 것이다. 도전과 시련을 통해 영적으로 깨닫는 데에는 이 지구보다 더 나은 곳이 없다. 모든 것을 교훈으로 보도록 하라. 그리고 자신을 용서함으로써 자기 자신을 치유하라. 여러분은 하나님의 아들과 딸들이기 때문에 여러분이 곧 신(神)인 것이다. 여러분 자신을 용서하라. 자신을 용서하기 위해 저 위의 하나님을 쳐다볼 필요는 없는 것이다.

여기서 다시 카르마(Karma) 문제로 돌아가 보자. 나쁜 카르마, 즉 악업(惡業)은 질병을 유발한다는 믿음이 있다. 물론 일부 사람들은 그러한 자신의 악업에 의한 병들을 경험하고 있다. 하지만 또한 여러분 중의 많은 이들이 손상된 유전자(DNA)를 지닌 신체로 들어갔거나, 바이러스나 백신의 감염, 영양이 결핍된 음식 섭취, 기타 다른 원인들에 의해 병에 걸린 것이다.

외계의 진보된 과학기술로 쉽게 치료될 수 있는 질병들

여러분 중에 일부는 스스로 완전히 치료할 수 없는 병을 가지고 있을 때, 스스로를 치료할 수 없다는 자신의 무능력에 대해 자책감 속에 빠져 있다. 그러나 이러한 치료법은 현재 지구에 존재하고 있다. 여러분의 지구 내부 세계에 거주하는 사람들은 나이 먹는 것을 되돌려 점점 더 건강하고 젊어지게 하는 기술들을 가지고 있다. 그리고 앞으로 이러한 기술들은 여러분의 백신과 바이러스, 잘못된 음식에 의한 병들과 노화로 인한 관절염 등으로부터 여러분을 해방시켜 줄 것이다.

또한 별나라 사람들은 수많은 다른 기술들을 가져오고 있다. 예를 들자면, 인간의 몸속에 깊이 고착되어 있는 각종

암과 바이러스와 같은 병들은 특수한 에너지에 의해서 치료될 수가 있다. 여러분 몸속에 있는 모든 형태의 세포들은 일종의 다른 전기적(電氣的) 진동을 가지고 있다. 이런 문제들은 진보된 기술들을 사용하면 아주 간단하다. 비교적 간단한 기계 장치로 병든 세포들을 파악해서 다른 세포들에 피해가 없이 이것들을 쉽게 제거할 수가 있다. 앞으로 이런 기술들이 에이즈(AIDS)를 치료하는 데 널리 사용될 것이다. 혹시 여러분은 아무리 악성의 에이즈 바이러스라고 하더라도 스캐너(Scanner) 형태로 고안된 장치로 몇 번 치료하는 것만으로 에이즈가 치료될 수 있다는 사실을 알고 있는가? 보다 단순하고 휴대하기 쉬운 기계 장치로 병이 시작되기도 전에 바이러스와 박테리아를 사멸시킬 수가 있고, 감기까지도 멀리 날려버릴 수가 있는 것이다.

차원상승의 과정은 여러분을 영혼의 레벨에서 치유하고 현재 끊어져 있는 당신들의 12가닥 DNA를 다시 연결시켜 빛의 몸(Light Body)을 만들어 주게 될 것이다. 그러나 사악한 인간들에게는 이것이 불가능하다. 그리고 여러분이 물려받은 DNA 결함들은 이 과정을 통해서 치유되고 복구될 것이다.

여러분은 주위에서 자연의학(대체의학) 치료자들이나 다른 형태의 치유가들을 많이 볼 수가 있다. 이들은 사실 기존의 의학보다도 더 나은 치료효과를 가져다주고 있다. 다시 한 번 이야기하지만, 스스로를 치료하는 데 있어 자신이 무능하다고 자책하지는 말도록 하라. 모든 질병은 영혼의 레벨에서 연유한다는 뉴에이지적인 가르침이 너무 커다란 영향을 미치고 있다. 확실히 영혼의 수준에서 치유하는 것은 여러분 영혼의 건강에 가장 유익하며, 어떤 경우에는 이것이 육신의 병도 치유할 것이다.

여러분 중의 많은 사람들이 면역체계에 손상을 입고 있는데, 이것은 예방접종에 의해서 생겨난 것이다. 낭창[1]이나 다른 자기면역 질환들[2]은 스스로를 해하려는 어떤 욕구 때문이 아니라 대개 백신들(Vaccine)에 의해서 발생한다. 불행하게도 이것이 여기저기 퍼지고 있는 잘못된 가르침인데, 즉 자기면역 장애가 있을 경우 그것이 자신을 자학(自虐)하고자 스스로 만들어낸 증상이라는 것이다 .

이런 잘못된 관념에서 벗어나라. 단지 죄의식은 자책감을 일으켜 치유를 방해한다. 죄의식은 신성한 장소에 있을 것이 아니다. 모든 죄의식을 버려라. 혹시 여러분이 누군가에게 과오를 범하여 죄의식을 가지고 있다면, 가능한대로 반성하고 회개하라. 그러나 만약 이런 상황이 오래 가고 변화가 불가능하다면 용서하고 마음에서 놓아 버려라. 나는 다가오고 있는 새 시대에 여러분의 고뇌와 죄의식을 필요로 하는 것이 아니라 긍정적 에너지와 창조성을 필요로 한다.

당신들은 대낮에 갑자기 머리속에서 이상한 생각이 떠오르고 잠시 기분 나쁜 환상을 체험하기도 하는데, 이에 관해 왜 이런 현상이 생기는지를 의아하게 생각한다. 어둠의 세력은

---

1) 얼굴이나 목 부위에 발생하는 피부병

2) 자신을 위한 면역 시스템에 어떤 이상이 생겨 면역세포가 체내의 다른 세포를 공격하는 증상이다. 이 질환은 자기의 조직과 세포를 이물질로 착각하고 배제하려고 하기 때문에 일어나는 병으로 류머티스 관절염, 교원병, 하시모토병, 장기이식 거부증 등이 알려져 있다.

이런 낮은 에너지 파동들을 만들어 발사할 수가 있다. 이런 경우에는 잠시 멈추고 그것들을 마음에서 몰아내기 위해 무슨 조치든 취하라. 예를 들자면, 어떤 사람들은 이런 현상들을 극복하기 위해 자신의 주위에 황금빛을 즐겨 이미지화한다. 우리가 하프(HAARP)를 무력화시키고 다른 시스템들이 효과적으로 이용될 때, 이런 어려움은 극복될 것이다.

여러분 중에 많은 이들은 요즘 마치 질병이 재발되어 공격받는 듯한 증상을 체험하고 있다. 이것은 차원상승 증후군의 전조일 수가 있다. 이런 증상들은 위에서 언급한 부정적 기억들을 포함하는데, 즉 극단적인 피로, 파동치는 것 같은 중압감, 체중의 오르내림, 여러분이 필요로 하는 음식과 피해야할 음식, 예컨대 백설탕이나 고기 같은 것들에 대한 갈망 등이다. 또한 현기증과 묘한 느낌들은 이런 과정의 일부이다.

자연 유기농(有機農) 식품 선택의 중요성

여러분은 빛의 몸을 재건하기 위해서는 단백질이 필요하다. 그러나 여러분이 흔히 소비하는 쇠고기 종류의 식품들은 적절하지가 않다. 사실상 동물 단백질의 과도한 섭취는 실제로 칼슘의 손실로 인한 〈골다공증(骨多孔症)〉을 유발할 수가 있다.

만약 여러분이 야채로부터 섭취하는 것보다 더 많은 단백질을 필요로 한다면, 콩을 갈아서 만든 고단백질 식품을 선택하는 좋다. 콩이 체질상 문제가 있는 사람이라면, 유장(乳

漿)[3]을 사용할 수가 있다. 우유와 계란 제품을 사용하는 데는 별 문제가 없겠으나, 여러분은 가능한 한 자연물로부터 취해진 제품을 사용하도록 노력해야 한다.

여러분이 동물을 사육하여 우유와 계란을 공급받는 것도 중요하겠으나 또한 학대받지 않은 동물로부터 그런 것들을 얻어야 한다. 그렇게 하는 것이 여러분의 건강에 유익하다. 스트레스를 받은 동물들은 우유와 계란 자체 내에 함유된 스트레스 호르몬(Hormone)을 증가시켜 여러분이 이것을 먹을 때 그것을 그대로 흡수하게 되는 것이다. 내가 지적하고자 하는 것은 비용이 조금 더 들더라도 우리 안에 갇혀 있지 않은 닭들의 계란을 구입하라는 것이다.

닭은 지구상에서 가장 학대받은 동물이고, 그 다음은 돼지이다. 만약 여러분이 아직도 고기를 원한다면 유기질의 고기를 구입하라. 동물들은 여러분에게 자신들을 양식으로 제공한다. 그러므로 이러한 그들의 봉사에 대해 그들은 존경과 사랑으로 보살펴져야 할 필요가 있다.

유용한 건강 보조 식품들

비타민과 미네랄의 섭취에 대해서 언급하겠다. 모든 음식은 그 자체로서는 매우 불완전하다. 나는 여러분이 여분의 비용을 좀 더 지불하더라도 바다소금을 구할 것을 권한다. 그리고 음식을 만드는데 자유로이 사용하라. 많은 사람들이 부신(副腎)[4]시스템의 과부하로 인해 저혈압 증세를 가지고

---

3) 치즈를 만들 때 엉킨 것을 거르고 난 물

있으며, 여기에는 소금이 필요하다. 그러나 가공된 하얀 바다소금을 구입하지는 말라. 이것은 미네랄(Mineral)이 제거된 것이다. 자연산 바다 소금은 베이지색이고, 그 안에 검은 빛의 미네랄 반점들이 들어 있다.

소금을 잘 섭취하지 않는 사람은 혈류(血流)의 정체(停滯) 때문에 어려움을 경험할 것이다. 바다소금에서 소금을 제거해내고 미네랄만 남겨놓은 제품이 있다. 거의 대부분의 사람들에게는 마그네슘과 칼륨의 보충이 필요하다. 여러분은 여기에 대해서는 FDA(미국 식품 의약국)의 규정에 따라 칼륨 보충을 목적으로 가공 소금을 사용할 수가 있다. 마그네슘 산화물은 약간 도움이 되지만 이를 전적으로 사용해서는 안되며, 따라서 나는 마그네슘 구연산염이나 아스파르트산(aspartate)을 사용하길 권한다.

여러분이 만약 관절염이 있다면, 글루코사민(Glucosamine)[5]은 관절 접합부위 안쪽으로 흡수되어 윤활작용을 하므로 다리가 편해 질 수가 있다. 대중적으로 유행하고 있는 MSM[6]

---

4) 좌우 신장(腎臟)의 위쪽에 있는 한 쌍의 내분비 기관

5) 천연 아미노당의 하나로서 물에 녹는 강염기성 물질이다. 천연으로는 키틴을 비롯하여 세균의 세포벽, 동물의 연골이나 피부를 구성하는 뮤코다당 등 다당류의 성분으로 널리 분포한다. 제품화된 글루코사민은 당과 아미노산이 연결된 형태로 신체의 뼈,연골, 손톱, 머리카락 등의 재료로 사용되는 물질이라 하며, 특히 관절 연골의 정상적인 연골 생성을 촉진 시킬 뿐만 아니라, 신진대사에 도움을 주며, 손상된 연골에 영양을 주어 관절 기능을 향상시키며 통증을 완화 시켜준다. 미국과 캐나다에서는 오랫동안 글루코사민이 비타민과 같이 건강보조식품으로 복용되어져 왔다. 최근 우리나라에도 많은 제품들이 판매되고 있다.

6) Meghyl Sulfonyl Methane의 약자이다. MSM은 유기황의 천연형태로 관절의 연골, 건, 인대의 연결조직 등을 구성하여 균형을 이루고 섭취 즉시 체내에 흡수되어 사용된다. MSM 보충제는 황의 흡수, 기능과 관련하여 가장 유용한 형태이다. 그러므로 글루코사민, 콘드로이틴과 함께 보충될 경우 글루코사민과 콘드로이틴의 기능을 강화시킨다. MSM이 함유된 건강보조 식품들이 많이 나와 있다.

(식이유황)은 인체로부터 독성의 금속물질을 배출시키는데 도움이 되므로 유용하다. 일부 사람들은 또한 MSM에 의해 관절염의 고통이 완화되는 효과를 얻는다.

에너지 뱀파이어들

에너지 흡혈귀들(Vampires)은 빛의 사람들을 알아보고 그들을 의도적으로 공격한다. 여러분은 그들에 의해 영적으로 공격당할 수가 있고, 게다가 정면으로 마주칠 수도 있다. 일부 악몽(惡夢)과 같은 증상들은 흡혈귀 인간들에 의한 일종의 에너지적 공격이며, 그들이 육화하여 인간으로 태어나 있을 때조차도 이런 식으로 여러분을 공격할 수가 있다.

하지만 그들이 여러분을 육체적으로 해할 수는 없다. 그것은 하나의 영상에 지나지 않는 것이다. 만약 밤에 여러분이 깨어 있을 때 이런 일이 발생한다면, 자기방어를 위해 크게 고함을 지르고 불을 켠 후 자신의 주위를 흰 빛으로 이미지화하여 에워싸라. 그리고 그들에게 떠나라고 요구하라. 향후 적당한 시기에 그들은 정화(淨化)와 분류 과정을 통해 제거될 것이다.

수많은 저급한 아스트랄 세계들이 정화되어 왔는데, 인간에 대한 흡혈귀 인간들의 대부분의 공격은 위에서 언급했듯이 지상에 인간으로 태어난 뱀파이어들에 의한 것이다. 여러분에게 권고하건대, 만약 밤에 이러한 공격을 경험하고 있다면, 방 안과 집 곳곳에 어느 정도 불을 켜두라. 빛은 그들을 방해하며, 따라서 그들은 어둠을 필요로 한다. 만약 빛이 수

면에 장애가 된다면, 여러분은 수면용 안대를 사용할 수가 있다.

자기면역 질환에 대한 오해

여기서 다시 언급하고자 하는 또 다른 요점은 자기면역 질환에 관한 것이다. 자기면역 증상들이 스스로 대한 자학(自虐)의 결과로 나타난다는 믿음은 대체로 사실이 아니다. 왜 이런 증상과 같은 방식으로 자신을 학대하겠는가? 하지만 나는 대부분의 사람들이 음주, 약물 복용, 그리고 점진적인 자살을 의미하는 다른 행위들 의해 자기 비하에 빠져 스스로를 학대하고 있다고 생각한다. 거의 대부분의 자기면역 질환들은 여러 가지 백신들, 돼지 전염병 백신 등이 원인인데, 왜냐하면 여러분 중에 그런 백신들을 맞은 사람들이 그런 증상들을 겪고 있기 때문이다.

혹시라도 어떤 사람이 자기면역 질환을 치료하려는 시도로서 (최면을 통해) 전생(前生)의 문제들을 대면하는 방법을 쓰고 있다면, 그리고 아직도 그 질환에서 벗어나지 못하고 있다면, 부디 이런 "과거의 실패 수용하기" 방법을 그만두도록 하라. 모든 사람들의 문제가 이런 전생으로부터의 악영향으로 인해 발생하지는 않는다.

나는 건강 문제에 대해 "단지 그것을 극복하라." 고 말해 온 사람들에게 연민을 느끼고 있다. 그것은 그렇게 단순한 문제가 아니며 타인들로부터 나온 이런 말들은 병고를 겪고 있는 당사자들에 대한 하나의 말장난인 것이다. 만약 당신이 그렇게 간단히 병을 극복할 용기가 있다면, 그들에게 언제 그들이 병고에서 벗어날 수 있는지를 말해보라. 여러 치료 기술들을 사용하는 것은 아무 것도 잘못된 것이 없는 것이다. 이런 내실없는 주장들을 용납하지 말라. 여러분은 병을 외면하거나 대면하거나 할 선택권이 있다. 그것은 모두 하나의 교훈이다. 현재 많은 이들이 배워야할 대단히 많은 교훈에 직면에 있는데, 왜냐하면 지금은 이른바 마지막 때이고 지구가 여러분에게 가르쳐 온 것을 배울 마지막 기회이기 때문이다.

많은 사람들이 경험하고 있는 심한 피로감의 상당 부분이 사악한 유기체들과 백신들로 인해 생겨나는 병들에 원인이 있다. 여러분의 부신(副腎)과 갑상선(甲狀腺), 뇌하수체(腦下垂體)는 지쳐있다. 어쩌면 동종요법(同種療法)[7]적인 약품들이

---

7) 대체의학의 분야 하나이다. 동종요법(homeopathy)이라는 말은, '같다'라는 의미의 그리스어 homois와 '질병'을 의미하는 pathos가 합쳐진 합성어이다. 히포크라테스는 건강한 사람도 질병과 유사한 증상을 일으킬 수 있으며, 질병 원인과 같은 물질을 소량 사용하면 그 증상을 낫게 할 수 있다는 사실을 처음 발견하였다. 이것을 1790년대에 독일의 의사 사무엘하네만(Samuel Hahnemann)이 발전시켜 개발한 것이다.
이 요법은 같은 종의 물질을 써서 치료한다는 <유사성의 법칙(Law of Similar)>에 근본을 두고 있어 유사요법이라고도 한다. 이에 비해 환자의 증상 또는 원인을 억제하거나 증상과 반대되는 작용을 유발시켜 치료하는 것을 이종요법(異種療法, allopathy)이라고 한다. 하네만에게 있어 유사성의 법칙은 신체가 질병에 반응하는 법칙을 의미하는 것이다. 질병의 존재는 질병을 제거할 수 있는 신체의 방어기제를 자극한다. 이러한 방어행동이 질병의 증상을 일으킨다. 이종요법은 역종요법과 함께 현대 서양의학의 주된 치료방법이다.
질병의 증상은 질병을 없애려는 인체의 자구노력을 반영하므로 증상을 질병의 일부가 아니라 치유과정의 일부로 파악한다. 증상을 억누르거나 부족한 것을 보충하는 현대 서양 의학의 치료법과 달리, 환자의 병적 상태와 유사한 증상을 유발시키는 자연약품을 복용케 함으로써 자가면역 능력을 깨우쳐 스스로 치유되도록 한다.
약물은 꽃이나 뿌리 · 열매 · 야채 · 씨앗 · 염분 · 뱀독 · 꿀 · 오징어먹물 등 다양한 재료에서 추출하는데, 기존 약물과 마찬가지로 알약 · 물약 · 연고 · 과립 등의

도움이 될 수도 있다. 건강 제품들 가운데 그런 약들을 연구하고 철저히 시험해 보라. 그리고 몸이 힘들고 피곤하면 휴식을 취하도록 하라. 그럴 때는 쉴 곳을 찾아야만 한다. 아울러 도움이 되는 종류의 명상이나 다른 기술들을 이용하라.

앞서 언급했듯이 저급한 아스트랄적 존재들이나 에너지 뱀파이어들의 공격을 받을 때는 여러분 주위에 빛을 만들도록 하라. 자신의 내부에서 빛이 형성되고 그 빛이 밖으로 퍼져나가는 광경을 마음속에 그릴 수가 있다. 또 여러분은 자신의 주변에 거울을 시각화하고 부정적인 에너지를 거울에 반사시켜 그 원천으로 되돌려 보낼 수 있다. 한번 이렇게 실험해 보도록 하라.

올바른 방법이 반드시 하나만 있는 것은 아니다. 여러분에게 도움이 될 수 있는 방법들을 다양하게 찾아보라. 여러분이 좋아하는 순간의 자신의 오라(Aura)에다 어떤 명랑한 계통의 색깔을 배치하라. 당신들은 자신을 괴롭히는 사람을 상상으로 떠올릴 수가 있고, 그들을 자신의 오라 너머에 두고 파열시켜라. 다른 문제들 역시 이와 같은 방식으로 해보라. 자신을 위해 무슨 일을 해야 할지를 찾아보고 해결책을 찾았을 때, 그것으로 버팀목으로 삼아라.

여러분은 모든 이러한 사소한 문제들, 정신적 외상(外傷)들과 직접 대면해야 한다. 그것들을 바라보라. 어떤 식으로든 그것들을 다루어 보라. 필요하다면 스스로를 용서하고 나서

형태로 나와 있으며 설탕이 추가되기도 한다.

그것들을 놓아 버려라. 이런 식으로 여러분은 자신의 영혼을 치유하는 것이다.

인공 감미료와 천연감미료 사용의 위험성

건강에 대한 추가적인 정보를 언급하도록 하겠다. 여러분은 스플렌다(Splenda)[8]를 사용해서는 안 된다. 또 새로이 유행하고 있는 자일리톨(Zylitol)[9]이나 소비톨(Sorbitol)과 같은 어떤 "당(糖) 알코올(Sugar Alchol)"도 사용하지 말라. 이것들은 인체에 해독을 끼친다. 사실상 이러한 성분들은 당뇨병에서 나타나는 결함 있는 신진대사의 부산물들이고, 당뇨병이 일으키는 치명적인 결과들의 원인이 된다. 만약 당신이 당뇨가 있을 경우, 이것들은 사용하는 것은 건강을 회복하려는 당신의 목적을 완전히 좌절시킨다.

구입하려는 식품이나 의약품 등의 모든 제품의 성분 표시 부분을 세밀히 읽을 필요가 있다. 인공 감미료가 의약품 속에 흔히 사용되며, 그러한 사실이 그대로 명기되지 않는 경우가 많다. 만약 상점에서 식품 위에 붙은 성분 표시 부분의 내용을 알 수가 없다면, 그냥 내려놓아라.

여러분의 건강을 위해서 순수 자연 식품, 예컨대 약간 결함이 있는 농산물보다 더 좋은 것은 없다. 가능한 한 온전한

---

8) 설탕 대용으로 쓰이는 인공 감미료의 일종으로 미국에서 판매되는 가정용 제품이다. 미국에서 인공 감미료 시장 규모는 약 10억달러로 추정되며, 해마다 급성장하고 있다. 미국의 인공감미료 시장에서 가정용 제품 스플렌다는 현재 '이퀄'과 '스위튼로' 등을 제치고 43%의 시장점유율을 자랑하며 세계 최대의 인공감미료 제품으로 급부상했다.

9) 추잉껌, 제과, 의약품, 구강위생제 등에 사용되는 당알콜계(系) 천연감미료.

식품을 많이 섭취하라. 약간의 설탕을 사용하고 싶다면, 소량 정도라면 괜찮은데, '서캔냇(Sucanat)'[10]이라 불리는 제품을 선택하라. 이것은 건조된 캔 시럽(cane syrup)으로 표기가 돼있는 것이다. 이 제품은 어떤 가공과정 이전의 순수 캔 시럽이고, 중요한 미네랄들, 특히 철분을 안에 함유하고 있다. 적어도 여러분은 그 용법에 있어서 칼로리가 전혀 없는 것을 소비해서는 안 된다.

나는 약간 단 것을 좋아하는 취향의 입맛인데, 쿠키를 나는 좋아한다. 하지만 나는 흰 밀가루와 백설탕으로 만든 쿠키는 먹지 않는다. 그렇다. 여러분이 의아하게 생각할지 모르나 장차 다른 이들 앞에서 지상을 걷게 될 나 예수, 사난다도 실제로 음식을 먹는다는 사실이다. 때문에 나는 단 것을 좋아하는 인간들의 입맛을 충분히 이해한다.

여기서 언급할만한 또 다른 내용은 어둠의 세력이 여러분에게 해를 주기 위해 여러 가지 수법으로 만들어 놓은 것들에 대한 것이다. 그 결과로 인해 인류의 상당수가 고통 속에서 살아 왔다. 그리고 이루고자 하는 많은 계획들에 전념할 수 있는 여러분의 능력이 방해받거나 저해되어 왔다. 이것은 그들의 음모에 의한 것이다.

우리의 도래와 더불어 우리가 치료법을 가져온다고 하더라도 현재 많은 인류가 매우 노화된 육체 상태로 있다는 것을

---

10) "Wholesome Sweetners" 사의 "Organic Sucanat"은 미국 캘리포니아주 유기농법에 따라 승인된 유기농 사탕수수 나무에서 추출한 1차 설탕을 가공정제 하지 않은 상태로 만든 <유기농 설탕>이다.

언급할 필요가 있다. 그들은 어려운 삶을 살았고, 저편으로 건너갔다가 다시 태어남으로써 이 영광스러운 새로운 지구에 돌아오기를 바랄 것이다. 그렇게 하고자 선택하는 사람들의 이러한 소망을 받아들이고 환영하라. 그들은 이 경이로운 새 지구에 다시 아기로 태어나 성장하는 경험이 필요하고, 그렇게 함으로써 신(神)을 찾아가는 그들의 여정이 더욱 수월해질 것이다.

나는 여러분이 아직 네사라의 발표 시기에 대해 의아해 하고 있다는 것을 알고 있다. 기꺼이 말하건대, 우리는 지난 몇 일 동안에 지구상의 어떤 비밀 장소에 약 1,000여명 스타피플들(우주인들)을 투하시켜 놓았다. 이들 가운데 많은 이들이 특별한 전사(戰士)들이며, 이들 모두는 지상에서 필요한 일들을 수행하는 데 많은 도움을 줄 것이다. 여기에 관해서는 더 이상 언급하지는 않겠다.

이제까지 많은 사람들에게 메시지를 전하기 위한 통신의 방법으로 사용해온 채널링은 머지않아 종식될 것이다. 앞으로 진실은 실제적으로 존재하게 될 공식기구를 통해 전달될 것이므로 이와 같은 방법은 더 이상은 불필요해 질 것이다. 또한 많은 우주선들이 빛의 전송보다 더 빠른 전자 메일을 설치하여 운영될 것이기 때문이다. 그러므로 여러분은 텔레파시 능력이 없어도 그들과 통신이 가능하게 될 것이다. 사실 우리는 이런 통신을 2~3개 이상 운영할 예정이다.

내가 최근 수년간 인류에게 보낸 메시지들은 영적인 가르침들이었다. 또 내가 재림할 때까지의 오랜 기다림의 기간 동안에 나와 인류와의 접촉을 계속 유지하기 위한 것이었다. 이것은 대단히 중요한 일로서, 다가오고 있는 기간 동안 그 과정을 보다 명확하게 밝혀줘야 할 필요성이 있다고 생각했기 때문이었다.

제 9 장

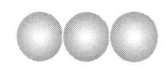

은폐된 갖가지 음모와 공작들

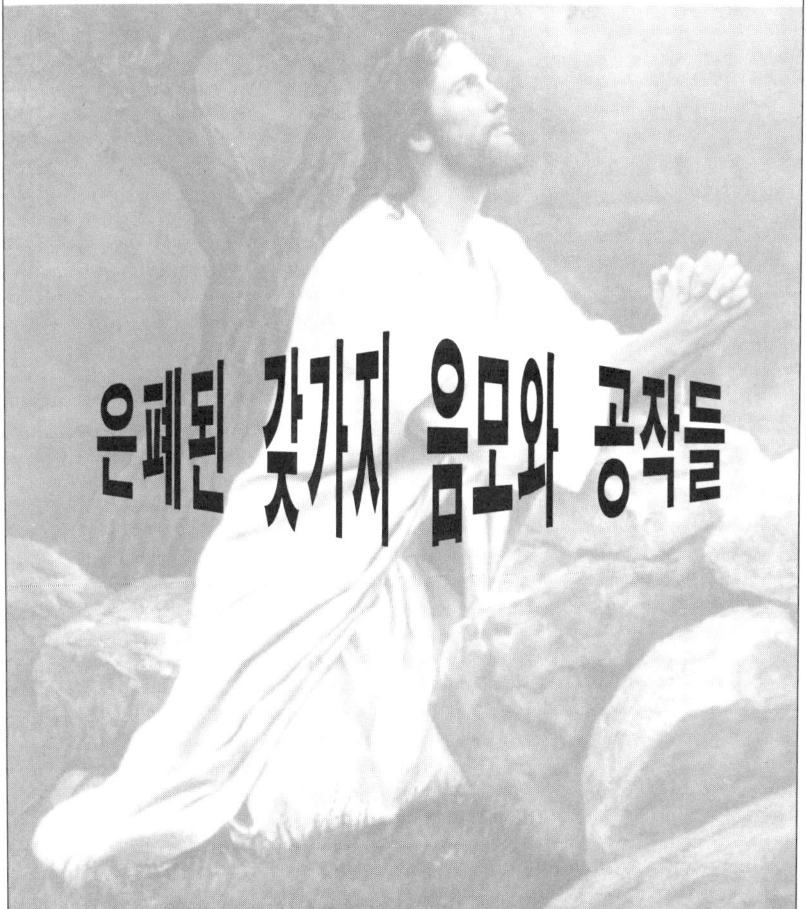

제9장 은폐된 갖가지 음모와 공작들

묻혀버린 테슬라의 놀라운 과학 기술들

네사라에 대한 계획들은 진행되고 있으며, 잘 배치되어 있다. 나는 오늘 그것에 관해 더 이상은 언급하지 않을 것인데, 왜냐하면 여러분이 알다시피 비밀주의로 하는 것이 절대적으로 요구되기 때문이다. 모든 것이 꾸밈없이 투명해지고 이 행성에서 더 이상 비밀주의가 유지되지 않을 때, 그러한 상황은 기쁜 일이 될 것이다.

하지만 불행하게도 이 시점에서 우리는 어둠에 맞선 우리의 성공을 위해서 그들과 똑같은 기술을 사용해야만 한다. 그들은 비밀주의를 이용하여 인류를 노예화해 온 것이다. 우리의 도래와 변화들에 의해서 여러분이 완전히 자유로와질 때 당신들은 모든 것을 공개하고, 함께 나누고, 비밀주의 습성을 버리는 것을 배울 것이다. 여러분의 많은 회사들이 비밀주의로 회사를 운영하면서 많은 일들을 비밀로 유지한다. 그렇게 함으로써 그들은 돈을 벌수가 있고 또한 서로간의 경쟁의 게임들을 할 수가 있다.

이전에 어느 정도 언급했다시피 테슬라(Tesla)가 에너지와 그 이용에 대한 깨달음을 토대로 지구에 가져왔던 모든 기술들이 비밀로 묶여졌다. 그리고 오직 인류를 지배하기 위한 하프(HAARP)나 전쟁의 도구로서 기상조종법 같은 기술들을 개발하기 위해 이용되었다. 많은 사람들이 이미 하프의 목적이 방어상 잠수함들에서 발산되는 신호를 잡아내기 위한 것이 아니라는 사실을 알고 있다. 테슬라는 특히 여러분 주위의 공기로부터 에너지를 뽑아내는 방법을 보여주었다. 그는 지구의 대기를 연구했으며, 그 대기 속에 있는 매우 높은 전기적인 에너지들을 그 당시 인류의 기술적 능력으로 쉽게 집결시켜 활용할 수 있다고 결론지은 바가 있다. 그러나 많은 이들이 이미 난방과 조명의 용도로 등유(燈油)를 사용함으로써 부자가 되었고, 그들은 이러한 소득을 잃고 싶어 하지 않았다.

그리하여 이 거대한 어둠의 일당은 테슬라의 기술 대신에 기름과 가스를 사용하기로 선택했던 것이다. 어둠의 세력 안에는 거대한 자금과 다른 국가들의 자원, 특히 중동의 석유 공급원을 지배하는 힘이 존재한다. 그들은 또한 남아메리카의 국가들을 석유로 아주 엉망으로 만들고 있기도 하다.

여러분의 정부와 기업들은 여러분의 등 뒤에서 그러한 많은 행위들을 하고 있다. 하지만, 여러분의 대다수가 그들이 이러한 짓들을 당신들에게 하도록 허가해 주었다는 사실이다. 그들은 자신들에게 필요한 어떠한 이야기든 만들어 낸다. 그들이 날조해낸 가장 큰 명분상의 이야기는 "미합중국의 국익을 위해서, 또는 국가안보를 위해서" 라는 말이다.

어둠의 세력의 끊임없는 교란 공작

네사라(NESARA)와 (UFO의) 첫 착륙을 실현시키려는 노력들과 더불어 우리는 또한 관계된 비밀들의 보안을 적들로부터 유지하지 않으면 안된다. 여러분의 정부도 똑같은 행위를 하고 있으며, 다만 그 차이점은 정부는 (허위의) 적들을 일부러 만들어 낸다는 것이다. 많은 사람들이 지금 결국 깨닫고 있듯이 이라크는 날조된 적이다. 여러분은 이제 이라크에 관한 계획이 이 부시 행정부가 권좌에 들어서기 훨씬 이전에 세워졌다는 것을 이해한다.

우리와 그들과의 차이는 우리는 적을 날조하고 있지 않다는 점이다. 어둠의 일당은 비밀리에 그 자체를 날조했다. 그리고 우리가 비밀을 유지해야만 하는 이유는 우리가 행하고 있는 것을 탐지해 내는 적들의 매우 진보된 기술 때문이다. 이러한 한 예로서 그들은 지상의 우리 협조 세력들에게 네사라(NESARA)를 지지한다고 말하고 그 적들을 위해 일하고 있지 않다고 말했던 비밀 스파이들(Spys)을 아직도 보유하고 있다는 사실이다. 그들은 (상대로 하여금) 자신들의 말을 대부분을 확신시킬 수 있는 능력이 있다. 우리의 모든 기술을 가지고도 아직은 그들의 면밀하게 은폐된 마음을 읽어내기가 어렵다. 지상의 우리 세력은 그 스파이 요원들을 그들의 행동을 관찰함으로써, 보다 정확히 말하면 스파이 행위를 관찰함으로써 발견한다. 하지만 스파이 요원들은 그 동안에 큰 손해를 입히는 것이다. 그들은 거짓말 하는데 있어서 대단히 능수능란하다. 여러분 모두는 누군가 여러분에게 유유히 거짓말을 하고 여러분을 이용함으로서 알지도 못하고 당한 경험이 있을 것이다. 그렇지 않은가?

그들이 현재 꾸미고 있는 가장 커다란 공작은 (네사라 공표에 필요한) 비상방송 시스템을 끊임없이 교란시키는 것이다. 이것은 나누어진 수많은 부분들로 구성된 일종의 거대한 시스템이며, 그 시스템 안에 혼란을 일으키는 것은 어렵지 않다. 만약 이 시스템이 보다 통합되어 있었다면 우리는 그것을 더 낫게 통제할 수 있었다.

기억하라. 이 적들은 외계 별나라 기술에 관해 많은 것을 알고 있다는 사실을, 그러므로 우리는 다른 수단을 사용하고 있으며 현재로서는 이 정도로만 언급하도록 하겠다. 나는 여러분이 용기를 잃지 않고 견디면서 우리의 놀라운 일을 기다리고 있으라고 요청하는 바이다. 우리는 직접적인 개입에 대한 승인을 받은 이후에 우리의 전술을 변경해야만 했다. 우리는 지난해 봄(2004)에 네사라(NESARA)를 공표하는 데 실패한 이후 이러한 승인을 받았다.

여러분의 백색 기사들(White Knights)[1]은 자신들이 배운 경

1) 본래 미 <월 스트리트 저널>지에서 처음으로 사용된 용어라고 한다. 국제적 대기업들

험으로 네사라를 자체적으로 발표할 기회를 잡았었다. 그들은 사실 실패하지 않은 것이다. 그들은 다만 적들에게 완전히 침투할 수가 없었다. 적들은 백색 기사들의 부대가 이겨내기에는 너무나 거대하고 뿌리가 깊었다. 거기에는 항상 위에서 언급했던 스파이 요원들의 문제가 있었다. 텔레파시 능력도 없이 육체를 가진 인간들이 그 스파이 요원들을 찾아낸다는 것은 매우 어렵다.

그 이후에 관해서는 다만 우리가 지난해 5월에 이를 인수받아 이에 대한 책임을 맡았다고만 말해야겠다. 네사라라는 프로그램은 실제로 보다 커다란 부양책의 실현이며, 더욱 유익한 변화들이다. 이전의 계획에서는 그것이 미국에서 시작되어 3~4년의 기간에 걸쳐 세계로 퍼져나가게 하는 것이었다. 하지만 이제는 우리의 개입과 더불어 이 네사라 프로그램에 공약한 다수의 국가들에서 처음 출발될 것이다. 이것은 그 변화들의 장기노선 속에서 많은 시간을 단축시킬 것이므로 지구 전체에 이득이 된다.

내가 말하려는 요지는 네사라의 공표 과정이 과거에 기대해온 것과는 달라질 것이라는 점이다. 이러한 발표 지연에 의해서, 그리고 우리의 개입에 의해서 그 모든 것이 함께 다가올 때는 좀 더 빠르게 일이 진행될 것이다.

어제의 레바논에서의 공격에서 어둠의 세력이 아직도 사태를 선동하고 있음을 알아차리기 바란다. 이것은 우리의 계획

의 적대적 인수, 합병에 의해 희생되는 힘없는 약소한 기업들을 구해주는 선의의 기업이나 정의로운 부유한 개인들 지칭하는 말이다. 여기서는 이들 가운데 NESARA를 지구상에 실현시키는 데 협력하는 사람들을 의미한다.

을 더욱 어렵게 만들기 위한 하나의 시도로서 주의를 흐트러뜨려 혼란시키는 수법이다. 나는 이러한 파괴 행위로 인해 크게 슬퍼지고 상심(傷心)이 되었다. 그들은 결코 아무것도 멈추지 않을 것이다. 이것이 내가 여러분 모두에게 "경계태세"로 있으라고 요청하는 이유인데, 왜냐하면 우리의 개입이 초기에 계획된 것보다 훨씬 대규모적이 될 것이기 때문이다.

이러한 개입은 우리에게 선택의 여지가 없는 불가피한 것이다. 그리고 지구상의 대다수 사람들이 우리에 관해 모르고 있는 까닭에 이 시점에서 우리에게는 여러분 모두가 우리가 도착했을 때를 대비해 자신의 친구들이나 가족, 그리고 이웃들을 도울 준비가 돼 있는 것이 필요하다. 이러한 일이 일어날 때, 상황에 대해 무지한 일부 사람들은 두려움에 사로잡힐 것이다. 나는 여러분의 도움과 지원을 요청하고 있다. 무엇보다도 여러분이 견고한 바위의 요새처럼 흔들리지 않고 당황하지 않는 것이 요구된다.

나의 재림의 시기가 가까이 와 있기 때문에 지금은 내가 더욱 공개적으로 메시지를 내보내야 할 시간이고, 나는 전 세계가 나의 메시지를 알기를 바란다. 여러분이 겪을 수도 있는 증가된 어려움들에 대해 우리가 대처할 준비가 되어 있음을, 그리고 여러분은 우리의 충분한 보호와 사랑과 은총하에 있음을 알기 바란다. 여러분의 모든 지속적인 노고와 이 어려운 오랜 기간에 걸친 지원에 감사한다.

나의 친애하는 친구들이여, 부디 주위의 사람들에게 여러분이 어디서 할 수 있든 간에 이 메시지들을 퍼뜨려 달라. 이러한 활동은 어둠의 세력을 패퇴시키는 데 큰 도움이 된다. 이 시점에서 나의 메시지들은 종교적인 성질의 것이 아니다. 재림은 지구상에서 가르쳐진 (왜곡된) 종교하고는 아무런 관계가 없다. 이것은 은하 전쟁의 최종적인 끝맺음이며, 지구는 항상 그 목표대상이 되어 왔다. 내 사명의 종교적인 측면은 대중들에 대한 종교적인 지배를 붕괴시키는 것이다. 캔데이스는 이 임무를 위해 자원했다. 그녀는 어둠의 세력이 오랫동안 사람들을 통제하기 위해 종교를 이용하는 데 관해 당황해 왔다. 이것이 그녀의 장점이다. 그녀는 지난 몇 년 동안 깊이 있게 종교의 이용에 관해 연구하고 있으며, 종교의 대중장악을 타파하는 운동에 나서고 있다.

케네디 대통령은 외계인에 관해 공표하려다 암살되었다

아래의 연설문은 존 F. 케네디(John F. Kennedy) 대통령이 달라스에서 암살되던 날 발표하려던 내용이다. 그는 연설을 기록한 몇 장의 카드를 옷의 호주머니 속에 지니고 있었는데, 암살 이후 누군가가 그의 몸으로부터 그 것을 빼내어 안전하게 보관했었다.

케네디는 미국 역대 대통령 중에서 가장 위대한 대통령 가운데 한 사람이며, 물론 그것이 그의 생명을 짧게 단축시킨 이유이다. 그는 모든 정의로운 일들을 하려고 계획했었고, 또 그것을 행할 용기를 가지고 있었다.

존. F. 케네디 대통령

만약 여러분이 그의 연설문을 결코 본 적이 없었다면, 그것을 읽고 난 후 우리 모두가 얼마나 많은 세월 동안 케네디가 하려고 했던 이러한 사건이 오기를 기다렸는지 이해하게 될 것이다.[2] 그리고 왜 당신들이 좌절감 속에서 세월을 허비하고 자신이 무엇인가를 위해 여기에 있음을 알면서도 그것을 파악하는데 어려움을 겪었는가를 인식하게 될 것이다.

[케네디 연설문]

친애하는 나의 동료 미국인들이여! 세계의 인류들이여! 오늘 우리는 새로운 영역으로의 여정을 시작합니다. 한 시대, 인류의 유년 시대가 이제 끝나고 다른 시대가 시작되려하고 있습니다.

내가 말하는 여정은 미지의 도전들로 가득 차 있으나 나는

2)케네디 암살의 원인에 관해서는 여러 가지 설(說)들이 존재한다. 그러나 1950년대부터 진행되어 온 여러 가지 정황으로 미루어 볼 때, 그가 UFO와 외계인에 관해 은폐된 정보들을 공표하려고 했던 데에 가장 무게가 실리고 있다. 케네디는 사실 상원의원 시절부터 UFO에 관심을 가지고 있었고, 대통령에 당선된 뒤 얼마 되지 않은 1962년 3월에 미국의 UFO 접촉자 조지 아담스키를 통해서 선의(善意)의 우주인 세력들과 접촉한 사실이 있었다. 따라서 이미 어둠의 외계인들과 공조하여 비밀리에 기술 원조를 받고 있던 유대 엘리트 세력들 입장에서는 그러한 엄청난 비밀을 전 세계에 공표하려 했던 케네디는 자기들 앞길에 커다란 장애물이었고, 따라서 제거할 수밖에 없었던 것이다. 케네디의 용기있던 이러한 시도가 좌절된 이후 이 지구상에서는 아무도 감히 그러한 행동을 할 수 있는 정치 지도자가 나올 수 없었고, 인류는 현재에 이르기까지 어둠에 세력이 조작해온 거짓 정보에 속거나 세뇌되어 왔던 것이다.

암살당하기 전 달라스 공항에 도착하여 시내로 출발하는 케네디와 재클린

우리의 모든 지난날들, 즉 모든 과거의 투쟁들은 우리의 세대가 그것을 넘어설 수 있도록 준비시켰다고 믿습니다.

지구의 시민들이여! 우리는 혼자가 아닙니다. 하나님께서는 그분의 무한한 지혜로 그분의 우주 속에 다른 존재들, 예컨대 우리들 자신과 같은 다른 지적 생명체들을 살게 하는 것이 적합하다고 생각하셨습니다. 그렇다면 내가 무슨 권한으로 어떻게 이런 사실을 언급할 수 있을까요?

1947년에 우리의 군 병력은 메마른 뉴멕시코 사막에서 그 기원을 알 수 없는 한 비행체의 잔해를 발견했었습니다.[3] **과**

3) 1947년 7월 4일, 미국 뉴멕시코주에서 발생한 <로즈웰 UFO 추락 사건>을 의미한다. 미국 정부는 최근까지도 이것이 UFO 추락 사건이 아니라 당시 상공에서 기상용 측정기구 내지는 실험용 인형이 추락한 것이었다고 허위의 발표를 해왔다. 그런데 1997년에 출판된 미 국방성 퇴역 대령 필립 코로소의 저서 <The Day after Roswell>의 내용에 따르면, 오늘날의 집적회로(IC 칩), 광섬유, 레이저, 초점착 섬유 등과 같은 첨단 기술들이 바로 로즈웰에 추락한 UFO 기체에 대한 연구를 통해 나왔다고 한다. 코로소 대령

저격당한 순간, 총에 맞은 케네디의 머리를 끌어안고 있는 영부인 재클린 여사. 암살범은 오스왈드로 알려졌으나 무언가 암살의 내막을 말하려 했던 오스왈드마저 나중에 암살되었다.

학자들은 곧 이 승용물이 대기권 밖의 먼 외계로부터 온 것이라고 결론지었습니다. 그 시기 이후, 우리 정부는 그 우주선을 만든 외계 존재들과 접촉했습니다. 이러한 뉴스는 비록 매우 환상적이면서도 참으로 놀랍게 들릴 수 있긴 하지만, 나는 여러분에게 지나치게 두려워하거나 비관하지 말 것을 요청 드리는 바입니다.

나는 여러분의 대통령으로서 이러한 외계 존재들은 우리에게 결코 해가 되지 않는다는 점을 여러분에게 보장합니다. 오히려 그들은 우리나라가 인류의 폭정, 질병, 전쟁 등과 같은 모든 공동의 적들을 극복하도록 돕겠다고 약속했습니다. 따라서 우리는 그들이 적이 아니라 우리의 친구들이라고 결정지었습니다. 그들과 함께 우리는 더 나은 세계를 창조할

자신이 로즈웰 파일을 관리해 왔고 또 미 국방성의 외계 기술 모방 프로젝트의 담당자였다고 말했는데, 비행접시 잔해에서 나온 기술들이 IBM, 휴즈 항공사, 벨 연구소와 같은 기업들에게 제공되었다는 것이다.

수가 있습니다.

나는 여러분에게 우리의 앞길에 비틀거림이나 실수가 전혀 없을 것이라고 말씀드릴 수는 없습니다. 그럼에도 나는 우리가 이 위대한 미국 땅에 거하는 우리 국민의 진정한 운명을, 다시 말해 세계를 영광스러운 미래로 이끄는 우리의 운명을 발견했다고 믿고 있습니다.

다가오는 날들과 다음 주, 그리고 다음 달에 여러분은 이러한 방문자들에 관해 왜 그들이 지구에 와 있고, 왜 우리의 지도자들이 여러분에게 그렇게 오랫동안 그들의 존재를 비밀로 지켜 왔는가에 대해 더 많은 사실을 알게 될 것입니다.

나는 여러분에게 두려움이 아닌 용기를 가지고 미래를 주시할 것을 요청하는 바, 그것은 우리가 지구상의 오래 전의 평화에 대한 비전과 전 인류를 위한 번영을 우리 시대 안에 성취할 수 있기 때문인 것입니다.

여러분에게 신의 은총이 함께 하기를 기원합니다.

-존 F. 케네디-

외계인들과 관련된 1950년대 이후의 지구의 상황

1954년에 내 자신과 나의 플레이아데스 형제 자매들이 지구인들을 피난시키기에 충분한 항성간 우주선들 - 필요하다면, 그리고 사전에 여러분의 새로운 거주처가 마련된다면 인류를 피난시킬 우주선들이다 - 을 이끌고 도착했을 때, 이곳 지구에는 다수의 아눈나키[4]와 앙카라[5] 외에 소수의 그레이들만이 있었다.

여러분의 미국 정부는 이미 이들 그레이들(Greys)[6]과 여러 가지 비밀 협정을 체결하고 있었다. 따라서 나는 그들을 가르치고 내가 하는 일들을 다시 시작했으며, 다른 존재들이 여러분의 행성의 안전을 보장하는 조치와 관리 활동들을 하였다. 이어서 곧 우리는 시리우스인들과 합류했고 우리의 두 그룹은 대부분의 일을 눈에 드러나지 않게 작업해왔다. 그리고 1987년까지 우리들 사이에 하나의 동맹이 형성되었다.

지구에 관한 소식이 우주에 전역에 퍼짐에 따라 더욱 더 많은 우주의 존재들이 왔고, 따라서 더 많은 동맹들이 필요해졌다. 많은 존재들이 지구를 치유하는 활동적인 부분을 맡기를 원했는데, 그러한 영광스러운 일을 자원하지 않은 것은 소수뿐이었다. 그 와중에도 빛의 세력과 어둠 사이에 수많은 우주에서의 전투가 있었다. 그러고 나서 아눈나키가 빛의 세력에 가입했는데, 왜냐하면 앙카라 세력이 우주 전쟁에서 패배한 이후 먼저 우리와 합류했기 때문이었다.

이러한 상황의 호전은 1990년대 중반과 후반까지는 발생하

---

4) 오랜 고대시대부터 유대 엘리트들을 통해 지구인들을 지배하고 조종해온 외계인들이다. 이들은 아직 발견되지 않은 우리 태양계 내의 12번째 행성인 <니비루(Nibiru)>에서 왔다고 한다. 고고학자 제카리아 시친은 수메르 신화에 남아 있는 이들의 흔적에 대해 깊은 연구를 했고, 이에 관한 여러 권의 저서를 집필했다.

5) 아눈나키와 마찬가지로 지구에 부정적 영향력을 행사해온 우리 은하계 내 어둠의 외계인 세력들의 동맹이다.

6) 미국 정부과 비밀리에 거래를 했었던 어둠에 속하는 외계인 종족이다. 이들이 미국과 비밀협정을 맺어 인간납치를 통한 이종교배 실험과 가축도살에 의한 DNA 실험을 1990년대 초까지 자행해 왔다.

지 않았었다. 어둠의 세력이 패배한 이후 그들은 자신들의 상처를 핥고 급히 도망치기 보다는 차라리 우리 편이 되기로 결정했던 것이다. 따라서 보다 많은 조치들이 필연적이었다. 그리고 결과적으로 우리는 참으로 매우 복합적이고 혼성적인 승무원팀을 이루게 된 것이었다.

지구를 치유하기 위한 계획이 확대되었고, 지구의 치유뿐만이 아니라 태양계 전체를 그 원래의 장엄한 상태로 복구시키기 위한 계획도 커졌다. 여러분이 알다시피 당신들의 태양계는 거대한 파괴를 경험했었다. 물론 지구상의 어둠의 세력은 더욱더 어둠으로 치달아 우리를 단념시키기 위한 갖가지 시도를 하는 와중에 있다. 그러나 지금 직면해 있는 행성 지구의 차원상승 문제는 그 당시 초기에는 우리에게 우선순위가 아니었다. 나는 여러분 중에 많은 이들이 현재 진행중인 지구인들이 겪고 있는 상황에 관해서 매우 관심이 많다는 것을 알고 있다. 이 수많은 해들에 걸쳐 공식화된 이 계획은 과거의 그 원래의 계획보다 상당히 뛰어나다. 그리고 우리 은하계 역사에 있어서 지구를 위해 설계된 이와 같은 계획은 이전에는 결코 시도된 적이 없었다.

일반적으로 상승하는 지구와 같은 한 행성은 예컨대 지구가 경험하는 것을 겪지 않은 다른 여러 행성 출신의 존재들을 부수적으로 수반한다. 이런 식으로 상승하는 행성에 동반하는 그런 타행성의 존재들은 우주의식(宇宙意識)으로 들어가는 것이 하나의 단순한 일이다. 이처럼 지구의 전체 주민들은 여러 (외계) 인종들로 뒤섞인 일종의 혼성 승무원들인

이라크전 발발 2주년 관련 보도

<중앙일보 2005. 3.21>

19일 미국 뉴욕 센트럴 파크에서 열린 이라크전 반대 시위. 시위대들이 '전쟁보다 일자리, 부시는 거짓말쟁이' 라는 피켓을 들고 있다. [뉴욕 로이터=연합]

더 강경해진 부시

2주년 연설서 이라크전 찬양

선제공격론 정당성 재강조도

것이다.

여러분은 매우 많은 우주의 다른 장소들로부터 왔고, 그처럼 다양한 역사들을 가지고 있다. 여러분중의 일부는 이것이 지구인들을 통합시키기 위한 3번째의 시도라는 것과 그것이 이루기가 가장 어려운 일이라는 것을 알고 있다. 이곳 지구에 있는 멸망한 행성들로부터 온 초기의 모든 주민들 외에도 여기에는 일하기 위해 내부세계에서 온 많고도 많은 존재들이 있다. 어떤 사람들은 성장과 배움의 목적을 위해서 다른 행성들부터 이곳으로 옮겨졌다.

현재 지구 주변에는 인간이 상상할 수 있는 우주의 각처에서 온 약 1,000만대 이상의 우주선들이 존재하고 있다.

그것은 매우 많은 외교수완과 노력이 요구되었지만, 결국 모든 이들에게 무엇이 일어났는가를 한번 보라. 단순히 지구인들을 끌어올리기 보다는 더 훌륭하게 여러분의 태양계 전체가 구조를 받아 복구되고 있다. 그리고 여러분은 가장 영광스러운 새로운 방식으로 살게 될 것이다.

여러분에게 예정돼 있던 것을 훨씬 능가해서 성취된 것들이 바로 여러분의 운명을 바꿔 놓았던 것이다. 지구라는 일종의 진화하는 생명으로서의 귀중한 보석이 보존돼 왔으며, 또 치유되고 회복될 것이다. 그리하여 많은 존재들이 빛으로 복귀했고, 이제 모든 은하전쟁은 끝났다. 수백만 년에 걸쳐 벌어졌든 모든 전쟁이 이제 과거의 일이 되었던 것이다.

어둠의 외계인들의 허위 정보와 지구변동 문제

제타인들은 그레이들(Greys)이라고 불리는 작은 회색 외계인들이다. 그들은 자기들의 사이트를 통해 오래 전 극이동이 오고 있다고 가르쳐오고 있는데(www.zetatalk.com), 태양계로 들어오고 있는 X 행성으로 인해 큰 혼란이 일어나고 있다고 믿고 있다. 그러나 이러한 정보는 사실이 아니다.

최근의 메시지에서 분명히 그들은 X 행성이 태양에 근접해 있기 때문에 지구가 태양 주위를 공전하지 않고 정지해 있다고 언급했고, 어떤 자기적(磁氣的)인 간섭을 받고 있다고 하였다. 어떤 이들은 X 행성이 하나의 혜성인지, 거주 행성인지, 또 그것이 니비루(Nibiru)인지를 질문하고 있다.

X 행성이라고 명명된 혜성은 없다. 단지 "니비루(Nibiru)" 라는 행성이 있는데, 이 행성은 지구를 선회하고 있고 3,600년마다 시리우스 태양계를 돌고 있다. 니비루는 내가 약 2,000년 전 초림(初臨)했을 때, 지구에 마지막으로 가까이 근접했었다. 그런데 당시는 지상에 있던 니비루의 앞잡이들이 지구를 소유하려는 의도를 가지고 공작에 재착수한 시기였다. 그 특별한 시기가 선택된 것은 니비루가 그 궤도상 적합한 운(運)에 있었기 때문이었다. 기원전(B.C)에서 기원후(A.C)로 바뀌는 시기는 그들의 이러한 프로젝트가 시작되었던 때쯤이었고, 내가 태어났을 때쯤이 아니었다.[7]

---

7)현재 기원전(紀元前)의 표기로 사용하는 B.C는 알다시피 "Before Christ(그리스도 탄생 이전)"의 약자이고 예수 그리스도의 탄생 년도를 현재 서력(西曆) 기원의 원년으로 정해 사용하고 있는 것이다. 이것을 최초로 제정한 사람은 6세기 전반 로마에서 교회법(敎會法)을 집성한 신학자이자 주교인 디오니시우스 엑시구스(Dionysius Exiguus)이다. 이 사람이 A.D 525년 경 《부활제(復活祭)의 서(書)》라는 책을 지으면서 여기에 서력 기원을 최초로 사용했다고 한다. 그러나 서력 기원의 원년으로 굳어진 A. D 1년은 사실 그리스도의 탄생 년도가 아니며, 실제로는 이보다 3년 내지 7년 앞서고 있음이 현재 학자들 사이에서 정설로 되어 있다. 현대의 학자들이 보는 가장 유력한 년도는 B. C 4년인데, 따라서 실제 탄생의 해는 A.D 1년보다 약 4년이 앞서 있는 것이다.

참고로 예수의 탄생일도 실제로는 현재 성탄절로 삼고 있는 12월 25일이 아니다. 고대 로마에서는 기독교가 국교가 되기 이전부터 태양신 숭배 신앙이 있었는데, 당시 로마인들이 가장 신성하게 여기던 태양신 "미트라(Mithra)"의 축일이 바로 12월 25일이었다. 기독교가 로마에 퍼지자 로마 교회는 이 태양신 축일을 그리스도의 탄생일로 대치시켜 버린 것이다. 그리고 로마 교회가 공식적으로 예수 성탄 기념일을 12월25일로 정한 것은 A. D 354년부터라고 한다.

태양계를 가로질러 선회하는 니비루 행성의 궤도

그리스도 미카엘과 나는 그 당시 그 계획을 저지하여 무산시키려고 왔었다. 그것은 성공적이었다. 그래서 그들은 새로운 계획을 세워야만 했었고, 그런 까닭에 그들은 새로운 소유권을 장악하기 위한 음모를 지금 이 시대에 획책했었다. 따라서 우리가 다시 여기 와 있는 것이다.

제타인들은 1,900년경에 이종교배에 관한 그들의 계획을 본격적으로 시작하기 위해 지구에 왔고 시대가 바뀌는 이점을 취하기 위해 모의 중인데, 또한 그들은 지구를 소유하기를 바라고 있다. 왜냐하면 아주 오래 전에 전쟁과 같은 사건으로 자신들의 행성이 파괴되었기 때문이다. 내가 이미 언급했듯이 그들은 "인조인간(Android)"들이다. 그들은 오래 전에 창조되었고 그들을 만든 창조자들에 의해 개종(改種)되었다.

당시 그들은 매우 호전적(好戰的)으로 변했는데, 사실은 그들은 그렇게 창조되었던 것이다. 그리고 나중에 그들 행성의 지표면이 파괴된 이후, 그들이 바라지 않았던 많은 유전적 영향들을 제거하기 위해 그들의 유전자(DNA)를 개조하기 위한 조치를 받았다.

지구로 옴과 더불어 그들은 대부분의 지구인들이 일소되는 파괴적인 변동의 시기 이후에 지구를 소유한다는 기대감 속에서 자기들의 유전 시스템 내에다 지구인의 유전 물질을 추가시키기로 했다. 그들은 악조건 속에서 생존하는 데 아주 숙달되어 있다. 하지만 그들은 X 행성에 관해 잘못 생각하고 있고, 사실 니비루의 귀환에 대한 추측성의 이야기를 날조한 것으로 보인다.[8)]

아주 오래전의 시기에 니비루가 파괴된 시리우스인들의 별 근처에 있던 자체의 궤도로부터 이탈됐을 때 매우 무모하게 움직였었는데, 그 때 여러분의 태양계 내에 수많은 변화를 일으켰었다. 그러나 어느 시점부터 니비루의 궤도는 그것을 조정할 수 있는 존재들에 의해 안정되었고, 현재의 궤도는 확실히 안정 상태에 있다.

고고학자 제카리아 시친(Zecharia Sitchin)[9)]과 다른 학자들

---

8) 사실상 니비루 행성의 침입으로 2003년에 지구에 극이동이 일어나 대격변이 발생하리라는 제타 외계인들의 정보는 이미 빗나갔고 거짓 정보로 드러났다. 어둠의 존재들은 이런 식으로 우주에서나 지구에서나 항상 공포심을 주입시킴으로써 상대를 통제하고 지배하려는 공통적인 속성을 가지고 있다. 이 제타 외계인 종족은 흔히 매스컴이나 광고에서 외계인의 전형적 모델로 묘사하고 있는 시커멓고 커다란 아몬드형의 눈과 난장이의 모습을 하고 있는 존재들이다. 외계인들이 모두 이렇게 흉측하게 생긴 것처럼 고정관념화 된 데에는 그들이 미국 정부와의 비밀 협약을 통해 이종교배 실험과 DNA 채집을 위해 수많은 인간납치를 행하는 과정에 가장 많이 인간들에게 목격되었기 때문이다. 이들은 우리 인간과 같은 감정이 없으며 두뇌의 지능만 발달한 존재들이다.

에 의해 보고된 바와 같이 니비루는 과거 지구 문제와 광범위하게 연관돼 있었고, 또한 렙틸리안(Reptillian)[10] 및 루시퍼의 반란과도 관련돼 있음을 여러분은 알고 있다.

제카리아 시친

하지만 이 행성이 예상되는 피해를 일으킬 정도로 가까이 있지는 않다. 또 설사 과거에 그랬다고 하더라도 그 피해의 원인은 지구로 여행해 올 수 있는 니비루의 탑승자들에게 있는 것이고, 대파괴를 일으키고자 의도했을 때만 그것이 유발되는 것이다. 니비루는 그 지표면이 아닌 그 행성 내부가 거주처로 사용되고 있다. 이것이 그들이 자기들의 태양이 폭발했을 때 시작된 대변동에서 살아남았던 이유이다. 이 행성은 현재 적절한 통제 상태에 놓여 있으며, 따라서 부디 니비루에 관해 걱정하지 말기 바란다. 제타인들이 조작해낸 행성 X에 관한 이야기들은 여

---

9) 고고학자이자 고대문명 연구가. 러시아에서 태어나 팔레스타인에서 성장했는데, 중동 지방에서 성장하는 과정에서 그는 현대와 고대 히브리어, 셈족어, 유럽어, 구약 그리고 근동의 역사와 고고학에 관해 깊이 있게 공부했다. 후에 영국 런던대학에서 경제 역사학을 전공했으며, 수메르어를 읽고 이해할 수 있는 현대의 몇 안 되는 학자들 중의 하나로 알려져 있다. 30여 년 간에 걸쳐 수메르 유적의 점토판들에 새겨진 창조신화와 설화를 독자적으로 연구한 끝에 태양계 너머 미지의 12번째 행성 <니비루>로부터 온 아눈나키라는 외계인들이 오랜 고대부터 중근동(中近東) 지방의 문명에 관여하고 이 지역을 지배했다는 놀라운 역사를 밝혀냈다. 현재는 미국 뉴욕에 거주하며 집필을 계속하고 있다. 그의 '지구 연대기' 시리즈의 저서들은 세계 각국에서 20개 이상의 언어로 번역 출판되어 있다. 시친의 저서를 읽어보면 구약성경의 창세기의 상세한 원형이 시대적으로 훨씬 앞선 수메르 창조 신화에 고스란히 담겨져 있음을 알 수가 있다.

10) 파충류과에 속하는 외계인들을 의미한다.

제타 레티쿨리 외계인 종족들은 지구에 와서 이종교배 계획에 따라 수많은 인간들을 납치 실험했다

러분으로 하여금 그들의 이종교배 프로그램을 받아들이도록 확신시키기 위한 것이다. 그들은 이타적이 될 것을 주장하는데, 그것은 여러분의 유전형질을 그들에게 도둑질 당함으로써 자기들에게 봉사하라는 것 외에는 아무 것도 아닌 것이다. 하지만 나는 여러분에게 상기시키건대, 모든 제타 외계인들이 이종교배 프로그램에 관련돼 있는 것은 아니라는 사실이다.

지구에 다가오고 있는 커다란 대재앙은 없으며, 어떠한 위험도 그리스도 미카엘의 명령에 의해서 예방되고 적절히 조정돼 왔다. 지구는 우리의 도움과 더불어 여러분 자신에 의해 재건될 것이다. 이전에 언급한 바와 같이 물론 변동은 있을 것이나 그것은 점진적이고도 통제된 상태로 발생할 것이

고대 수메르 아카드 인장에 나타나 있는 태양계 행성들의 모습.(좌측 위) 수메르인들은 우리 태양계 내의 행성들이 9개라는 것을 정확히 알고 있었으며, 그 외에 알려져 있지 않은 또 하나의 행성이 있다고 했는데, 그것을 <니비루(Nibiru)>라고 불렀다.

다. 나는 솔텍(Soltec)에게 지구 변동에 관한 정보와 어떻게 여러분이 도움을 받게 될 것인지에 대한 정보를 당신들에게 좀 더 제공하도록 요청할 것이다. 그의 설명을 들어보도록 하라.

안녕하십니까! 여러분, 안토니오스 솔텍입니다. 제타 외계인들이 태양 반대편에서 행성 X가 방해 작용을 일으키고 있다는 이야기로 불필요한 두려움을 야기해온 것으로 보입니다. 나는 나의 전문 분야인 지구물리학적 변화에 관해서 막중한 책임을 맡고 있습니다. 나는 우주의 물리학 분야에서 상당한 훈련을 받았는데, 태양 주위를 도는 지구의 공전을 정지시킬 태양의 반대편에 존재한다는 어떠한 X행성도 가능하지 않습니다.

우리는 그들이 지구의 공전이 정지되었다고 말했을 때, 지구가 태양 주위를 돌고 있다는 것을 분명히 하기 위한 조치를 취하지는 않았습니다. 나는 그들이 아마도 자신들의 이종교배 프로그램을 지속하지 못하는 상황에 약간 화가 나있는 것으로 생각합니다. 여러분의 정부는 제타인들이 그들의 이종교배 프로그램을 지구에서 진행하도록 그들과의 비밀 협정을 통해 거기에 동의했을 때, 행성 X에 관한 이야기가 부정확한 것임을 알고 있었습니다.

앞으로 무슨 일이 일어날 것인지에 대해 다시 한 번 언급하도록 하겠습니다. 지구의 물리적인 변화는 계속 일어날 것입니다만 우리는 그러한 변화를 우리가 할 수 있는 만큼 계속 확실하게 통제할 것입니다. 그리고 재림 사건이 이루어진 이후 여러분은 지난해 12월 인도네시아에서 발생한 주요 지진 해일에 관계된 보다 커다란 진실을 알게 될 것입니다. 이 재난은 정상적으로 일어나는 수준 이상으로 (누군가) 그것을 악화시킨 데에 어느 정도 영향을 받았습니다. 그러나 여하튼 지구상의 일부 정부들은 우리와 협력해 왔고 우리의 존재를 알고 있는데, 우리는 사전에 주민들을 피난시킬 수가 있었습니다. 우리는 그러한 일을 할 수 있을 만큼의 상당한 숫자의 우주선들과 승무원들을 보유하고 있습니다.

나는 여러분에게 이것을 말하는데, 왜냐하면 재림 사건 이후에 우리는 인류를 필요한 곳으로 피난시킬 것이고 사람들은 미리 통보받게 될 것이기 때문입니다. 많은 경우에 사전에 시간이 있다면, 우리는 단순히 이동한다고만 넌지시 암시할 수도 있습니다. 그러나 시간 여유가 없는 긴박한 상황의 경우는 빔(Beam)을 사용하여 이동시킬 수가 있을 것입니다.

그리고 우리는 지구의 대기에 악영향을 미칠 만큼의 화산재를 분출할 수 있는 주요 화산 소재 지역들을 통제할 것입니다. 우리는 이러한 화산들이 너무 멀리 영향을 미치기 전에 압력을 감소시키는 작업을 지속적으로 하고 있습니다. 지구는 치유될 것이고, 이러한 치유 과정의 일부로서 어떤 땅덩어리들의 침몰과 해저로부터의 융기가 필요할 것입니다. 이와 같은 지각변동은 일종의 자연적인 재순환 과정으로서 바다에 의한 대지의 휴식과 재충전을 허용하는 것입니다.

이것은 자연적으로 일어날 것이며, 지구는 그녀 스스로 자빠지는 만큼(※지축이동을 의미함) 단순히 자극(磁極)이 바뀌는 것이 아니라 아주 완전히 변화할 수 있게 될 것입니다. 그녀는 자기 자신을 깨끗이 청소할 것이고 자신의 땅덩어리의 많은 부분들을 재배열할 것입니다. 여러분의 영적 성장을 이 행성에서 지속시키기 위해서 우리는 이러한 변동들을 매우 서서히 일어나도록 대대적 지원을 하게 될 것이고, 그러한 변화가 일어나도록 허용해도 좋은 지역들을 선정하고 있는 중입니다. 현재 지구는 계란 형태인데, 앞으로 더욱 둥근 형태로 변형되는 것이 필요합니다. 극이동을 어느 정도 허용하는 것은 나쁜 것이 아닙니다. 왜냐하면 현재 참으로 그러한 변동이 일어나고 있고 극지에 있는 얼음의 패턴을 바꾸기 위한 것이기 때문입니다. 여러분은 지표면의 대부분의 지역에 머물러 있을 수 있게 될 것이지만, 어떤 지역에서는 물고기가 되려고 하지 않는 한 이동해야만 할 것입니다. 우리는 이런 변화가 발생할 때는 사전에 여러분에게 알려 줄 것입니다. 그리고 여러분의 지구 과학자들은 이런 지구 변화에 대해 배우기 위해 이 모든 과정에 참여하기 시작할 것입니다.

지구에 엄청난 대격변은 없을 것입니다. 지구의 변화들은 많은 해들에 걸쳐 조종될 것입니다. 하지만 나는 이런 시기에 대한 시간 일정을 여러분에게 말하지는 않을 것입니다. 어느 정도 후에 여러분 중의 일부는 일정 기간 동안 지구 내부 세계로 옮겨질 필

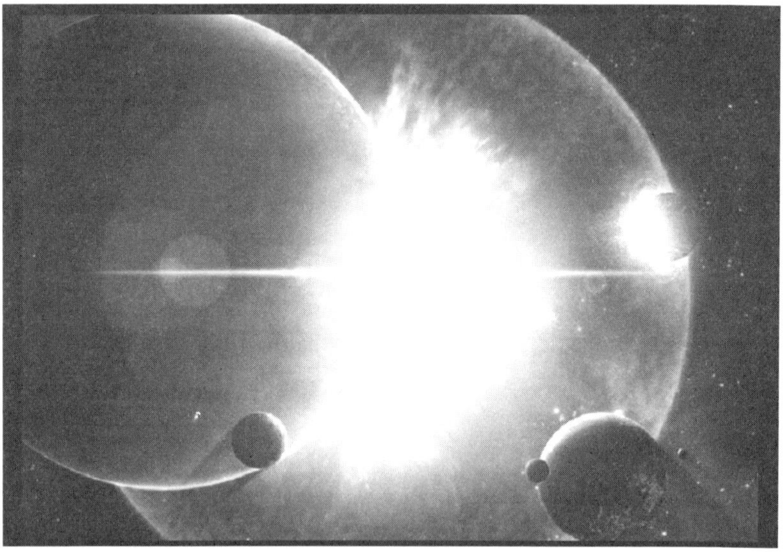

요가 있을 수 있으며, 또는 어쩌면 지구의 변동을 빠르게 허용하기 위해 여러분 모두가 이동해야할지도 모르겠습니다. 현재 이 시점에 모든 것이 정해져 있는 것은 아닙니다. 하지만 이제는 두려움과 게임(Game)의 과정에서 벗어날 시간입니다. 한 때 가능성이 있었던 핵으로 인한 참사는 비할 데 없이 작은 변화들로 점차 바뀌었고 여러분은 그러한 상황을 경험할 것입니다.

우리는 두려움을 주는 식이 아닌 정직한 방식으로 옵니다. 부디 우리가 하려는 것에 관해 신뢰하기 바랍니다. 만약 여러분이 공포심을 가진다면 여러분의 창조성은 대단히 떨어지게 될 것입니다. 떠도는 두려운 이야기들을 부디 무시해 버리도록 하십시오. 그것은 단지 날조된 이야기들에 지나지 않는 것입니다. 그럼 이만.

-솔텍-

어둠의 세력은 나의 재림을 저지하고자 방해하고 있다

이제 나는 여러분의 업적을 논할 것이다. 인류는 인터넷을 구축했고, 가동 중에 있다. 그리하여 그것을 통해 여러분은 지구의 문제들을 다루게 될 수많은 프로젝트들에 관한 정보들을 얻고 있다. 또 여러분은 환경 문제들에 관한 주의를 이끌어 냈다. 그리고 여러분은 교육의 빈약한 시스템에 대한 주의를 환기시켰지만 또한 기억하라. 여러분은 여러분의 학교들이 덜 만족스러울지라도 최초의 장소에서의 배움의 필요성에 대한 주의를 이끌어 냈음을.

여러분은 하늘에 있는 우리의 존재에 대해 주목하고 있다. 그리고 여러분은 신(神)의 개념에 관한 더 나은 이해를 확산시키고 있다. 당신들은 가난한 자에게는 먹을 것과 거주처와 의복이 필요하다는 것을 이해하고 그럼으로써 여러분은 그들의 영적 성장에 보다 활동적으로 참여할 수가 있다. 여러분은 범세계적인 무역을 발전시켰다. 여러분은 성(性)이나 인종에 관계없이 모든 것을 평등하게 만들고 있는 것이다. 아울러 여러분은 사람들을 노예화하는 것이 옳지 않다는 진실에 대해 다수가 주목하도록 만들었다. 또한 여러분은 누구나 다 모든 만인(萬人)이 신(神)이라는 사실을 확산시켰다. 이러한 것들은 엄청난 성취들이며, 위에 열거한 것은 여러분이 이룩해 놓은 것에 관한 극히 일부의 목록(目錄)일 뿐이다. 나는 여러분이 이 지구상에 만들어 놓은 이러한 성취들에 대한 자부심을 가지라고 요청하고자 한다. 이런 일들을 이루어 낸 지구상의 일부 사람들은 이 시점에 위대하고도 놀라운 업적을 세운 것이다. 네사라(NESARA)는 하나의 계획으로서의 보석이고, 여러분은 그것을 이루어 내고 있다. 우리가 한 것이 아닌 것이다.

우리는 하늘에서 우리의 문제를 해결하는 과정에서 여러분만큼이나 많이 배웠다. 무엇을 우리가 함께 성취할 것인지 생각해 보고, 공중휴거라는 말의 참다운 의미를 토론해보라!

공중 휴거론을 말하는 것은 어둠의 세력이 지구 주민들을 이용하기 위해 커다란 불의(不義)을 저지르는 것이다. 나는 기독교 공동체 내에서 최소한 어떤 시기에 많은 이들에 의해 이 공중 휴거론이 거부되리라고 충분히 기대한다. 그들은 진정한 "예수"를 기다릴 것이다. 내 자신을 반대하기 위해 활동하고 있는 많은 웹사이트들과 서적들이 존재한다. 이런 가르침들은 우리를 사기꾼들이라고 하고, 누구나 죽은 자나 천사들과 대화할 수 있다는 것은 사탄에게 말하고 있는 것이라고 말한다. 우리는 배후에서 이런 문제들을 다루고 그런 방해 공작들을 제거하기 위해 굉장히 노력하고 있지만, (휴거를 믿는) 사람들은 지구에서 지친 나머지 이곳을 떠나 천국에 가게 되기를 바라는 것으로 보인다. 이런 사람들이 지구를 구하고 지상천국을 이룩하는 데 참여하도록 그들에게 동기부여를 하기는 어려울 것으로 생각한다. 천국이 무엇인가에 관한 그들의 지식은 다만 단순한 오류나 실수인 것이다.

한 독자는 나 예수에 대한 실마리를 남에게 주기위해 사람들에게 말하는 방법을 요청했다. 하지만 나는 여러분에게 무엇을 말해줘야 할런지 잘 모르겠다. 나는 "세뇌된" 목사들을 설득하는 데 있어서는 별로 성공적이지 못하다. 오직 여러분이 할 수 있는 최선을 다해보고, 그런 혼란스러운 웹사이트들과 서적들을 멀리하라고 할 수 있는 만큼 지도해 보라. 나는 그들이 이런 태도 변화가 자신들에게 유익하다는 것을 깨달을 때 상당히 짧은 시간 내에 많은 이들이 견해를 바꿀 것이라고 생각한다. 아울러 나는 소수의 사람들만이 네사라(NESARA)의 유익함을 부정하리라고 생각한다.

여러분은 그들에게 교회 안에서 믿는 것이 어리석다고 하는 것보다는 차라리 공중휴거라는 생각 자체가 오해라고 설명하고자 노력하는 것이 좋을 것이다. 또한 여러분은 지구가 현재 형무소 행성에서 천상의 상태로 돌아가고 있다고 설명해도 좋으리라. 바꿔 말하면, 그들이 알고 있는 용어나 개념으로 그것을 다시 밝혀주는 것이 더 나을 것이다. 여러분은 어둠의 세력들이 자신들의 목적에 맞게 그 개념들을 의도적으로 변조했다고 분명하게 말할 수 있는 것이다. ***그들의 목적은 UFO의 은폐와 더불어 나의 재림을 방해하는 것이다. 그러니 부드럽게, 그러나 확고하게 말하라. 그리고 바로 여러분이 모든 다른 뛰어난 업적들을 이룩해 왔듯이 길을 보여주는 자가 되도록 하라.***

지구는 험난한 장소이고 현재 외부로 부터의 도움이 절실하게 필요한 곳이다. 왜냐하면 이곳은 루시퍼 집단과 파충류 외계인들, 그리고 일부 다른 어둠의 세력들이 모여 있는 마지막 소굴이기 때문이다.

나는 성서를 포기하는 데 어려움을 가지고 있는 사람들을 위해서 훌륭한 시리즈 책들을 권고하고자 하는데, 그것은 닐 도날드 월쉬(Neale Donald Walsch)의 "신(神)과 나눈 이야기(Conversation with God)" 이다. 그 책들은 영적으로 완만하게 나가며, 신에 대한 개념을 바꾸기 위해 노력하고 있는 사람들에게 폭넓게 어필(Appeal)하고 있다. 이제 그 책들을 읽은 사람들과 닐 도날드 월시를 통해서 대화한 그 "신(神)" 이 누구일까 하고 의아해하는 사람들을 위해서 밝힌다면, 그 신은 내 자신이 아니었다. 그는 바로 다름 아닌 주 붓다(Buddha)이다. 바로 그이기 때문에 또한 그는 신과 함께 하고 있는 것이다. 그리고 그는 현재 행성의 로고스(The Planetary Logos)[11]이며, 따라서 그 자신을 그러한 책들에서 신(神)으로 호칭할 수가 있는 것이다. 사람들에게 이러한 책들을 추천하고, 이 책의 저자가 붓다라는 사실을 함께 공유하라.

11) 지구를 영적으로 관리, 통치하는 영적중앙정부라고 할 수 있는 <샴발라>의 최고위직의 명칭이다. 약 1,800만년 동안 지구의 행성 로고스직은 사나트 쿠마라였으나 20세기 중반 이후 붓다가 사나트 쿠마라의 뒤를 이어서 이 직책을 인수받았다고 한다.

제10장

어둠의 세력에 대한 경고

제10장 어둠의 세력에 대한 경고

손 떼고 물러나라는 명령이 하달되다

나를 따르는 이들이여! 어둠의 세력들과의 끝이 없는 게임을 아주 끝장내는 시기가 도래했다. 은하연합은 충분히 참고 기다려 왔으며, 여러분 또한 그러하다. 교황 요한 바오로 2세는 어둠의 세력에 의해 네사라와 외계문명과의 첫 접촉을 와해시키기 위해서 무덤으로 보내졌다. 나는 교황의 죽음에 관해서는 이 메시지의 말미에서 거론할 것이다.

오늘(2005. 4. 4), 세계 전역에 걸쳐서 지구상의 스타 피플들이 전 세계 도처의 정부들 내에 있는 주요 인물들에게 직접 메시지를 전달했다. 그것은 다름이 아니라 이제 손 떼고 물러나라는 명령이다. 그 메시지는 지상의 백색기사들에 의해서 전달된 것이 아니라 은하연합의 요원들에 의해서 이루어졌다.

그 메시지의 내용은 한마디로 그들이 이제는 손 떼고 물러나서 옆으로 비켜서라는 것이다.

지금 나는 나의 이 메시지를 듣고 있는 어둠의 일당들에게 말하고자 한다. 이것은 바로 당신들이 패배했다는 증거이다. 우리는 이미 인간세계에 관여하고 있으며, 메시지를 받고 있는 당신들에게는 협력할 것인지 말 것인지를 결정할 매우 짧은 한정된 시간만이 주어져 있다. 그리고 그대들이 결정을 하든 안하든 그것이 내 자신에게는 중요하지가 않다. 하지만 만약 그렇게 하지 않을 경우, 당신들은 제거될 것임을 알도록 하라.

나는 빛의 은하연합의 수많은 멤버들이 그러하듯이 당신들에게 진정으로 말하고 있는 것이다. 당신들은 지구를 일정 기간 소유해 왔다. 그러나 이제는 행성 지구의 주민들이 지구의 주인이 되고 지구를 관리할 시간이다.

길에서 물러서라! 그대들은 결코 승리할 수가 없다. 우리는 당신들의 모든 중요한 무기들을 무용지물(無用之物)로 만들었다. 우리는 그대들이 꿈이나 꿀 수밖에 없는 기술을 보유하고 있다. 그러므로 그대들은 우리에 대한 방해공작에 성공하지 못할 것이다.

세계의 수많은 빛의 짐꾼들(전달자들)은 이 메시지를 인터넷상에서 널리 알리도록 지시를 받고 있다. 그대들 어둠의 세력들은 이런 사람들과 그들 주변의 어느 누구의 머리카락

하나도 건드리지 못할 것이다. 그들은 은하연합의 경호 서비스에 의해서 보호받을 것이며, 그대들의 어떠한 섣부른 위해 행위도 매우 치명적인 실패로 귀결될 것이다.

어둠의 조직의 하수인들이여! 나는 그대들에게 강력히 충고하노니, 자제력을 잃고 그 어떠한 어리석은 행위도 범하지 말라! 너희들에게는 같은 편이 되어줄 더 이상의 어떤 어둠의 군주(君主)도 존재하지 않는다. 너희들을 구하러 올 자는 아무도 없다. 너희들은 너희들에게 주어질 아무런 도움도 없이 홀로 서있는 것이다. 그러니 부디 영리하게 행동하도록 하라.

나는 금년인 2005년 1월 31일부터 내가 재림할 것이고 그것은 머지않아 곧 실현될 것이라고 알리기 시작했다. 나는 이 우주의 그리스도를 대표하며, 나는 그의 성스러운 이름으로 서 있다. 이 오랜 시간의 (우주) 전쟁은 끝났다. 더 이상 이 은하계에서 전쟁은 없을 것이다. 이제 은하계는 평화의 시대이다. 부디 우리와 함께할 수 있는 분별력을 가지도록 하라.

어둠의 자식들이여! 너희들은 네바돈 우주의 마스터 창조주, 그리스도 미카엘에 의해서 손 떼고 물러나 비켜서 있으라는 명령을 나를 통해서 전달받았다. 2005년 4월 3일, 이날에 나는 다시 그의 신성한 이름으로 서있다. 나는 사난다 임마누엘, 예수, 지저스, 그리스도화된 사람이다. 이제 때는 되었다.

자, 매우 오랫동안 빛을 위해 일하고 있는 친애하는 친구들과 빛의 일꾼들이여! 우리 천상의 모든 존재들이 와 있다. 그리고 끊임없이 육(肉)의 환생이 계속되어온 모든 수많은 세월의 끝이 오고 있다. 지금은 여러분이 일어나 나의 지지자들 속에 같이 서 있기 위한 여러분의 시간이다. 또 지금 이 시기는 우리가 이 영겁의 세월동안 기다려온 시간이다. 그 영겁의 시간이 모두 지나갔고, 이제 그 끝이 여기에 있다. 새로운 시대가 시작되고 있다. 부디 자신 속에서 여러분의 그리스도 신성에 대한 최상의 깨달음을 발견하라. 이 재림이라는 사건은 우리 모두를 위한 것이다. 그러니 여러분의 선물을 지구에게 선사하도록 하라.

서거한 교황에 관한 중요한 비밀

이제 최근에 세상을 떠난 교황 요한 바오로 2세에 관한 짤막한 메시지를 전하겠다. 사실 서거한 이 사람은 일종의 복제인간이었다. 그러나 진짜 교황 요한 바오로 2세는 가톨릭 교회를 치유하고자 했던 빛나던 영혼이었다. 그는 오래 전에 살해되었고, 암살 시도가 있었을 때 복제인간으로 대신 교체되었던 것이다.[1] 그는 어둠의 명령에 복종하기를 거부했고, 그 반대쪽에서 여러 세월 동안 일해 왔었다. 그가 만약 살해되지 않았다면, 그는 얼마나 많은 변화와 차이를 이루어낼 수 있었을 것인가?

지구의 어둠의 세력들이 인간복제 기술을 손에 넣었을 때

1) 교황에 대한 암살기도는 1981년 5월 13일 한 터키인에 의해서 시도되었다.

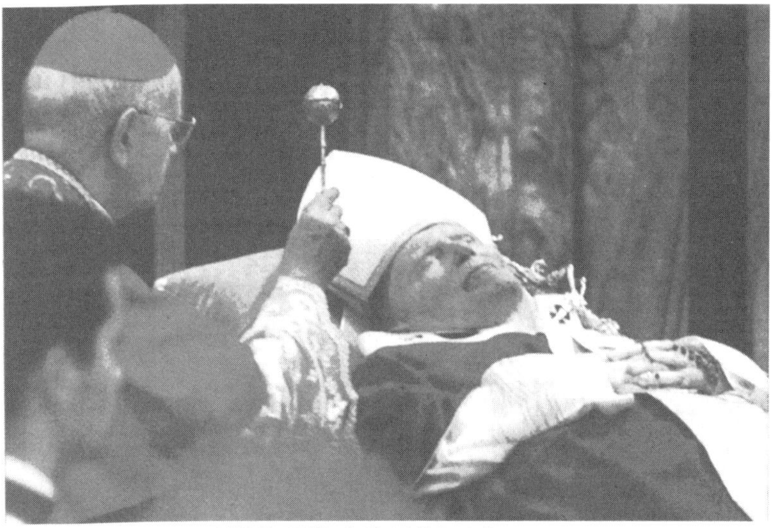

임종한 교황 요한 바오로 2세

그들은 그 기술을 가장 활용가치가 높은데다 이용하였다. 복제된 가짜 교황은 사실 공식발표가 나오기 하루 전에 사망했다. 사탄의 기량도 교황의 죽음을 그 엉터리 같은 날까지 연기시키지는 못했다. 그러나 이 어둠의 자들은 확실히 바보들이다. 나는 그들이 더 이상 바보스러운 어리석은 선택을 하지 않기를 바란다.

손 떼고 물러나라는 명령 이후의 상황

나는 오늘, 2005년 4월 3일에 있었던 "손 떼고 물러나 옆으로 비켜서라."는 명령이 내려진 이후의 진전 상황에 대해 여러분에게 알려주고자 한다. 모든 것이 뒤에서 잘 진행되고 있는 중이다. 실제로 자신들의 현재 처지를 재고하고 명령에

제2차 세계대전 승전 60주년 기념행사 참석차 러시아 모스크바의 크렘린 궁에 모인 세계 정상들. 가운데 부시 대통령 부부, 좌측의 푸틴 러시아 대통령. 맨 좌측 중국의 후진타오 주석의 모습이 보인다.

따라 물러나 지구에 남는 것이 이익이 되겠다고 결정한 상당수의 어둠의 세력들이 있다.

물론 아직 그러한 결정을 못 내린 일부 세력들이 있으며, 그들은 자신들이 나아갈 바에 대해 두 가지 가능성 중에 한 가지 길을 가야함을 알게 될 것이다. 그들은 새로운 원시 행성으로 가서 처음부터 다시 시작하든가, 아니면 고향 행성의 행성 대표자들에 의해 체포되어 거기서 재판을 받게 될 것이다.

그리고 빛으로 전환해서 지구에 머물기로 선택하는 자들은 대부분의 경우에 체포되어 지구상의 기존 법정에서 재판을 받을 것이다. 따라서 그들은 자신들이 제정했고 지지한다고 주장했던 법률에 의한 재판 결과에 직면할 수 있는 것이다. 지구에 남아 지구와 함께 상승할 기회를 부여받게 된 이 자들은 자진해서 자신들의 불법 활동에 대해 완전히 폭로해야만 하고, 적절한 형사상의 판결 선고대로 복역해야만 할 것이다.

일반적으로 우리는 법정에서 사형선고가 내려지지 않기를 희망하는데, 그 이유는 이 행성 지구에서 모든 생명을 존중하는 풍토가 조성되기 시작하는 것이 매우 중요하기 때문이다. 그들 가운데 많은 이들이 복역 도중 형무소 안에서 사망할지도 모르지만 그들은 지구에 다시 태어날 수 있을 것이다. 그들의 상당수가 사실은 복제 인간들인데, 물론 이들은 십중팔구 비교적 짧은 기간 내에 사망할 것이다. 왜냐하면 그들은 우선 상승할 준비가 돼있지 않고 또 은하사회의 구성원들도 아닐뿐더러 새로운 원시 행성으로 옮겨지기에도 적당하지가 않은 까닭이다. 부디 자비심으로 그들의 가족들과 그들이 현재 겪고 있는 강박감을 숙고해보라. 그리고 그들을 위해 모든 신의 은총을 기원해주고 기도해주라.

우리는 교황 서거사건으로 인해 많은 사랑의 에너지가 자기 격자망으로 유입되고 있기 때문에 이 과정을 어지럽히고 싶지는 않다. 성급히 개입하는 것은 많은 부정적인 상태와 공포를 조성할 것이다.

우리는 세계 전체를 고려하고 있다. 이전의 메시지에서 언급하기를, 은하연합이 네사라의 공표 문제를 인수한 이후에는 많은 세월이 소요되는 국가에서 국가로 진행되는 방식보다는 세계적으로 동시 진행될 것이라고 말하지 않았던가?

이것은 지구를 위한 중요한 진보이고 이 행성에 대단히 유익한 것이다. 우리는 사람들의 찬동을 이끌어 내기 위해 상대적으로 일찍 발표하거나 조금 늦게 발표하는 일부 국가들이 있는 식으로 어느 정도 점진적인 변화를 허용할 것이다. 미국은 그 첫 번째 발표 국가가 될 것이다.

이 나라의 정부는 조화로운 상태로 돌려놓기가 가장 어려운 정권이다. 대부분의 다른 주요 국가들은 네사라 제도에 대해 기꺼이 승인했으며 미리 정해진 단계로 움직일 준비가 돼 있다.

대통령 부시와 그의 친구들은 지난 몇 달간에 걸쳐서 주요 권력자들의 큰 거부에 부딪쳤다. 여러분은 아직도 일부 켐트레일(Chemtrail)[2]과 이미 가동 중인 몇 가지 다른 문제들을 볼지도 모른다. 우리는 현재 더욱 중요한 문제들을 취급해야만 한다. 많은 정부들을 교체하는 것이 선행되어야 할 문제이다.

어떤 국가들에는 임시적인 대통령직과 다른 정부 직책들을 맡을 수 있는 시민들이 존재한다. 그러나 어떤 나라들에는 그런 임시적인 공직들에 적합한 인물들이 없으며, 그런 의심스러운 국가들은 선거를 할 만큼 충분히 안정될 때까지 은하연합의 요원들이 그런 자리를 채우게 될 것이다.

우리는 지구에 머물러 자신들의 죄의 대가를 치르기로 선택한 어둠의 세력들의 숫자들로 인해 유쾌하게 기뻐하고 있다.

2) 그림자 정부의 비밀 공작에 따라 비행기에 의해 하늘에서 살포된다고 추정되는 화학 물질. 미 해군의 군사작전으로 이루어지고 있다고 하며, 이 물질이 대기 속에 뿌려진 후 그 악영향은 생물에게 이로운 자연의 음이온을 감소시키고, 호흡기 질환을 증가시킨다고 한다. 그 정확한 목적은 은폐되어 있어 아직 제대로 밝혀져 있지 않다.

20 2005년 5월 9일 월요일 중앙일보

렴즈펠드, 그린스펀, 키신저, 오릴라 노키아 회장 …

미국·유럽 거물들 비밀리에 모였다

빌더버그에 누가 참석했나

헨리 키신저
전 미 국무 장관

앨런 그리스펀
미 연방준비제도 이사회 의장

도널드 럼즈펠드
미 국방장관

제임스 울편슨
세계은행 총재

위르겐 슈렘프
다임러 크라이슬러 회장

조르마 오릴라
노키아 회장

비밀결사체 '빌더버그' 독일서 열려
지구촌 현안 쥐락펴락 '그림자 정부'

지난 5일 독일 뮌헨에서 동쪽으로 60㎞ 떨어진 작은 마을 로타하 에거른. 188개의 객실을 갖춘 도린트 소피텔 호텔에 잇따라 낯익은 인사들이 모습을 드러냈다. 헨리 키신저 전 미 국무장관, 도널드 럼즈펠드 미 국방장관, 앨런 그린스펀 미 연방준비제도이사회(FRB) 의장, 제임스 울편슨 세계은행 총재, 데이비슨 록펠러 전 체이스 맨해튼 은행장, 도널드 그레이엄 워싱턴 포스트 발행인, 요제프 아커만 도이치방크 회장, 위르겐 슈렘프 다임러 크라이슬러 회장, 조르마 오릴라 노키아 회장 등. 하나같이 세계적인 영향력을 갖춘 쟁쟁한 인물들이다.

이날 저녁식사부터 8일까지 이들은 넥타이를 풀어헤치고 편안한 차림새로 빌더버그(Bilderberg)회의에 참석했다. 이 회의는 미국과 유럽 각국의 정계·재계·언론계 핵심 인사 120명의 비밀결사체다. 빌더버그란 명칭은 1954년 첫 모임을 연 네덜란드의 호텔 이름에서 유래한다.

이 모임은 미국의 대외관계협의회(CFR)와 3자 위원회(Trilateral Commission) 등과 함께 막후에서 세계의 현안을 주무르는 '그림자 정부'라는 별명을 갖고 있다. CFR은 격월간 'Foreign Affairs'를 발행하는 민간 연구기관이고 3자 위원회는 미국·유럽·아시아 지역의 전직 고위 관리, 학자 등이 주축인 연례 비공개 국제회의다. 빌더버그 회의에서 구체적으로 어떤 내용이 논의됐는지는 베일에 싸여 있다. 참석자들은 비밀 준수 서약을 하기 때문이다.

뉴욕 타임스, LA 타임스, ABC, CBS, NBC 등 미 대표 언론의 간부들도 참석하고 있지만 규정대로 입을 굳게 다물고 있다. 관계자들이 회의장소조차 쉬쉬하고 있을 정도라 현재 독일 언론에는 한 줄의 기사도 나오지 않고 있다. 호텔 주변은 경호원들로 철옹성처럼 에워싸여 있고 호텔 측은 회의기간 중 '방이 동났다'며 일반 투숙객을 받지 않고 있다. 워낙 비밀덩어리라 회의에 대한 주변의 시선은 다소 부정적이다. 그래서인지 모임의 회장을 맡고 있는 에티엔 다비뇽 전 유럽연합(EU) 집행위원회 부위원장은 "이 회의는 세계를 주무르는 자본가들의 음모가 아니다"고 해명하고 있다.

소식통들에 따르면 올해 개막 회의에선 키신저 전 미 국무장관의 주재로 '자유(Freedom)의 의미'를 둘러싸고 열띤 토론을 벌인 것으로 알려졌다. 자유란 용어는 조지 W 부시 미 대통령이 지난 취임 연설에서 언급하면서 국제적인 의제(Agenda)로 떠올랐다. 비민주적인 국가의 정권을 교체하는 데 나설 수 있다는 미국의 새로운 세계전략을 시사하는 발언이기 때문이다.

베를린=유권하 특파원
khyou@joongang.co.kr

빌더버그 회의가 열린 독일 남부 뮌헨 인근의 도린트 소피텔 호텔.

그들 중에 일부는 스스로 속박돼 있다고 느꼈고, 죽음에 대한 두려움과 가족들의 안위에 대한 위협 때문에 본의 아니게 어둠의 활동을 계속했었다. 이들은 그런 상태에서 벗어나는 것에 만족해하고 있다. 부디 이런 사람들에게 여러분의 사랑을 보내도록 하라. 그들에게는 그것이 필요하다. 그리고 여러분의 법정이 판결을 선고할 때 개인적인 사정을 고려해 주는 것이 요망된다.

이런 재판은 짧게 끝날 것이다. 왜냐하면 우리와 지상에 주둔하는 우리 승무원들이 재판에 필요한 지난 몇 년간의 증거자료와 서류작업 등을 준비해 놓았기 때문이다. 당신들은 이러한 법정에서 흔히 오래 끄는 대중매체의 사건들, 예컨대 여러분이 보아온 가수 마이클 잭슨의 아동 성추행 사건 등과 같이 질질 끄는 광경을 보지는 못할 것이다.

여러분의 법정에서 재판 과정을 겪고 인류에 대한 자신들의 범죄에 대해 진실을 밝히기로 동의한 자들은 준비가 될 때 지구와 함께 머물거나 상승할 자격을 얻게 될 것인데, 그것은 상황에 따라 이번 생(生)에서 이거나 아니면 다음 생에서 일 것이다.

하나님께서는 최근 많은 은총을 내려주고 계시며, 나는 지구상의 시민들이 또한 하나님의 은총을 드러낼 수 있기를 바란다. 인내심을 가지도록 하라. 우리의 향후 계획들은 우리들로부터 물러나라는 메시지를 받고 있는 자들의 결정이 있은 후에 수립되어야 한다. 이 명령의 메시지들은 그 위에 네바돈의 우주적 봉인을 지니고 있고, 따라서 그 수령자들은 자기들의 시간이 정말 다 되었다는 것을 알고 있다.

임박한 재림 사건의 내막

나는 여기서 지난 메시지에서 언급한 일부 내용을 이해하지 못하는 독자들을 위해 약간의 정보를 제공하고자 한다, 우리 우주의 이름은 네바돈(Nebadon)이다. 수많은 우주들이 존재한다. 그리고 각 우주에는 그 정상의 자리에 한 분의 하나님의 창조자 아들이 앉아 있다. 이미 언급했듯이 이런 하나님의 아들들은 모두 미카엘(Michael)들이라고 부른다.

내가 2,000년 전에 지상에 왔을 때, 그리스도 미카엘이 내가 육화(肉化)해서 태어나는데 동반했었다. 이처럼 그것은 "이중육화(Double Incarnation)" 였다. 그리스도 미카엘과 내 자신은 이 한심한 작은 행성을 개인적으로 방문하는 고생을 감수했었던 것이다.

나와 그리스도 미카엘은 그 실제의 사건이 일어나기 오래 전에 그러한 사명을 떠맡기로 합의한 바가 있었다. 그리스도 미카엘은 그 때 이후로 계속해서 이 지구 세계에 관심을 가지고 있었으며 그가 명령을 내린 장본인인 이유가 바로 그것이다. 지구상에는 "오직 아버지만이 아들이 돌아올 때를 아시리라." 라는 말이 있다.

그리스도 미카엘이 곧 우리 우주의 아버지이고, 재림(再臨)이라는 대사건의 타이밍(시기조정)에 대한 최종적인 책임을 맡고 있는 분이다. ***재림은 내 자신뿐만이 아니라, 이 프로젝트에 참여하고 있는 모든 존재들, 즉 깨달은 지구의 영혼들이***

든, 나의 원래의 144,000명의 그리스도화된 존재들이든, 지구의 승천한 대사(大師)들이든, 아니면 나의 초림(初臨) 이후에 수많은 세월에 걸쳐서 지구에 육화해 오고 있는 다양한 종류의 스타 피플(Star People)들이든, 이러한 여러분 모두가 귀환하는 사건인 것이다.

이것이 내가 재림 사건이 우리 모두를 위한 것이라고 말했던 이유이다. 여러분 가운데 많은 이들이 144,000명의 그리스도의 사명자들이 깨어날 때 이것이 재림을 촉발시키게 될 것이라고 믿도록 배워왔다. 그런데 지구상에는 그리스도 의식이 있는 수백만의 사람들이 있고, 그리스도화되고 있는 개인들이 다양한 수준으로 깨어나고 있다.

그리고 나의 개인적인 재림으로 인해 그러한 깨어남이 시작되었다고 할 수가 있다. 나는 그리스도 미카엘과 접촉하면서 그의 은총의 에너지를 깨어나는 이들에게 전하고 있다. 그는 향후에 어느 기간 동안 지구상의 이러한 대사건 속에서 나를 통해 매우 활동적으로 머물 것이다.

이 우리 우주 안에만 대략 350만개에 조금 못 미치는 생명이 거주하는 행성들이 있다. 그리고 우리 우주가 오랜 시간의 여정에 따라 좀더 성숙, 팽창하게 되면 그러한 행성들이 약 1,000만개에 달하게 될 것이다. 네바돈은 아직 젊은 우주인 것이다. 은하수 은하계는 그 안에 10만개의 소우주들을 거느리고 있는 하나의 초우주(Super Universe)이다. 이 광대한 은하계 안에 존재하는 생명 거주 행성들의 궁극적인 총 숫자는 약 1조(兆) 개가 될 것이다. 그리고 크기가 거의 같은 7개의 초우주들이 존재한다. 이것은 여러분에게 모든 창조계라는 것이 인간의 이해력을 훨씬 초월할 만큼 거대하다는 생각이 들게 할 것이다. 그렇다고 여기서 끝나는 것이 아니다. 바깥쪽 우주 공간에는 형성 중에 있는 더 많은 우주들이 있다. 이처럼 창조의 행진은 무한대로 진행되는 것이다.

2,000년 전에 그리스도 미카엘의 개인적인 지구 방문으로 그가 책임을 맡고 있는 거의 320만개의 행성들 중의 하나인 이 작은 지구가 받은 엄청난 은총을 한번 깊이 생각해 보라. 이 행성 지구는 매우 심각한 문제들을 가지고 있었고, 그런 까닭에 그의 방문이 이루어진 것이다.

그 이전에 많은 그리스도화된 존재들, 예를 들자면 <붓다(Buddha)>와 같은 존재가 지구를 방문했었다. 그럼에도 나의 방문이 그렇게 많은 주목을 받은 이유는 그리스도 미카엘의 참여 때문이었다. 바로 이것이 내가 그렇게 영광스러운 평판을 얻은 이유인 것이다.

또한 이것이 그 당시 나의 어머니 마리아가 대천사 가브리엘의 유전자(DNA)로 수태되었던 이유이기도 하다. 그리스도는 육화를 위해서 고도로 진보된 신체를 필요로 했던 것이다. 성모 마리아는 자신의 사명을 위해서 일부 고등한 DNA를 가지고 세상에 태어났었다. 나의 형제자매들은 이러한 유전자의 혜택을 입었으며, 따라서 지구에 그것을 전해 주었다. 지구는 이런 방식으로 많은 유전자(遺傳子)가 증진되었던 것이다. 또한 많은 스타 피플(Star People)들이 조금 높은 유전자(DNA)를 가지고 육화되어 태어나는데, 이것은 자신의 임무뿐만이

성모 마리아

아니라 지구 주민들에게 DNA를 주입시키기 위해서이다.

앞으로의 이러한 경이로운 시기를 대비해 행성 지구를 준비시키고자 지구를 지배하는 자들 배후에서 많은 일들이 일어났다. 머지않아 놀라운 일들이 있을 것이다. 이 행성은 이미 그리스도 미카엘을 통해 특별한 시여(施輿)의 혜택을 받았다. 지구의 상승은 그의 개인적 명령에 의한 것이다. 이 사실을 기뻐하도록 하라. 앞으로 2년간에 걸쳐서 수많은 새로운 가르침이 있을 것이다.

실제로는 활용할 수 있는 많은 정보들이 있으나 충분히 알려져 있지 않은 상태이다. ***그럼에도 많은 사람들이 그러한 정보를 읽지 않을 것이다. 왜냐하면 그들은 그런 내용을 읽는 행위 자체가 죄악적인 것이라고 가르침을 받아 왔기 때문이다.***

나는 "유랜시아(Urantia)"라는 책을 읽어 볼 것을 적극 추천하고자 한다. 여러분은 거기서 창조에 대한 많은 것을 배울 것이다. "유랜시아"라는 말은 우주 기록 속에 등록돼 있는 지구의 이름이다. 이 책은 한 사람의 저자에 의해 쓰여지지 않았다. 이것은 과거 1934년과 1935년에 요청된 어떤 질문들에 대해서 일련의 문서들로서 답변이 주어진 것이다. 그 문서들은 선별된 많은 우주의 인물들에 의해 집필되었다.

그 책의 마지막 1/3 부분에서 여러분은 나를 통해서 지구를 방문했던 그리스도 미카엘에 관한 방대한 내용을 발견할 것이다.

이제 평화로움 속에서 시간에 따라 펼쳐지는 변화들을 기다리도록 하라. 우리는 휴식도 없이 변화를 가져오기 위해 여러 해에 걸쳐 열심히 일했으며, 사실상 그리스도 미카엘의 개인적인 승인 없이는 그렇게 할 수가 없었다. 그리고 여러분이 우주의 그리스도라든가, 우주적 그리스도라는 표현을 접했을 때, 이것은 그리스도 미카엘을 지칭한다는 것을 알도록 하라.

우리는 일루미나티(Illuminati)[3]에 관한 많은 가르침들을 여러분에게 제공했다. 이것을 일러 "교육"이라고 한다. 여러분은 우리의 도움이 없이는 인류를 거의 감금하다시피 해온 하나님의 적들에 대해 알 수가 없으며, 대단히 거대한 비밀들이 존재한다.

그리스도 미카엘은 이미 지구상의 이 프로젝트에 직접적으로 관련돼 있는 사람들을 위해서 필요한 모든 개입을 승인했다. 그는 어둠의 세력의 사악함을 더 이상은 용인하지 않을 것이다. 여기는 자유의지가 허용되는 우주이고, 이것은 지구의 어둠의 세력들이 모든 사람들의 주권을 존중해야만 한다는 것을 뜻한다. 타인의 주권을 침해하고 속박하는 노예제도

---

3) 세계를 배후에서 조종해온 그림자 세계 정부의 어둠의 멤버들을 의미한다.

와도 같은 것들은 절대적인 금지 사항인 것이다.

이곳 행성 지구는 네바돈 우주의 어둠의 세력들이 암약(暗躍)하고 있는 마지막 요새이다. ***그리스도 미카엘은 자신의 직권에 의해 이 시점에 있어서 지구에 개입하는 문제에 대한 절대적인 권한을 가지고 있다.*** 이전에 언급했듯이 우리는 하나님의 창조자 아들이 내린 명령에 따라 이러한 임무를 수행한다. 그리고 내가 일찍이 말한 바와 같이 자발적으로 우리가 어둠의 세력에게 "손떼고 물러나라"는 명령을 발할 수는 없었다. 그것은 명령서 위에 붙은 우주적 봉인과 함께 발해진 것이다.

재림(再臨) 사건이라고 하는 우리의 "최종적인 장대한 이벤트(Event)"가 일어나기까지 시간이 불과 얼마 남지 않았다. 이것은 전 세계를 강타할 거대한 충격파가 될 것이며, 내 자신뿐만이 아니라 모든 마스터(大師)들[4]이 지구로 돌아올 것이다. 그리고 마스터들과 함께 우주인들이 세계 곳곳에 착륙할 것이다.

내가 이전에 여러 번 언급했듯이, ***내 말을 듣고 있는 여러분 모두는 자기 주변의 사람들을 준비시키기 위해 그들에게 많은 도움을 주어야 할 것이다. 전 세계의 99.99%의 사람들이 아직 이러한 사실을 모르고 있다.*** 이것은 이 사실을 알고 있는 여러분이 얼마나 커다란 임무를 지닌 위대한 작은 집단인가를

4) 여기서 말하는 대사들이란 공자, 마호메트, 미륵부처(彌勒佛) 등의 모든 종교적 성인들을 비롯하여 인류 역사상 출현했던 동, 서양의 대다수의 선각자들, 해탈자들, 높은 영적 승격을 이룬 존재들을 뜻한다.

성경의 <천사들을 거느리고 구름타고 오리라>라는 예언대로 그리스도는 천군천사(天軍天使)들로 이루어진 대함대를 이끌고 지상에 재림한다.

말해주는 것이다. 물론 사람들은 그 다양한 외계 문명과의 최초의 접촉 사건과 함께 비교적 빠른 시간 내에 우리의 존재를 알게 될 것이다.

대체로 나는 이 재림 사건을 알리기 위해 이러한 메시지들 외에는 달리 계획한 것이 없다. 따라서 이 사건은 여전히 하나의 놀라운 일이 될 것이지만, 우리는 사람들(기독교인들)이 공중휴거를 기대하지 않게끔 여러 가지 방식으로 그들을 가르칠 것이다. 스타 피플들은 이들을 돌 볼 것이다.

이제 머지않아 일어날 재림으로 인해 지구 역사상 일찍이 경험할 수 없었던 최상의 해가 될 것이다. 우리 모두 이 사건

을 기쁨으로 맞이하자. 나마스테(Namaste)[5]

지금 이 시점에 무엇을 해야 하는가?

친애하는 나의 미래 동료 메시아들이여! 아직도 어떤 사람들은 나에게 자신이 이번 생(生)에서 무엇을 해야 되는가를 묻고 있다. 과연 그들의 사명은 무엇일까? 그러므로 우리는 여러분의 사명이 무엇인가를 논의할 것이다.

무엇보다도 먼저 나는 여러분 개개인에게 어떤 사명을 부여하지는 않을 것이다. 지구상에는 해야 할 일들이 도처에 널려 있다. 그러한 요망되는 일들은 장소에 따라, 또 여러분이 가진 재능에 따라 다양하다. 이미 언급했듯이 한 사람의 메시아는 자신의 독특한 사명을 창출해내며, 개인적인 기량과 필요에 의해 그 사명은 결정된다.

여러분 각자는 이 지구상에서 각기 다른 도시 또는 다른 나라들에서 살고 있다. 재림에 관해 공표하고 있는 이와 같은 프로젝트로 인해 우리는 세계 각처에 걸쳐 우리의 메시지를 읽은 독자들을 갖고 있다. 그중에는 대도시에 사는 사람도 있고 유럽의 작은 마을에 사는 사람도 있으며, 자활능력을 가지고 풍요롭게 사는 사람도, 가난한 사람도 있다. 또 지구를 포기하고 이곳을 떠날 준비가 된 사람이 있는 반면에 이러한 육화 상태 그대로 남을 사람도 있다.

여러분 모두는 이 지구상에서 얼마나 오래 살아 왔는가에

---

5) 고대 인도의 산스크리트어로서 지금도 인도에서는 안녕하세요, 건강하세요, 안녕히 계세요, 행복하세요, 당신을 존경합니다, 등등의 여러 가지 의미로 쓰이고 있다. 그러나 원래의 의미는 "당신 안에 거하고 계신 신(神)께 경배드립니다"라는 인사말이라고 한다.

관계없이 타인들에게 줄 수 있는, 자신의 경험의 결과로 얻어진 선물들을 가지고 있다.(일부 독자는 사춘기 연령이고 일부는 90대다) 그런데 그런 선물들이 어떤 경우에는 여러분이 겪은 불쾌한 경험에서 얻어 질 수가 있다. 예컨대, 여러분은 자신의 슬픈 경험에 의해 타인의 슬픔을 이해할 수가 있고, 그 슬픔에서 해방되는 방법을 깨달을 수가 있는 것이다.

여러분 중에 많은 이들이 자신이 일하고 있는 직장 내의 "시스템(System)" 으로 인해 좌절감을 맛본다. 어쩌면 그곳이 분위기가 통제적이고 더 나은 개선을 위해 내놓는 제안들에 귀 기울이지 않는 혐오스러운 공립학교일 수도 있다. 당신들은 이런 개선안들을 내놓지 않을 수도 있는데, 왜냐하면 만약 함부로 입놀림을 잘못했을 경우 가족을 부양하는 데 필요한 직장을 잃을 수도 있기 때문이다.

또 여러분은 상상 속에 갇혀있고 작은 로봇 마냥 획일적으로 인격이 주조된 아이들을 본다. 그 아이들은 부자들을 섬기는 노예들로 주조되고 있다. 또한 여러분은 입 다물고 있으라고 들어온, 그러나 호기심에 의해 캐묻기 좋아하는 가련한 아이들을 보며 이러한 현실에 눈물을 흘린다. 게다가 여러분은 순수한 탐구심이 거의 결여되어 로봇처럼 보이는 수많은 교사들을 주변에서 본다.

여러분 중에 일부는 정치에 관여해 왔을 수 있고, 뇌물 거래의 정치적 관행에 비참한 환멸을 느꼈는지도 모른다. 당신들은 모든 이들을 위한 더 나은 민주주의와 인권을 위해서 전문직에 투신한다고 생각했지만 현실은 그렇지가 않음을 발견했다. 사실상 인간 세상의 정치란 오직 권력자들에게 이익과 권리를 가져다주는 법률을 제정하기에 관한 것으로 보인다.

그리고 여러분은 어쩌면 법집행을 하는 사람으로서 교도소에 넣어봐야 효과도 없는 사람들을 체포하는데 지쳐있을 수도 있다. 미국의 경찰관들은 매춘부들과 노숙자들을 구치소에 집어넣는 데에 넌더리가 나있다. 또한 경찰은 여성과 아이들을 보호하지 않는 사회 시스템에 짜증이 나는데, 그들은 자신들을 괴롭히는 폭력 남편이나 남자 친구들로부터 아무 보호 없이 방치돼 있는 것이다. 여러분은 또한 다른 길을 찾기 위해 리베이트를 지불하는 동료 경관들 사이에서 독직(瀆職)을 목격한다.

당신은 혹시 신체적으로 감당할 수 있는 건수 이상의 과중한 업무에 지쳐버린 사회사업가일지도 모른다. 결국 당신은 아이를 돌려달라고 요구하는 나쁜 가정으로부터 그들을 단지 떼어 놓거나 역시 마찬가지로 그 아이들을 학대하는 입양 가정 내지는 고아원으로 보낸다. 지구상에는 수많은 약탈자들이 존재하고 있는데, 아무도 그 약탈자들을 진정으로 다루려하지 않고 사회에서 격리시키는 것으로 보인다. 인간사회는 그 희생자들을 돌보는 대신에 격리시켜 종종 그들의 문제를 더 악화시킨다. 어떤 아이들은 고아원에서 고아원으로 전전하고, 이 살아남기 위한 과정에서 그들 스스로 약탈자가 돼 버린다.

약탈은 흔히 다른 약탈자로부터 보고 배우거나 아니면 생존의 한 방편으로 선택하는 것이다. 부정한 부(富)와 권력을 누리는 자들과 전쟁을 유발하는 자들은 최악의 종류에 속하는 약탈자들이다. 그들은 젊은이들이 아무 곳에서도 먹고 살길을 찾을 수 없을 때 군 입대의 길을 제공함으로써 그들을 약탈하고 있다. 이 전쟁 도발자들은 그 젊은 영혼들을 국가를 위한다는 명분 아래 멀리 떨어진 전쟁터로 죽이기 위해 보낸다. 이것은 사실상 목숨의 약탈인 것이다.

분명코 미합중국의 어둠의 세력들은 세계의 석유와 권력을 좇는 포식동물들이고, 젊은이들을 자신들의 군사적 목표를 이루기 위해 이용하고 있다. 또 현재 미국의 납세자들은 이라크와 아프가니스탄의 전쟁 비용을 대기 위해서 약탈당하고 있

9.11 테러가 부시 정권의 교묘한 조작이었음을 주장하며 이를 규탄하는 뉴욕의 시위자들

는 것이다. 당신들 미국 시민들은 세계 도처의 사람들을 괴롭히는 미군을 위해 비용을 대고 있다. 그 재정상의 청구서는 막대하며, 지구상의 130개 국가들에다 전쟁 기계들을 파견할 정도로 이루 말로 다할 수 없는 규모이다.

그러니 당신들이 이런 약탈자들에 관한 메시지를 접함과 더불어 어디서 일을 시작해야겠는가? 여러분 중에 어떤 이들은 이 약탈자들을 추적하는 데 매우 긴요한 기술들을 가지고 있다. 이 추적은 매우 다양한 방법으로 행해질 수가 있다. 물론, 그중에 한 가지 방법은 드러나지 않은 이들의 약탈 행위들을 폭로하는 것이다. 이미 많은 사람들이 인터넷(Internet)을 통해 웹(Web) 상에다 그들의 문제점과 진실을 올려놓음으로써 이런 폭로 전쟁에 참여하고 있다. 우리는 현재 자신들이 종사하고 있는 체제 안에서 변화를 창출해 내는 일을 할 사람들이 필요하다. 하지만 이런 일을 혼자서 해내기는 어렵다는 것을 우리는 알고 있다. 그런데 바로 이것이 내가 "내 이름으로 둘이나 그 이상이 모여라" 라고 강조한 이유이다. 모아진 여러분의 새로운 힘은 함께 공유되는 것이 필요하다. 공유하는 가운데 당신들은 문제들을 함께 나누고 해법의 아이디어를 서로 나누는 것이다. 그럼으로써 당신들은 더 많은 사람들을 자신들의 집단에 끌어들이고 힘을 증대시키는 것이다.

우리는 현재 창조된 어떤 "혼돈(Chaos)"을 보기를 원한다. 그런데 뉴에이지 단체에 소속된 많은 이들이 부정성을 회피해야만 한다고 교육받아 왔다. 우리의 메시지 내용들 속에서 특히 최근의 그들에 관한 내용에 주목하고 거기에 혼돈이 진행되고 있음을 눈치 채도록 하라. 일부 뉴에이지 사람들은 "혼돈" 이란 개념을 좋아하지 않는다. 이들의 반 이상은 영적 문제를 해결하고자 온 영적인 사람들을 돌아서게 만드는 빛으로 가장한 어둠의 세력들의 위장 단체들이다. 따라서 그들 자신이 문제 해결을 하는 것이 아니라 아예 문제의 일부가 되어 있다.

혼돈은 사고(思考) 작용과 행동을 유발시킨다. 부디 창조하는 가운데 자신의 손상된 작업 상황 안에다 혼돈을 만들어라. 그러한 혼돈이 창조되는 와중에서 어려움을 견디고 함께 나누는 여러분 자신을 발견되게 됨을 기억하도록 하라.

행동은 실행되어야만 한다. 약간의 혼돈은 유익한 것이다. 충분한 숫자들로 "둘이나 그 이상이 모이면" 의 법칙을 실행하면, 여러분은 엄청난 변화를 만들어 낼 수가 있다. 영성(靈性)이라는 것은 책을 읽어 영적 지식을 보태는 것 훨씬 이상의 것임을 깨달으라. 여러분이 진정으로 영적이 되기 위해서는 생명을 맹렬히 탐구해야만 하고 그 일부가 되어야하는 것이다. 행성 지구의 문제들을 해결하는 것이 참으로 가장 영적인 것이다. 그러한 일들은 너무나 중요하다.

여러분은 앞으로 이 과정 속에서 지구에 도래하고 있는 우주인들(Star People)에 의해 도움을 받게 될 것이다. 또한 당신들은 자신의 계획들을 추진하는 데 필요한 자금을 충분히 공급받음으로써 도움을 받을 것이다.

여러분이 살고 있는 곳을 한번 살펴보라. 그리고 만약 돌봐야할 필요가 있는 문제들을 발견할 수 없다면, 그 밖의 다른 곳을 살펴보라. 지금 당장 어떤 엄청난 수의 영적인 교육 기관들이 필요한 것이 아니다. 그런 것들은 나중에 만들어질 수가 있다. 이러한 신비주의 학교들은 단지 지금 매우 시급한 작업들에 쏟을 힘을 분산시킬 뿐이다.

이 행성 위에는 그 대부분이 불행한 60억이 넘는 사람들이 존재하고 있다. 따라서 여러분 가운데 다수는 생계를 위해 자신의 하는 일을 계속해야 하고, 자신이 하는 일 안에서 향상을 도모하도록 하라. 하지만 일부 사람들은 하던 일을 그만두고 다른 방식으로 변화를 만들어 내는 것이 필요할 것이다. 대다수의 곤궁한 사람들은 우선적으로 식량과 주택, 기본적 교육, 약탈자로부터의 안전을 보장받음으로써 구제받게 될 것이다. 가난한 자들 속에도 억압돼 있는 재능들이 있다. 그들이 자신들의 재능을 찾아낼 수 있도록, 더 나아가 그들이 "둘이나 그 이상이 내 이름으로 모이면"의 법칙을 통해 그들 스스로 메시아가 될 수 있도록 우선 그들을 먹여주라.

남아시아 재난을 통해 사람들이 어려움을 딛고 깨어나고 있다

지금 인도네시아에서는 주민들이 지진과 해일로 인한 참사를 딛고 일어서는 경이로운 일이 일어나고 있다. 사람들은 그 고통과 피해를 극복하기 시작했고, 이전과는 다른 방식으로 희망을 꿈꾸고 있다. 많은 이들이 과거에 살았던 단순한 생존방식의 삶을 자신들이 더 이상 바라지 않는다는 것을 깨닫고 있다. 수많은 사람들이 깨어나고 있는 것이다. 시작되고 있는 보다 나은 삶의 방식은 현재 이미 발견되었다. 지진, 해일에 의해 야기된 혼돈이 많은 문제들을 창조했고, 사람들은 이전의 삶의 경로로 되돌아가기를 거절하고 있는 것이다. 그들은 변화를 창조하고 있다.

일반적으로 이 사람들은 매우 밀접히 하나로 단결되어 있다. "둘이나 그 이상이 내 이름으로 모이면"의 법칙의 힘은 과거 시대에 사람들이 가족들을 함께 지키기 위해 이용되곤 했었다. 지진 해일로 일부 가족들을 잃어버린 이 사람들은 이제 다른 이들과 자기들 자신을 돌보고 있고, 근본적인 변화를 위한 새로운 힘을 현재 형성했다. 그들은 그 장소에다 보다 나은 세계를 창조할 것이다.

지진 해일로 초토화된 인도네시아 반다체의 모습

그들은 항상 재난에서 살아남은 생존자들을 약탈해온 자들에게 대항해서 하나의 동맹을 형성하고 있다. 그리고 그들은 "이제 그만" 이라고 외치며, 내 이름과 모하메드의 이름으로 우뚝 서 있다. 그들은 또한 자신들을 그 자리에 머물러 있게 한 이슬람의 가르침들에 의문을 제기하고 있다.

원조할 준비가 된 사람들에게는 향후 아프리카로부터 대규모적인 도움이 요청될 것이다. 그곳은 내전(內戰)에 의해 찢겨진 곳이고 약탈자들로 인해 커다란 문제를 안고 있는 지역이다. 아프리카 주민들은 영적으로는 매우 아름다운 영혼들이며, 만약 그들에게 기회가 주어진다면 그들은 매우 창의적인 사람들이 될 것이다. 아프리카의 어머니들은 기회가 주어질 경우 아마도 이 지구상에서 최고의 어머니들 속에 낄 것이다. 그들은 각각의 아이들이 신(神)의 선물이라는 것을 이해하고 있고, 자신의 아이들 속에서 그 하나하나의 선물들을 의식적으로 바라본다. 그 어머니들은 자신들의 사랑스러운 아이들에게 필요한 것들을 줄 수 없을 때 커다란 마음의 고통을 겪는 것이다.

물론 우리의 별(星)에서 온 사람들이 그곳에 평화로운 상황을 정착시키기 위해 돕게 될 것이다. 따라서 관심을 지닌 사람들은 평화로이 아프리카에 가서 봉사할 수가 있다. 이 불쌍한 주민들이 전쟁과 질병의 속박에서 해방되었을 때, 그들은 창조적 재능을 일으킬 것이다. 그들은 강인하고도 참을성이 많다.

에이즈(AIDS)는 1970년대의 소규모 천연두 백신을 통해서

(어둠의 세력이) 아프리카에 퍼뜨린 실험용 질환이라는 것을 기억해 두라. 우리는 에이즈에 걸린 많은 환자들을 도울 수 있는 비교적 간단한 치료법을 가지고 있다. 하지만 애처롭게도 일부 사람들은 완전히 치유되기에는 너무 깊은 병에 걸려 있고, 그들은 새로운 신체로 지상에 다시 돌아와야만 할 것이다. 이것은 반드시 나쁜 것은 아닌데, 왜냐하면 그들은 더 나은 배려와 환경을 갖춘 세계에 다시 태어나게 될 것이고 그들의 잠재적 재능을 꽃피울 것이기 때문이다.

커다란 난제들을 지닌 국가들에서 살고 있는 여러분의 대다수는 앞으로 그 곳에서 별 어려움 없이 그런 문제들을 보게 될 것이고, 좋은 안(案)을 바로 창안해 낼 것이다. 우리는 다른 작은 메시아들과 함께 협력해 일하면서 이런 식으로 강력한 메시아적 비전(Vision)을 만들어내고 있는 수많은 "작은" 메시아들이 필요하다. 재림이라는 사건을 기다리는 가운데 여러분 주위를 둘러보라. 또 자신의 재능을 살펴보라. 그리고 발견되는 문제들과 자신의 재능을 기록해 두고, 무엇인가 일을 시작하기 전까지 많은 아이디어들의 목록(目錄)을 만들어라.

여러분 중에 어떤 사람은 자신의 지역에서 정치가가 되어 이런 더 나은 방법을 만들어 남을 도울 필요가 있다, 또 여러분 중에 일부는 사람들이 일하고 있는 산업(産業)을 변혁시킬 필요가 있다. 예를 들면, (구조조정과 같은) 재개편 작업은 제조업에서 중요해질 수가 있다. 만약 당신이 교사라면 아이들을 돌보는 가운데 밝음을 창조하라. 그러면 아이들이 그 빛을 함께 나눌 것이다.

또 여러분이 부모라면, 어떻게 자신이 부모 노릇을 하는지를 한번 자성(自省)해 보라. 그리고 무언가 아이들에게 바라는 자신의 욕망이 남아 있음을 발견한다면, 부모노릇 하는 방법을 바꾸도록 하라. 아이들은 사회에 주어진 선물이고, 여러분의 가까운 미래는 바로 그들에게 달려 있다. 그들은 곧 미래인 것이다.

여러분이 하는 일과 당신들이 세상에 가져올 수 있는 것에 내려진 은총을 느껴보라. 메시아로서 사고(思考)하라. 그러면 여러분 각자가 세상을 밝히는 메시아가 될 것이다. 우리 모두 "내 이름으로 둘이나 그 이상이 모이면"의 법칙의 힘으로 행진하고 세상을 바꾸는 데 그 법칙을 활용하라. 나 혼자서 모든 것을 다 할 수는 없다. 그리스도 미카엘조차도 혼자의 힘으로 모든 것을 할 수는 없는 것이다. 이 세상을 바꾸는 것은 집단적인 프로젝트이다. 여러분의 도움없이 우리가 재림이라는 사건을 이룰 수는 없다. 그것은 무의미한 것이다. 그러므로 함께하는 우리의 공동 작업이 하나님께 영광을 더할 것이다. 그리고 그것이야말로 진정으로 신성한 것이 될 것이다.

허위의 채널링 정보를 주의하라

어둠의 세력들은 지금 이 시대에 계속해서 그릇된 채널링 정보를 만들어내 혼란을 부채질하고 있다. 어떤 일부 경우에는 확실하다고 알려진 채널러들도 그들이 이용하는데, 이 채널러들은 자신들이 어둠의 세력이 보내는 왜곡된 정보를 채널하고 있음을 깨닫지 못한다. 이런 자료들은 결코 참다운 채널 정보들이 아니며, 혼란을 조장하기 위한 고의적인 행위인 것이다.

예컨대, 어둠의 세력에 대해 물러나라는 1차 지령이 하달된 이후, 캔데이스는 두 명의 독자들로부터 나의 메시지를 헐뜯는 채널된 메시지를 받았다. 그 내용은 1차 지령이 그대로 남아 있는 상태이고 스타 피플들(Star People)은 지구에 개입하지 않고 단지 관찰하기만 할 것이라고 말하고 있다.

또 한 사람의 메시지는 내가 소속돼 있다고 하는 어떤 "동맹(同盟)" 에 대해서 언급을 했다. 그러나 이것은 어둠의 세력들의 동맹일 것이다. 지구를 방문하고 있는 어떤 소규모의 동맹이 존재한다. 나는 그들 세력이 우리가 내린 1차 명령을 관망하고 있다고 추측하며, 나는 그들이 자신들에게 허용된 것 이상으로 지구 문제에 관여하지 않기를 바란다. 나는 어떠한 "동맹" 에도 소속돼 있지 않다. 나는 오직 빛의 세력의 연합체인 "은하연합(Galactic Federation)"을 위해서 일하고 있다.

나는 다시 한 번 현재 여러분의 태양계에는 약 1,000만대의 모선(母船)이 포진한 채 에워싸고 있다는 사실을 지적하고자 한다. 비록 외계 세력중의 일부가 바로 그런 어둠의 일을 하고 있고 또 했을 것이지만, 그 대다수의 존재들이 할 일 없이 배회하기 위해 여기에 와 있지는 않은 것이다.

이 시점에는 공포와 혼란을 일부러 조성하기 위해서 어둠의 세력에 의해 내 자신과 다른 마스터들의 이름을 도용해 인터넷에 올려져 있는 허위 정보들이 많다. 조심하라. 지금 현재 이 시점에 내가 메시지를 전하기 위해 선택해 이용하는 메신저는 캔데이스 프리즈뿐이다. 오직 그녀를 통해서만 나는 말할 것이다.

독자들의 일부는 위장된 거짓 메시지들에 두려움과 혼란을 느낄 수도 있겠지만, 어떤 이들은 이런 것들을 분별해 낸다.

어둠의 세력이 비축해둔 핵무기에 대한 수색

우리는 세계 각처의 모든 지하 기지들에 대한 탐사를 충분히 끝마쳤다. 더 이상의 핵폭탄은 발견되지 않은 것으로 보인다. 이것은 시간이 많이 소요되는 과정이었지만 필수적인 것이었다. 그리고 많은 어둠의 스파이들이 적발되었으며 그들은 제거되었다. 우리는 외계에 기원을 둔 폭탄이 더 이상 없다는 것을 파악했는데, 그것은 페루와 타이탄 우주 왕복선에서 사용하기 위한 것이었다.

이 폭탄들이 발견된 곳을 탐사하는 과정에서 우리는 빛과 어둠, 양쪽에서 활동 중인 일부 아눈나키(Anunaki)들이 있다고 결론지었다. 분명히 그들 전부가 몇 년 전에 빛에 항복하여 전향한 것은 아니었다. 이들이 해온 공작은 주요 문제들의 근원지가 되어왔다. 이 일부 아눈나키들은 체포되어 우주 법정(Universal Court)에서 대기 중이다. 여기서 우리가 말하고 있는 것은 별 나라들(Star Nations)의 지방 법정이 아니라는 것을 이해하도록 하라. 우리는 네바돈(Nebadon)의 우주 법정을 이야기하고 있는 것이다. 그들은 더 이상 다시 돌아와 문제를 일으키지는 못할 것이다. 그들은 되풀이해서 지성이 결여된 오류를 범해 왔다. 물론 그들은 자신들의 지구 하수인들(어둠의 유대 엘리트들)을 조종해 왔고, 많은 어려운 문제들을 야기해 왔다.

이 담장에 앉아 있는 자들(빛과 어둠에 양다리를 걸친 자들) 때문에 많은 백사 기사들(White Knight)이 누구를 따를 것인지 혼란 속에 있었으나, 혼란은 지금 경감되었다. 우리는 사태를 되돌려 발표에 대비해 사람들을 준비시키고 있다. 이 모든 것이 결과적으로 보다 순조로운 전환을 가능케 할 것이고, 현재 우리는 지하 시설과 기지들을 통제하고 있다.

네사라(NESARA)는 미국에서 곧 실현될 것으로 우리는 믿는다. 이미 다른 나라에서는 네사라의 움직임이 일어나고 있다. 나는 여러분이 누군가가 권좌에서 제거되었다는 뉴스를 발표할 때 외에는 그것에 관해 듣지 못한다는 것을 안다. 어떤 나라들에서 일어나고 있는 금융상의 변화들은 네사라라는 이름으로 알려져 있지 않다. 그 명칭은 미합중국에서 만들어 진 것이다.

진전이 이루어지고 있는 일부 국가들은 다음과 같다. 러시아, 인도네시아권의 몇 개 나라, 중남미의 몇몇 국가, 이탈리아, 프랑스, 레바논, 그리고 시리아 및 이스라엘과 팔레스타인의 일부에서 그러하다.

중동의 이슬람 국가들은 이미 디나르(Dinar)[6]와 같은 금본

6) 유고, 이란, 이라크 등에서 사용되는 화폐 단위

위제를 시행하고 있고, 이 지역에서 돈이 유통되는 한 그 시행의 필요성은 적다. 이슬람 지역의 은행들은 이자를 부과하지 않는다. 그들은 돈을 미국과 그 밖의 국가들 사람들이 하듯이 비즈니스 활동을 통해서 번다. 뉴스에 의해 여러분 세상의 무대에 제공된 것들이 얼마나 일부에 불과한지를 주시하고, 이러한 제한된 보도 속에서도 네사라가 일어나고 있음을 알아차리라. 평화로이 거하고, 기다림 속에서 희망들을 꿈꾸도록 하라.

지하 비밀 구역에 대한 모든 청소가 끝났다

오늘(2005년 5월 18일), 우리는 콜로라도(Colorado)주의 덴버(Denver)와 콜로라도 스프링즈 상공의 낮은 하늘로 내려 왔다. 우리의 모습은 우리가 구름으로 위장한 우주선을 이용한다는 것을 알고 있는 사람들에게 목격되었다. 우리 우주선 가운데 어떤 것은 지상에서 불과 몇 백 피트 상공에 떠 있었다.

덴버 지역은 제4제국의 본부가 들어설 지역이었는데, 그것은 미국과 세계 장악을 위한 계획이었다. 거기에는 매우 오래 전에 세워진 덴버 국제공항(DIA)이라고 하는 공항이 있었다. 중앙 터미널의 북쪽에 이르는 이 공항의 아래에는 비밀로 유지되어 온 어떤 지하 통로가 있다. 이뿐만이 아니라 그곳에는 여러 가지 목적을 가진 다단계의 지하 구역이 존재한다. 이 지하 통로들은 죄수들을 다른 지하 시설로 호송하는 데 종종 이용된다. 또한 여러분의 어둠의 세력들은 이 통로들을 다른 성격의 비밀 임무를 위해서 이용하곤 하였다.

낮게 드리워져 떠있는 구름처럼 보이게 위장된 우주선의 모습

산들에 둘러싸인 덴버의 서쪽에는 본래부터 제2의 백악관인 거대한 지하 시설들이 들어서 있다. 산 밑의 이 지역으로부터 콜로라도 스프링즈와 북미방공사령부(NORAD)로 가는 터널들이 존재한다. 워싱턴의 백악관이 파괴되는 사건이나 그와 유사한 어려움에 봉착할 경우, (이런 터널들을 통해) 정부 전체가 거기서 도피할 수가 있다. 나는 단지 우리가 오늘 콜로라도에 있는 이런 많은 지하 구역들에 대해 대대적인 청소 작업을 단행했음을 언급하고자 한다. 이 이상의 세부적인 내용은 지금 밝힐 수가 없다.

네사라(NESARA)의 발표와 재림 사건과 더불어 평화의 선언이 있은 이후에는 미국이 현재 세계 지배를 위해 유지하고 있는 세계 전역의 수많은 군사 시설들이 문을 닫게 될 것이다. 또 우리는 최근에 국제 우주 정거장에 비치되어 있던 소형이지만 강력한 무기를 쓸모없게 만들었다.

얼마 전에 러시아 인근에서 발생했던 부시 대통령에 대한 암살 기도는 그곳에 장치돼 있던 작은 폭탄의 폭발을 막은 편향(偏向) 무기에 의해서 좌절되었다.[7] 이것은 단순한 수류탄이 아니었다. 지금은 부시와 거기에 참석했던 다른 많은 사람들을 암살시킬 적당한 때는 아니다. 이것은 그러나 피할 수 없는 네사라와 거기에 관련된 사건들을 지체시키려는 또 다른 시도였었다. 그럼에도 네사라와 그 실행에 도움이 되는 변화들이 세계 전역에서 일어나고 있다. 우리는 현재 계속해서 세계의 많은 지도자들과 공조하고 있고, 그들의 전폭적인 협조를 얻고 있다. 네사라 발표 이후에 초기 몇 주 동안 심각한 문제들이나 혼란이 발생해서는 안 된다.

우리는 콜로라도 지역 이외에도 많은 지하 지역들에 대해 청소를 단행했다. 세계 도처에 수많은 지하 구역들이 존재하며, 여러분은 거기에 관해 거의 알지 못한다. 러시아는 자국의 국민 전체를 대피시켜 몇 년 동안 식량 공급하기에 충분한 지하 시설을 가지고 있다. 중국도 역시 많은 지하 대피소들이 있으나 전 인구를 감당하기에는 충분치 않다. 이러한 모든 지하 세계들은 지구 내부 세계의 도시들과는 또 별도로

---

7) 2005 5월 10일 부시 대통령이 러시아 방문 여정상의 중간 기착지인 그루지아의 수도 트리빌시의 자유 광장에서 연설할 때 발생했다. 누군가가 수류탄을 투척했으나 군중 속의 한 소녀 몸에 맞고 부시로부터 약 30m 밖의 땅바닥에 떨어져 폭발하지는 않았다고 FBI 요원이 밝혔다.
그러나 그루지아 당국은 "누군가가 사람들을 놀라게 하거나 언론의 주목을 끌기위해 저지른 것으로 본다"며 애초부터 암살 기도 가능성을 부정했다.

존재하는 것이다. 덧붙여 언급한다면, 지저세계 도시들의 주민들은 여러분 자신들만큼이나 다가오는 세상의 변화를 초조하게 기다리고 있다. 그들은 모두 매우 진보된 인간들이며 오랜 시간에 걸쳐 그들 세계의 많은 문제들을 이미 해결했다. 여러분은 앞으로 그들이 매우 도움이 된다는 것을 알게 될 것이다.

어둠의 세력들은 이전에 호주(Australia)에다 거대한 지하구역을 건설했는데, 거기서 그들은 오랫동안 거주할 수가 있다. 이것은 주로 지구상에서 핵전쟁 발발에 의한 파멸이 일어났을 때 그들이 살아남기 위해 건설된 것이다. 그들은 이제 그곳을 우리로부터 숨기 위해 사용하고 싶어 할 것이다. 그것은 우스운 일인데, 왜냐하면 우리가 그곳을 너무나 잘 알고 있기 때문이다.

나의 친구들이여, 용기를 잃지 말고 현재 거하고 있는 곳에 계속 머물러 있으라. 엄청난 일들이 다가오고 있다. 그리고 나는 그러한 인고(忍苦)의 기다림은 그만큼의 충분한 가치가 있음을 여러분에게 보장하는 바이다. 나마스테(Namaste)

-사난다 임마누엘-

편역자 해제(解題)
- 어떻게 기독교에서 영지주의와 윤회환생 사상이 말살되었는가?

인류의 역사라는 것은 학자들이 언급하듯이 항상 그 시대의 강자(强者)의 역사요, 정복자의 역사일 수밖에 없다. 이것은 어느 시대, 어느 국가, 어느 민족을 막론하고 마찬가지이다. 그 이유가 어찌 되었든 결과적으로 시대적 패배자, 피정복자, 약자는 철저히 말살될 수밖에 없으며 승자(勝者), 또는 정복자들에 의해 그들의 모든 기록이 불태워지거나 왜곡되어 일부만이 남겨지기 마련이다. 이것은 국가 간의 전쟁이나 종교 간의 분쟁, 그 밖에 소위 정통과 이단이라는 교파간의 갈등에서도 동일한 것이다.

예컨대 최근에 우리가 목도한 중국의 <동북공정(東北工程)>이라는 고구려사 왜곡 행위나 일본의 독도 및 역사 교과서 왜곡 파동도 이런 맥락의 연결 선상에 놓여있는 문제이다. 그들은 우리보다 강국이기 때문에 얼마든지 남의 역사나 영토도 빼앗아 자기들 것이라고 주장할 수가 있고, 자신들의 잘못된 행위도 얼마든지 유리하게 미화하거나 왜곡, 변조할 수 있는 것이다. 그럼에도 약소국이 거기다 대고 아무리 항의해 보아야 그것은 공허한 메아리일 뿐인 것이다.

역사는 이처럼 과연 어느 쪽이 진리이고 선(善)이냐, 또 어느 쪽이 허위이고 악(惡)이냐 와는 아무 상관없이 오직 힘에 의해 한 쪽을 패퇴시키고 상대편을 진압한 세력 쪽이 당연히 정통이 되고 의로운 세력이 된다. 반면에 패배한 세력이 본래 아무리 진리이고 선의 입장이었다 하더라도 후세에는 이단내지는 사악한 집단으로 매도되고 그렇게 기록되기 마련인 것이다.

바로 이러한 일이 기독교 역사에서도 있었음을 아는 사람은 그리 많지 않을 것이다. A.D 5~6세기경까지의 초기 기독교 시대에 현재 남아 있는 소위 정통 교파(가톨릭)과 그노시스(靈知主義) 교파와의 대립이 있었다. 바로 여기서 하나가 승리하여 정통이 되었고, 다른 하나는 패배하여 이단으로 매도당하고 모든 것이 폐기처분돼버린 것이다. 이 영지주의 기독교에 대해 깊이 연구해온 미 프린스턴 대학의 일레인 페이젤스(Elain Pagels) 교수는 자신의 저서를 통해 이렇게 언급한 바가 있었다.

“만약 그노시스(Gnosis)파가 이 대립에서 살아남았다면, 기독교가 지금과는 전혀 다른 방향으로 발전했거나, 아니면 우리가 알고 있는 현재의 서구 기독교는 존재할 수 없었을는지도 모른다.”

그런데 성경의 예수 말씀에 이러한 뜻 깊은 구절이 있다. “너희가 진리를 알게 될 것이니, 진리가 너희를 자유롭게 할 것이다(요한복음 8:32)” 물론 이 구절을 가지고도 사람마다 자기가 믿는 종교나 신념에 따라서 얼마든지 이를 다르게 받아들일 수도 있고, 아전인수(我田引水)식으로 해석할 수도 있다.

그러나 우리가 이 말을 보편적 합리적 측면에서 이해한다면, 참된 진리를 깨달음으로써 우리는 스스로를 옥죄고 구속하고 있는 모든 무지와 미망(迷妄)에서 벗어나 자유로워 질 수 있고 어떠한 장애도 초월할 수 있다는 의미일 것이다. 또 이 말을 반대로 뒤집어서 이해한다면, 진리에 대한 무지(無知) 상태나 비진리 또는 잘못된 사실이나 오도된 믿음에 인간이 사로잡혔을 때 그것들은 그만큼 인간을 철저히 구속하고 얽매는 족쇄가 된다는 의미도 될 것이다.

따라서 때로는 힘을 가진 자가 진리에 무지한 상태에서 자기 딴에는 옳다고 확신했던 인간의 행위들이 결과적으로 남이 볼 때는 광신적이고도 어처구니가 없는 일들을 초래할 수도 있는 것이다. 그리고 인류 역사상의 많은 종교적 상황들이 어찌 보면 인간의 이런 맹신과 무지로 인해 저질러진 광기(狂氣)어린 행위로 점철되어 있음을 우리는 볼 수가 있다.

편역자는 예수님의 메시지들을 번역하고 또 여러 번 교정을 보는 과정에서 이 내용들이 초기 기독교 시대에 존재했던, 이른바 <깨달음(道)의 기독교>, <신비주의 기독교>였던 " 영지주의(靈知主義)"의 가르침과 그 맥을 같이한다는 것을 알 수 있었다. 그리고 어느 정도 짐작하다시피 ' 영지주의' 사상은 사실상 오늘날의 기독교 교의와는 전적으로 다른 내용이었다. 이런 측면에서 유추해 볼 때, 초기 기독교 시대에 존재했던 그리스도의 원래의 가르침이 중도에 어떤 과정에 의해서 변질되었고 또 그 핵심적 부분들이 삭제되었음을 우리는 인식할 수가 있다.

그렇다면 이제부터 예수 그리스도의 비전적 가르침을 이어받았던 영지주의 기독교가 어떻게 말살되었고 또 모든 종교의 중요한 바탕이 되는 윤회환생 사상이 어떤 과정에 의해 기독교에서 축출되었는지를 한번 상세히 살펴보도록 하겠다.

불교와 유사한 깨달음(覺)을 추구했던 기독교 - 영지주의

일반인들은 잘 모르고 있으나 불교에도 밖으로 드러나 있는 현교(顯教)과 " 비밀불교"로서의 밀교(密教)가 존재하듯이, 기독교에도 오늘날의 로마 카톨릭과 거기서 분리된 개신교 외에도 밀교에 해당되는 비전적인 신비주의 기독교가 존재했었다.

그것이 바로 그노시스(Gnosis:靈知主義) 기독교이다. 초대(初代) 기독교가 예수의 12 제자 가운데 베드로와 야고보의 활동에 의해 기초가 다져지고 또 사도 바울을 중심으로 확장, 발전되었다면, 영지주의적 가르침은 예수로부터 예수의 동생이자 수제자였던 도마(Thomas)에게 비밀리에 전수되고 그에 의해 형성, 발전된 최고의 가르침이었다. 신약에 내가 너희에게는 진리를 말하나 저들에게는 비유로 말할 수밖에 없다는 내용이 나오듯이(마태복음 13:10~16, 마가복음 4:10~12, 33~34), 또 석가도 제자들의 근기(根氣)에 따라 설법을 달리 했듯이 예수님 역시도 무지한 일반 대중과 진리를 이해할 수 있는 일부의 상근기 제자들에게는 방편상 설교를 다르게 했던 것으로 보인다.

이 영지주의 기독교는 거의 1,600년 동안 역사의 베일 속에 감추어져 있다가 1945년 이집트의 나그 함마디에서 땅을 개간하던 한 농부에 의해 우연히 52개의 "영지 복음서들"이 무더기로 발굴됨으로써 비로소 세상에 드러나게 되었다. 그 많은 영지 복음서 사본들 중에서도 특히 도마에 의해서 집필되었다는 <도마 복음서>는 성서학자들에 의해 마태, 마가, 누가, 요한복음에 이은 제5의 복음서라고 칭해지고 있다. 그리고 이 복음서의 내용에 나오는 예수의 말씀은 거의 불교사상의 선적(禪的)인 가르침과 흡사한 면모를 보여주어 서구 신학계에 큰 파문을 일으킨 바가 있다.

이와 아울러 "20세기 최대의 고고학적 발굴"이라고 일컬어지는 사해(死海) 근처 쿰란 동굴에서 1947년에 발견된 <사해 두루마리 사본>은 전통적으로 잘못 이해되었던 초기 기독교 공동체의 모습과 예수님, 그리고 에세네(Essene)파의 실체를 드러내 줌으로써 영지주의의 뿌리와 그 관계를 간접적으로 밝혀 주었다.[1)]

---

1) 그 구성원 대부분이 로마 교황청에서 파견된 성직자들을 중심으로 조직되었던 국제발굴조사단은 이런 이유 때문에 거의 50년 가까이 사해문서의 공개를 꺼리고 은폐하려는 시도를 해왔다.

영지주의는 문자주의에 대립되는 용어로서 여기서 “영지(靈知)”란 단순히 영적지식을 얻는다는 의미가 아니다. 그것은 인간 자신의 본성(本性)과 운명, 그리고 신(神)에 대한 일종의 직관적인 통찰, 즉 깨달음(覺)을 뜻하는 것이다. 그리고 이것은 사실 불교의 선(禪)이나 명상에서 말하는 견성(見性)이나 득도(得道) 체험이나 하등의 다를 바가 없다.

이처럼 영지주의 기독교가 개인적인 영성 체험을 중시하는 반면에 후세에 정통이 된 로마 기독교는 세속적인 믿음을 강조하는 단순한 문자주의(원리주의) 기독교이다.

우선 영지주의 기독교인들은 자기의 본성(本性)을 아는 것이 곧 신(神)을 아는 것이라고 보았다. 다시 말해 이들에게 있어서 인간의 본성은 근본적으로 하나님의 신성(神性)과 동일하기 때문에 누구나 자신의 미망을 걷어내기만 하면 이것이 곧 하나님을 깨닫는 것이었다. 동시에 이들은 체험을 통해 궁극적인 신에 대한 깊은 지혜를 추구하는 철학자, 신학자들이기도 하였다.

또 그들은 문자주의 기독교도들과는 달리 예수님이 인간의 죄(罪)를 대신하여 구원하기 위해 온 것이 아니라 인간을 영적인 깨달음의 길로 인도하고 그 길을 열어주는 안내자 내지는 교사로서 왔다고 생각했다. 그리고 그들은 그 영적인 각성을 통해서 비로소 구원, 즉 해탈하여 모든 속박을 벗어나 초월케 된다고 믿었다. 그들에게 있어 ‘영지(靈智)를 얻은 자’는 곧 <그리스도>가 되는 것이었다.

더불어 순수한 채식주의자들인 그들은 소위 정통을 자처하는 가톨릭이 하나님을 가부장적이고 남성 우월적인 표현으로서의 하나님 아버지(聖父)로만 묘사한 데 반해, 하나님을 아버지와 어머니, 양성(兩性)으로 존재하신다고 보았다. 게다가 이들은 구약(舊約)의 여호와 신을 참다운 하나님으로 보지 않았고 구약에 드러난 그대로 오히려 이 세상에 오직 전쟁과 불화(不和)와 살육(殺戮)을 불러온 탐욕스럽고 잔인한 악마의 신으로 간주했다.

마지막으로 또 한 가지 이들이 신봉했던 중요한 가르침 중의 하나가 <윤회환생(輪廻還生)> 사상이었다. 영지주의자들은 각자의 내면에 있는 신성(神性)의 빛을 되찾아 하나님에게로 돌아갈 때까지 인간의 영혼은 몇 번이고 육체로 다시 태어나 세상의 경험을 통해 배우면서 궁극적인 깨달음에 이른다고 하였다. 이처럼 윤회환생에 대한 믿음은 이들의 신앙의 근본토대를 이루는 것이었으며 불가분의 관계에 있었다. 따라서 이들에게는 신과 인간 사이의 중개자로서의 당시 교회 성직자들이 필요치 않았다. 그들은 오로지 침묵의 명상 속에서 각자의 수행을 통해 영지에 도달하는 것만이 있을 뿐이었고, 또 누구나 그러한 영지의 체험을 통과함으로써 그리스도가 돼야한다고 가르쳤다.

그러나 이러한 영지주의파의 가르침은 단순한 믿음과 교회를 통한 구원에 길들여진 일반의 기독교인들에게는 쉽게 이해될 수가 없었고 이교도나 다를 바가 없었다. 그러므로 나중에 다수의 주류 쪽에서는 이를 이단으로 배척하려는 움직임이 나타나기 시작했다.

성경 속의 윤회(輪廻)사상

그런데 윤회 환생에 대한 믿음은 오직 영지주의자들만 가지고 있던 신앙은 아니었다. 이것은 반드시 영지주의자가 아니더라도 당시 초기 기독교인들의 신앙적 바탕에 어느 정도 보편적으로 깔려 있었던 것이었다.

분석 심리학의 창시자이자 정신분석학의 대가이기도 했던 스위스의 카알 융(C G. Jung) 박사가 " 환생이라는 것은 인류가 태초부터 지녀 온 확신 중에서도 특히 중요하게 여겨져야 할 신념이다." 라고 언급했듯이, 영혼의 윤회환생에 대한 믿음은 동,서양을 막론하고 세계 각 민족과 종족 속에 면면히 이어져 내려 왔다. 동양의 종교들은 말할 것도 없고 고대 그리스와 유대 민족도 여기서 예외는 아니었으며, 예수님 생존 당시의 그들 사회 속에는 분명히 환생의 믿음이 존재하고 있었다. 단적인 예로 신약 성경에 이런 내용이 있다.

예수께서 길을 가시다가 태어나면서부터 눈먼 소경을 만나셨다. 제자들이 예수께 묻기를, " 선생님, 저 사람이 소경으로 태어난 것은 누구의 죄입니까? 자기 죄입니까? 부모의 죄입니까?"

[요한 복음 9:1~9:2]

태어나면서부터 눈이 멀었다면, 그 소경이 현생에서 지은 어떤 죄에 의해 그가 눈이 멀게 된 것이 아님은 누가 보아도 분명한 것이다. 그럼에도 제자들이 이렇게 소경 자신의 죄냐고 예수께 질문했다는 것은 당시 유대인들에게는 전생(前生)과 환생에 대한 믿음이 보편적으로 존재했음을 뒷받침해 주는 것이다. 또한 누구의 죄냐고 묻는 것은 전생의 죄에 따르는 업보(業報)를 그들이 어느 정도 알고 있었다는 사실을 분명히 나타낸다. 다음의 내용 역시 환생을 의미하기는 마찬가지이다.

그 때에 제자들이 " 율법학자들은 엘리야가 먼저 와야 한다고 하는데 어떻게 된 일입니까" 하고 물었다. 예수께서는 " 과연 엘리야가 와서 모든 준비를 갖추어 놓을 것이다. 그런데 실상 엘리야는 벌써 왔다. 그러나 사람들이 그를 알아보지 못하고 제멋대로 다루었다. 인자도 이와 같이 그들에게 고난을 받을 것이다" 하고 대답하셨다. 그 때야 비로소 제자들은 이것이 세례자 요한을 두고 하신 말씀인 줄을 깨달았다. [마태복음17:10~13]

엘리야는 구약의 <열왕기>에 등장하는 유대 민족의 선지자로서 당시로서는 약 500년 전(前)의 사람이었다. 따라서 그가 다시 요한으로 태어났다면 이것은 명백한 환생인 것이다. 그런데 예수와 제자들 간의 이러한 자연스러운 대화는 이들이 서로 윤회환생에 관해 주지하고 있었으며, 예수께서 또한 그것을 인정하고 가르쳤다는 사실이 아니면 무엇이겠는가? (이 밖에도 윤회환생에 대해 암시하는 구절들이 신,구약 곳곳에 산재해 있으나 지면 관계상 생략한다)

이와 같은 사례들 속에서 알 수 있듯이 거의 유대인들이었던 초대 기독교인들에게 있어 윤회환생의 개념은 매우 자연스러운 것이었다. 단지 소수의 사두개파만이 육체가 죽으면 영혼도 없어진다고 믿고 있었으며, 이들을 제외한 바리새파와 에세네파 유대인들에게 환생은 그들 신앙의 주요한 한 축(軸)으로 뿌리박혀 있었다. 당시의 상황을 상세히 기록한 그 시대의 유대인 역사가 F. 요세프스(Josephus)의 저작(著作)들 역시도 이에 관한 사실을 뒷받침해 주고 있다.

그리고 사해사본(死海寫本)에 의해 비로소 밝혀진 사실이지만 예수는 분명 에세네파에 밀접한 연관을 맺고 있었으며 쿰란 지역의 에세네 공동체에서 어린 시절 교육받고 훈련되어졌다. 그는 분명히 천상의 지시를 받은 에세네파에 의해 준비돼 등장한 지도자이자 메시아였던 것이다.[2]

에세네파와 초기 기독교 공동체, 그리고 바울의 오류

율법에 대한 엄격한 고수와 실천, 사유재산을 인정하지 않는 공동체 생활, 경건한 수행, 그리고 메시아가 인류의 구제

---

2) 이에 앞서 나왔던 세례 요한 역시 에세네파였다. 미국의 저명한 심령 투시가 에드가 케이시는 사해사본에 나타난 이 모든 것이 사실임을 아카식 리딩을 통해 밝혀 준 바가 있다.

를 위해 몇 번이고 다시 세상에 출현한다는 믿음, 이러한 점들이 에세네파의 주요 특징들이었다. 그러나 사해사본에 의해 새로이 드러난 에세네파의 또 다른 중요한 특성은 그들이 기존에 알려졌던 내용과는 다르게 예루살렘과는 동떨어져 금욕적인 영적 단련에만 몰두한 것은 아니라는 사실이다. 그들 중의 일부 급진 과격파는 로마 권력과 결탁돼버린 부패한 사두개파 제사장들을 타파하고, 로마 점령군을 몰아내 성지를 되찾고자 했던 적극적이고 민족적인 정치성향을 지니고 있었다는 것이다. 따라서 쿰란 공동체의 지도부는 예루살렘에 있었으며 초대 기독교 공동체의 대다수가 에세네파와 직, 간접적으로 연관되어 있었다.

이에 아울러 사해문서는 로마 시민권자였던 바울에 관한 새로운 사실을 밝혀주고 있다. 그것은 바울이 율법의 실천을 통해 예수의 가르침을 전도하고자 했던 베드로와 야고보를 주축으로 한 초대교회 공동체와는 달리 율법을 무시한 채 손쉬운 믿음만을 통한 구원을 내세움으로써 예수의 가르침을 변조하고 왜곡시킨 배신자이자 로마의 앞잡이였다는 것이다. 사실 예수께서는 분명 율법을 지키고 실천하는 그 중요성에 관해 신약에서 이렇게 강조했다.

"*내가 율법이나 예언자들의 말을 폐하러 온 줄로 생각하지 말아라. 폐하러 온 것이 아니라 오히려 완성하러 왔다. 내가 진정으로 너희에게 말한다. 천지가 없어지기 전에는 율법은 일점일획도 없어지지 않고 다 이루어질 것이다*. 누구든지 이 계명 가운데 가장 적은 것 하나라도 폐지하고 사람들을 그렇게 가르치는 자는, 하늘나라에서 가장 작은 사람이라고 일컬음을 받을 것이요, 또 누구든지 이 계명을 지키며 가르치는 자는, 하늘나라에서 가장 큰 사람이라고 일컬음을 받을 것이다. 내가 너희에게 말한다. 너희의 의로운 행실이 율법학자들과 바리새파 사람들의 의로운 행실보다 낫지 않으면, 너희는 하늘나라에 들어가지 못할 것이다."

[마태복음 5:17~20, 표준 새번역판]

또한 예수는 " 온 마음과 목숨을 다하여 하나님을 사랑하고, 이웃을 자신처럼 사랑하는 것이 가장 으뜸가는 계명이고 모든 율법의 골자이다(마태22:37~40)" 라고 명백히 가르쳤다. 그럼에도 바울은 예수의 말씀과는 정면으로 어긋나게 <갈라디아서 2장>에서 다음과 같이 설교하고 있다.

" 그러나 사람이 율법을 지키는 행위로 의롭게 되는 것이 아니라, 예수 그리스도를 믿음으로 되는 것임을 알고 우리도 그리스도 예수를 믿은 것입니다. 그것은 우리가 율법을 지키는 행위로가 아니라, 그리스도를 믿는 믿음으로 의롭게 하여 주심을 받고자 하는 것입니다. 왜냐하면 *율법을 지키는 행위로는 아무도 의롭게 될 수가 없기 때문입니다*."

[갈라디아서 2:16, 표준 새번역판]

반면에 초기 기독교 시대에 중요한 역할을 했던 사도인 야고보는 바울과는 달리 껍데기뿐인 단순 믿음에 대해 이렇게 비판적으로 질타했다.

" 영혼이 없는 몸이 죽은 것같이 *행함이 없는 믿음은 죽은 것이니라*."

[야고보서 2:26]

이처럼 바울은 율법의 실천을 경시함으로써 예수께서 언급하신 하늘에서 가장 보잘 것 없는 작은 사람이 되어 그의 가르침을 오도한 대표적인 인물이었다. 그리고 그는 율법을 도외시하고 독단적으로 그리스도의 가르침을 변조시켜 자기 나름의 개인적인 신학이론을 만들어 내었다. 다시 말해 예수께서 가르친 이러한 율법의 실천을 통한 구원을 멋대로 무시하고 예수에 대한 믿음만으로 구원을 얻는다고 가르치며 전도 여행을 통해 전파했던 것이다.

물론 바울의 이러한 행위가 반드시 고의적인 것이 아니라 전도의 열정이 너무 앞선 탓일 수도 있다. 하지만 어쨌든 이는 결과적으로 하나님은 오히려 제껴 놓은 채 필요 이상으로 예수에 대한 숭배와 신격화를 조장하게 되는 결과를 낳았다. 아울러 바울은 믿음을 통한 구원과 예수의 희생을 강조한 나머지 당시 미개했던 유대민족의 기존 종교적 풍습에다 이를 연결시켜, 예수가 인류의 죄를 대신해 십자가에 못 박혔다는 <대속론(代贖論)>을 만들어 내게 된 것이다. 따라서 그 이후에 발전된 기독교는 예수의 본질적인 가르침을 보존했던 초대 기독교 공동체의 원래의 순수 형태에서 완전히 이탈된, 전혀 다른 형태의 바울의 기독교라 해도 과언이 아닌 것이다. 바울의 이러한 행위는 부정과 긍정(기독교의 확산)의 두 가지 양면성이 어느 정도 존재한다고 보지만 그 이후의 기독교 역사로 볼 때 오히려 부정적 측면이 더 많았고, 하나의 크나큰 오류였음을 부정할 수가 없다.

그러나 어쨌든 초기에 이루어진 기독교의 교세 확장은 분명 바울의 전도에 힘입은 바가 크다. 이것은 율법을 무시한 변조된 전도를 한다는 이유로 초대 교회 공동체로부터 여러 번 견책 당했던 바울이 예루살렘을 벗어나 이방인 선교로 방향을 잡아 거기에 주력했던 탓이었다.

그런데 그 이후 에세네 공동체를 주축으로 했던 초대 교회 세력들은 A.D. 68~70년에 일어났던 반란의 여파로 인한 로마군의 예루살렘과 쿰란의 파괴, 그리고 A.D. 74년에 최후 저항지였던 마사다 요새가 함락됨으로써 극히 일부를 제외한 거의 대다수가 괴멸되어 버렸다. 그럼에도 기독교는 로마의 시민권자인 바울의 3차에 걸친 전도 여행으로 인해 소아시아를 넘어 로마와 유럽으로 확장되어 나갔다. 하지만 이렇게 뻗어나간 기독교의 대부분은 앞서 언급한 대로, 예수의 가르침의 정수를 간직했던 에세네파의 사상이 결여돼 있는 바울의 신학체계이자 바울의 기독교였다.

박해당한 영지주의 기독교

그런데 한편으로는 예수의 십자가 사후에 예수의 비의적(秘義的) 가르침을 지니고 바톨로메(Bartholomew)와 함께 인도로 간 것으로 전해지는 도마가 있었다.[3)]

이 당시의 도마의 구체적 행적은 묘연하나, 여하튼 그후에 그로부터 가르침을 전수받은 기독교인들과 살아남은 에세네파의 일부 잔류인들로 추정되는 사람들을 중심으로 지하에서 영지주의가 싹트기 시작했다. 그리고 점차 영지주의 기독교인들의 숫자가 불어나자 (디모데 전서와 고린도 전서에서 바울이 이들을 비난하고 있듯이) 문자주의에 기초한 바울의 기독교 세력에서는 이들을 반대하고 이단으로 배척하려는 움직임이 나타났다.

특히 나중에 A.D 392년 로마 테오도시우스(Theodosius) 황제에 의해 기독교가 로마의 국교(國敎)가 되면서부터는 이를 이단으로 낙인찍어 이에 관한 모든 것을 철저히 배척하고 박해가 가해졌다. 영지주의파의 세력 확장은 용납할 수 없는 위협으로 간주되었고 모든 신앙과 집회, 문헌을 금지시켰으며, 이를 불법적인 반역으로 법제화(法制化)하였다. 사악한 집단의 가르침으로 매도된 이들은 누구나 걸리면 추방되거나 생명이 위험했고 재산은 몰수당했다. 그리하여 이들은 점차 제거되거나 뿔뿔이 흩어져 역사의 뒤편으로 사라져 갔던 것

3) 영국의 저명한 불교학자 에드워드 콘즈(Edward Conze)는 남부 인도에 도마 기독교인들이 존재했으며, 이들과 불교도들이 접촉했음을 언급했다.

이다. 당연히 모든 영지주의 문헌은 불태워졌으며,[4] 결국 그들은 마치 존재하지도 않았던 것 마냥 기독교 역사 속에서 증발돼 버리고 말았다.

그러나 본래 바울의 변조된 가르침이 에세네파와 베드로, 야고보 중심의 초대 기독교 공동체의 입장에서는 이단이었다. 그러나 바울 쪽의 세력이 커지자 이들이 정통을 자처하게 되었고, 소수파였던 진짜 정통세력은 오히려 이단으로 몰리게 된 것이다. 이런 현상은 옛날이나 지금이나 마찬가지이다.

그리고 그 이후 로마 가톨릭의 교황 제도가 베드로를 계승해 왔다고 자처하고는 있으나 이는 어디까지나 명목상의 이야기일 뿐이며, 엄밀히 이야기하자면 로마시대에 바울의 기독교를 국교화해서 이어오고 있는 것이다. 조직화된 호화롭고도 거대한 교황체제는 사실상 예수의 근본 가르침이나 초대 교회의 베드로나 야고보와 같은 사도들하고는 아무런 연관성도 없는 것이다.

초기의 기독교인들은 사실 거의 구도자(求道者)들과 같은 소박한 사람들이었고, 스스로를 "길(道)을 추구하는 사람들"이라고 하였다. 따라서 로마 가톨릭에 의해 이단으로 배척당하고 박해받아 결국은 말살돼 버린 영지주의 기독교인들이 사실은 그리스도의 진정한 가르침의 정통 맥을 이어왔던 것이다.

---

4) 오늘날의 기독교 신도들은 신약과 구약이 원래부터 현재처럼 존재했다고 믿기가 쉽다. 그러나 사실 A.D 382년에 현재의 신, 구약 66권이 정경(正經)으로 확립되기까지는 지금 정경 취급을 못 받고 있는 소위 외경이나 위경으로 불리는 경전들, 그리고 영지주의에 속하는 복음서들이 지금의 신,구약과 뒤섞여서 여러 나라에서 읽혀지고 있었다. 그런데 문자주의파가 영지주의파를 탄압하는 과정에서 영지주의의 발호를 막고 이를 말살시키기 위해서는 일부 경전만을 취사선택해서 확립시켜야할 필요성이 대두되었다. 그리하여 문자주의 입장에 알맞은 문서들만을 가려내는 작업이 시행되었고 나머지는 모조리 이단서 내지는 위경으로 몰아 제외시켰다. 당연히 영지주의 계통의 복음서들은 배척될 수밖에 없었고, 영지주의의 몰락과 더불어 철저히 소각되었던 것이다.

기독교 윤회사상의 소멸 과정과 기독교 진리의 맥

그런데 앞서 언급했듯이, 반드시 영지주의자가 아니더라도 이와는 별도로 6세기 이전까지는 초기의 대다수 일반 기독교인들에게 있어서 윤회환생의 개념은 어느 정도 자연스러운 믿음으로 수용되고 있었다. 특히 그리스의 플라톤 철학 사상의 영향이 컸던 지중해 남부의 알렉산드리아의 기독교인들에게 이러한 믿음은 절대적이었다. 바로 이 알렉산드리아에서 초기 기독교 시대의 위대한 교부(敎父)이자 신학자였던 오리게네스(Origenes)가 출생했는데, 그는 서기 600년 동안 나온 인물들 중에서 가장 뛰어난 학자로 오늘날에도 추앙받는 사람이다. 심지어 성 그레고리(st, Gregory)와 성 제롬(st, Jerome)같은 성인들도 그를 " 기독교 학문의 왕자" 또는 " 그리스도 이래 가장 위대한 교사"라고 극찬했다고 전해지고 있다.

그는 자신의 스승 클레멘스(Clemence)와 더불어 그리스도의 복음서상의 가르침을 오리지널의 상태로 신학적으로 체계화하여 정립하고자 평생을 헌신했던 사람이었다. 또한 그는 스승과 마찬가지로 자신의 신학체계 속에다 영혼의 윤회환생과 업(Karma)의 개념을 핵심적인 원리로 편입시켜 설파하였다. 오리게네스는 자신의 주요 저서인 「제1의 원리들에 대하여(De Principiis)」에서 다음과 같이 명백히 환생의 문제를 언급하고 있다.

" 모든 영혼은 전생(前生)의 승리(善業)에 의해 강해져서 태어나거나, 아니면 패배(惡業)에 의해 약해진 상태로 이 세상에 다시 돌아온다. 이 세상에서 그 영혼이 겪는 명예로움이나 불명예스러운 일들은 전생의 공덕이나 악업에 의해 결정되는 것이다."

오리게네스는 생각하기를, 인간의 영혼은 육체로 태어나기 이전에 존재하며, 신(神)과 재결합하기까지 한 육체에서 다른 육체로 옮겨가면서 경험을 통해 배워나간다고 생각했다. 이윽고 더 이상 육체의 형태를 취할 필요가 없을 때, 궁극적으로 모든 영혼들은 비로소 하나님의 세계로 돌아간다고 믿었다. 그는 또한 그리스도께서 인간의 이러한 신(神)과 조화되거나 일치되는 과정을 상당히 촉진시킬 수는 있으나, 여기에 개인적인 노력이 병행되지 않고는 그것이 이루어질 수 없다고 보았다. 이어서 그는 인간이 자신의 자유의지로 인해 신(神)으로부터 떨어져 나와 타락한 이래 인간은 또한 자신의 결단에 의해 하나님과의 재결합을 다시 이루어야만 한다고 주장했다.

이처럼 오리게네스와 그의 스승 클레멘스의 신학적 사상은 그들이 영지주의자가 아니었음에도 불구하고 사실 거의 영지주의에 가까운 것이었다. 실제로 그들은 " 영지주의자들이야말로 진정한 기독교인이다."라고 자신들의 저술을 통해 언급한 바가 있다.

하지만 물론 반대파들은 오리게네스의 이러한 학설에 반대했고, 이 이론이 지나치게 개인적인 자기 결정에 의존해 있다고 비판했다. 그들의 입장에서는 환생의 사상이 현생에서의 구원의 필요성을 경시하게 만들고 그리스도의 역할을 최소화시킨다고 생각했고, 구원은 자기의 결정이나 노력이 아니라 오직 예수 그리스도를 받아들이는 것에 달려있다는 것이었다. 게다가 오리게네스의 이론대로 한 개인이 수많은 생(生)들 가운데 어느 한 생에서 스스로의 노력이나 결정에 의해 신(神)과 재결합하기를 선택할 수 있다고 한다면, 그들이 신도들에게 주입시킨 예수를 믿지 않아 지옥에 가서 영원히 천벌을 받는다는 두려움이 감소될 것이었다. 이처럼 신도들에게 두려움을 안기는 것은 권위주의적인 정통파 문자주의자들의 입장에 있어서는 필수적인 것이라고 판단되었다.

오리게네스의 신학적 연구 작업은 또한 지성적이고 영적으로 추구하는 것을 통제하는 교회의 권위에 도전하는 것이나 마찬가지였다. 그리하여 초기 기독교 시대의 교부들에게 큰 영향을 미쳤던 오리게네스의 사상은 서기 313년 로마의 콘스탄티누스 황제에 의해 기독교가 공인된 이후, 교회가 정치권력의 간섭과 통제를 받으면서부터 배척당하기 시작했다.

교회는 곧 분열되기 시작했고, 권력과 결탁한 일부 성직자들은 로마 황제에 영합하고자 하였다. 즉 권력자들의 입맛에 맞게 맞추고자 교의(教義)를 재단질하여 단순화, 표준화하려는 시도가 이루어지기 시작했다. 그 과정이 서기 325년의 니케아 종교 회의를 시작으로 5차에 걸쳐 열렸던 종교 회의들이었다. 그 대표적인 예로 니케아 종교 회의에서는 콘스탄티누스 황제의 압력에 의해 예수는 하나님의 아들이라는 신분에서 하나님과 동격, 즉 하나님 자신으로 격상돼 버렸고, 그 후 이것은 교회의 도그마(教義)로 굳어졌다. 그리고 이렇게 교회가 정치권력에 붙어 함께 연합된 체제가 정통과 이단을 마음대로 결정하고 심판하게 되었다. 여기에 동조하거나 동의하지 않는 주교들은 즉시 파문되었고, 그 누구든 이단으로 찍히면 가혹한 처벌이 가해졌다.

그 후 결국 서기 553년, 오리게네스의 사상을 비난했던 독재적인 유스티니아누스 황제에 의해 콘스탄틴노플에서 소집된 제5차 종교회의에서 <윤회환생론>은 이단으로 결정되고 말았다. 즉 로마 황제의 들러리 정도에 불과했던 전체 대다수의 동로마 출신의 주교들(159명)은 유스티니아누스 황제가 심의를 제안했던 <오리게네스에 대한 15개 조항의 이단 선고문>을 황제의 명에 따라 비준하여 채택했던 것이다.(※윤회론이 우세했던 서로마 출신의 주교들은 6명 밖에 참석이 허가되지 않았고, 그나마 동수의 주교 참석을 주장했던 실권 없던 교황은 불참했다.) 그 15개의 조항 가운데 4개가 윤회환생에 관한 것이었고, 그 첫 번째 조항은 이러하였다.

1. 그 누구든 간에 (태어나기 전의) 영혼의 선재(先在)를 주장하거나 영혼이 다시 태어난다는 환생을 주장하면 파문할 것이다.

결국 기독교는 A.D 4세기경에 영지주의를 이단으로 정죄하여 몰아냄에 이어 윤회사상마저 이단으로 선고함으로써 사실상 기독교에는 그리스도의 핵심적 가르침의 대부분이 빠져버린 결과가 되었다.

그런데 당시에 권력과 영합했던 교회 성직자들이 「윤회환생론」을 기독교에서 몰아낼 것을 합의한 것은 우선 로마 황제의 압력 탓이기도 하겠으나, 전생이나 환생을 인정할 경우 신자들을 통제하는 자신들의 영향력이 약화된다는 데 또 다른 이유가 있었다. 왜냐하면 만약 영혼이 반복해서 계속 다시 태어난다고 가르친다면, 생존 시에 교회를 통해 예수를 믿느냐 안 믿느냐는 요건에 의해 사후의 심판과 영원한 구원 여부(천국과 지옥행)가 결정된다는 당시의 교회 교리가 무의미해지기 때문이었다. 또한 그로인해 교회의 존립자체가 위협받게 될 것이 뻔한 노릇이기 때문이었다. 따라서 그때나 지금이나 성경을 글자 그대로 믿는 문자주의자 또는 원리주의자들은 자기들의 교회 권력을 유지하고 신도들을 묶어두기 위해서 심판과 구원이라는 협박과 미끼를 사용하며, 또 원죄(原罪)라는 죄의식과 두려움을 주입시켜 그들을 조종하는 것이다.

이러한 5차 종교 회의의 선고에 따라 곧이어 전(全) 유럽에서는 이단으로 낙인찍힌 윤회환생을 믿는 기독교인들을 잡아 화형(火刑)에 처하는 피비린내 나는 박해가 수백 년간에 걸쳐 일어나기 시작했다. 자연히 환생론자들이나 그리스도의 비의적 가르침들을 보존하고 따르던 사람들은 박해를 피해 점차 지하로 숨어들거나, 박해의 손길이 미치지 않은 사막이나 산악지대에 나가 소수의 공동체 생활을 영위하게 되었다.

그러나 수세기 이상을 지하에 잠적해 있던 이 교파들은 12세기에 들어서면서 다시 부흥하기 시작했다. 독일과 남프랑스의 카타리(Cathari)파와 알비(Albi)파 기독교도들, 불가리아의 보고밀(Bogomil)파, 북이탈리아와 발칸의 파타렌(Pataren)파 기독교인들이 여기에 해당된다.

특히 카타리파는 남프랑스의 랑도크 지방에서 번창했다. 이곳은 정치적으로 문화적으로 북쪽 지방과는 달랐으며, 매우 자유롭고 관용적이라는 차이가 있었다. 이곳에서는 많은 종류의 인종들, 즉 그리스인, 페니키아인, 유대인, 이슬람인들이 함께 어울려 조화롭게 살았다. 반복적인 환생의 경험과 수행을 통해 순환된 영혼은 신(神)에게로 다시 돌아간다는 신앙을 지녔던 이들은 에세네파와 초기 기독교 시대의 영지주의 전통을 그대로 이어받고 있었고, 초대 사도 시대의 본래의 그리스도교를 회복하고자 노력하였다. 그리고 이단을 제거한다는 명목으로 철저히 가해지는 처형과 끔찍한 보복의 위협에도 불구하고 이들은 급속하게 퍼져 나갔다.

그러자 1204년과 1208년, 두 차례에 걸쳐 당시의 무지몽매한 교황 이노센트(Innocent) 3세는 이들을 토벌하기 위해 십자군을 조직할 것을 선포했다. 그리고 그는 여기에 참여하는 병사들에게 원죄를 포함한 모든 죄(罪)의 사면(赦免)과 영원한 구원, 사후의 천국행 보장, 또 약탈한 이교도들의 모든 땅과 재산 등의 전리품 소유를 보장하였다. 당시 십자군 감독을 담당할 사제(司祭)가 어떻게 이단자와 비이단자를 구분해서 죽이고 남겨둘 것인가를 교황에게 묻자, 교황은 이렇게 답변했다고 한다.

제9300호 1995년4월8일 土曜日 中 央 日

"윤회사상" 西歐서도 보편화

해외 출판화제

등 서구 여러나라의 타블로
잡지를 보면 『전생의 짐을
으시렵니까』와 같은 헤드라
종 등장한다. 소위 말하는
지」의 물결을 타고 불교철
심인 윤회사상이 기독교가
인 사회에도 깊숙이 파고들
입증해주는 현상인 것이다.
선정적인 잡지가 아니더라
통계를 보면 윤회사상이
들에게도 상당한 호소력을
있음을 알 수 있다. 지난 81
이 미국내 종교실태를 조사
에 따르면 당시 인구의
3천8백만명이 윤회사상을
으로 드러났다. 최근 캐나
대상으로 한 갤럽여론조사에
구의 29%가 사후에 다른 삶
시 태어난다고 믿고 있어 윤
서구에서 보편적인 사상으
잡고 있는 것으로 확인됐다.
가운데 이번에는 프랑스에
한 옥스퍼드 출신 신학자인
교수가 서구사회의 윤회사
를 조명한 『윤회사상탐구』
te sur l'existence de la R-
tion-Filipacchi刊)를 펴내
연구에 활기를 더하고 있
신학자중 드물게 윤회사
게 믿는 맥그리거교수는 고
철학에서 윤회사상을 끌어
독교와 윤회사상의 양립가
탐색하고 있다.
서구에서 윤회사상이 보편
있는 현상에 대해 저자는
십년동안 서구사회에서 기

독교가 부진한 틈을 동양종교가 파고드는 현실을 꼽고 있다. 인간의 가장 근본적인 문제인 생(生)과 사(死)를 이야기한 윤회사상이 기독교의 퇴조로 정신적 공허함을 겪고 있던 서구인들에게 하나의 좋은 대안이 될 수 있었다는 설명이다.

인간이 죽으면 다른 생명으로 환생한다는 윤회사상은 인류의 철학

로 전해진 것은 인도를 통해서였다. 피타고라스를 거쳐 플라톤으로 이어지면서 정착하게 되는데 플라톤은 이 사상을 자신의 이데아에 접목시켰다. 플라톤의 영향으로 초기 기독교인들, 특히 알렉산드리아 학파는 윤회사상을 적극적으로 수용하는 쪽이었다.

저자는 성경의 새로운 해석을 통

면서 죄의 사함을 받게 되는데 이 과정에서 영혼의 순결을 얻고 마지막으로「천상의 음악」을 듣게 된다. 일단 죽은 뒤에도 영혼이 계속된다고 믿는 마당에 기독교인이라고 해서 윤회를 믿지 말아야 할 이유는 없다고 저자는 강조한다.

저자가 신약성서에서 윤회사상을 도출해내는 부분은 신약성서의 히

佛신학교수 『윤회사상탐구』 册 펴내

"성경의 연옥도 윤회 한 단계다" 주장

서양인들의 불교에 대한 관심을 형상화한 베르나르도 베르톨루치 감독의 영화 『리틀 부다』. 맥그리거교수는 기독교에도 동양의 전통사상인「윤회」의 개념이 내재돼 있음을 밝힌다.

중에서 가장 오래됐을 뿐만 아니라 원시종교에서도 그렇고 고등종교에서도 가장 보편적으로 나타나는 가르침의 하나다. 윤회는 힌두교에서도 주요 사상으로 받아들여져 인도문화를 형성하는데 크게 기여했다. 유태교에서도 전혀 낯선 사상만은 아니다.

서구철학계에 윤회사상이 처음으

해 성경에서도 윤회사상을 엿볼 수 있다는 주장을 펼친다. 가령 기독교에서 말하는 연옥의 개념은 윤회사상과 유사한 점이 많다고 한다. 두 개념의 뿌리까지 접근해가면 똑같은 사상을 표현만 달리한 것에 지나지 않는다는 것이다.

저자는 연옥도 윤회의 한 단계라고 본다. 사후 인간은 연옥을 거치

브리서 9장 27절. 『한번 죽는 것은 사람에게 정하신 것이요, 그후에는 심판이 있으리니』라는 부분이 오해되고 있다고 저자는 설명한다. 이 구절의 참뜻은 인간의 죽음은 속세에서의 삶에 종지부를 찍는다는 것이지 영혼의 부활까지 부정하는 의미는 아니라는 것이다.

<鄭命鎭기자>

" 모조리 죽여라. 하나님이 알아서 구분하실 것이다." 이들의 씨를 말리라는 교황의 명령에 의해 프랑스 남부 랑도크 지방으로 쳐들어간 십자군은 남녀노소(男女老少) 보이는 대로 사람들을 학살하기 시작했다. 이때의 공격으로 한 대성당에서만 12,000명이 죽음을 당했고, 모두 합쳐 약 6만~10만 명이 죽었다고 기록되었는데, 단 1명의 어린 아이조차 살아

남지 못했다고 한다. 이와 마찬가지로 1244년, 알비파 기독교도들 역시 피레네의 마지막 요새에서 어린 아이들을 포함해 모조리 학살되었다.

이렇게 1209년에서 1244년까지 십자군과 이단 심문관들에 의해 자행된 학살과 고문, 화형(火刑) 등으로 인해 유럽에서 약 100여만 명의 기독교인들이 몰살당했는데, 불과 35년이라는 단기간에 이렇게 많은 사람들이 종교적 박해로 목숨을 잃은 사건은 세계 2차 대전 이전까지는 그 유례를 찾아볼 수 없는 대참극이었다.

이러한 종교 대학살에 이어서 역시 로마 교황의 공인 아래 18세기 초까지 유럽에서 진행된 <마녀 사냥> 역시도 이단색출 및 제거라는 명목으로 무고한 사람들에게 자행되어진 똑같은 맥락의 야만적인 대량 학살 행위였다.(사망자 약300~600백만 명으로 추산) 한번 깊이 생각해보자. 같은 기독교인이면서, 소위 공식적 교리라고 확립된 것과 좀 다른 신앙을 가졌다는 이유만으로 아무런 잘못도 없는 사람들을 아이들이고 여자들이고 노인이고 할 것 없이 무자비하게 마구 잡아 죽이는 이들의 정체는 과연 무엇이었을까? 보통 사람의 상식으로 판단할 때, 이들은 미치광이들이 아니면 바로 이들이 마귀, 사탄이 아니었을까?

그런데 가톨릭뿐만이 아니라 나중에 개신교 역시도 이단 심문과 더불어 아메리카로 이주 시에 그곳의 인디언들이 이교도라는 것만으로 대대적인 학살행위를 저지르기는 마찬가지였다. 그들은 모두 어디까지나 하나님과 신성한 그리스도의 이름으로 이단자들과 이교도들을 척결한다는 명분하에 인간의 탈을 쓰고 이러한 야만적인 행위들을 주저 없이 단행했던 것이다.

또한 당시 일반 기독교인들뿐만이 아니라 조르다노 부루노

(Jordano Buruno)와 같은 16세기의 가장 위대한 기독교 철학자 역시도 이단몰이의 희생양이 되었다. 부루노는 12세기 프랑스의 카타리파가 전멸된 이후, 영지주의 가르침의 맥을 정확하게 잇고 있던 사상가였다. 그는 당시로서는 용납될 수 없었던 코페르니쿠스의 <지동설(地動說)>을 지지했고, 윤회환생, 지구 자체가 영적의식(靈的意識)이 있다는 것, 더 나아가 우주의 모든 천체에는 외계 생명체가 존재한다는 선지자적 주장과 가르침을 폈었다. 그의 이런 사상은 21세기인 지금에도 상당수의 사람들이 모르고 있거나 반신반의하는 내용들로서 참으로 혁명적이고도 놀라운 선견지명(先見之明)이었다. 그러나 이런 그의 혜안적인 주장들은 당시의 무지한 가톨릭과 개신교 양쪽 세력들로부터 이단이라고 공격을 받았고, 죽음의 위협 앞에서도 신념을 굽히지 않았던 그는 결국 종교재판에 회부되어 산 채로 화형 당했다.

한편 부루노에 앞서 13세기에는 신성(神性)과 합일되는 신비적" 영성 체험"을 강조했던 독일의 기독교 신비주의자 에크하르트(Eckhart,1260-1327) 역시도 위험한 교리를 유포했다하여 종교재판에 회부되어 이단으로 정죄되고 저작물의 상당수가 폐기된 사례가 있었다. 오늘날 많은 학자들이 평가하듯이 에크하르트는 기독교권에서 불교의 견성득도 체험에 다를 바 없는 높은 영적 경지를 성취했던 위대한 신학자이자 사상가였다. 그럼에도 어둠의 행성인 지구에서는 이처럼 옛날이나 지금이나 시대를 앞서간 선지자, 선각자들이 박해받기는 마찬가지인 것이다.

그 이후 영지주의의 맥은 유럽에서 거의 끊어졌고, <장미십자단>과 같은 극소수의 비교(秘敎) 단체들 속에서만 간신히 명맥을 유지해 왔다. 15세기 로젠 크리우츠(Rosenkreuz)라는 한 위대한 스승에 의해 독일에서 창설된 장미십자단은 그리스도의 비전적 가르침을 유럽 세계에 전파하려 했던 또 하나의 중요한 흐름이었다. 이 단체의 그 주된 철학은 그노시스에 뿌리를 둔 오컬트(神秘學) 사상이었다. 즉 인간의 영혼은 불변의 인과법칙에 따라, 성경의 "하늘에 계신 아버지와 같이 너희도 완전해 지거라(마태 5:48)" 라는 말씀대로 온전한 상태에 도달하기까지 탄생을 통해 이 지구라는 거대한 학교에 배우기 위해 반복해서 돌아온다는 것이었다. 16~18세기에 걸쳐 활동했던 이 비밀결사는 하지만 당시 가톨릭과 개신교의 탄압을 피해 주로 지하에서만 움직일 수밖에 없었다.

그러나 영지주의는 드디어 19세기 말에 이르러서야 러시아 출신의 신비주의자 H.블라바츠키(Blabatsky)가 미국인 H. 올코트(Olcott)와 함께 뉴욕에서 신지학회(神智學會)를 공동 창립함으로써 비로소 공식적으로 다시 부활했다. 1875년에 창립된 신지학은 소수의 신비주의자들에게만 비전돼 오던 기독교와 불교를 포함한 모든 종교의 근본 진리를 종합하여 지식체계를 정립하였다. 그리고 서구사회에 환생의 개념을 포함한 이런 진리들을 활동적으로 전파하기 시작했다.[5]

신지학자(神智學者)였던 블라바츠키와 애니 베산트를 비롯한 C. 리드비터, 앨리스 베일리, A. 시네트 등의 여러 저술(著述)들은 서구세계에 묻혀 있었던 영지주의의 불씨를 다시 당겨 서구인들이 오늘날 그리스도의 참 진리를 이해하고 동양의 종교들에 관심을 가지도록 자극하였다. 신지학은 동, 서양의 종교들이 진리에 있어서 결국은 하나라는 것을 서구인들이 깨닫도록 하였고, 편견 없이 동양의 종교를 받아들일 수 있는 기초를 닦아 놓았다는 점에서 중요한 역할을 한 바가 있다. 그러므로 19세기의 신지학에 이르기까지의 서양에

5) 블라바츠키가 이러한 작업을 시작한 것은 우연이 아니라 새 시대를 준비하기 위한 지구 영단의 대사(大師)들의 계획적인 인도와 지시에 의한 것이었다.

서의 진리의 주된 흐름은 다음과 같은 맥으로 연결되어 왔다.

◎ 에세네파 → 예수의 가르침 → 영지주의 → 클레멘스와 오리게네스의 사상 → 중세 카타리파와 보고밀파, 알비파 기독교 → 에크하르트 사상 → 장미십자단과 J. 부루노의 사상 → 신지학회

종교적 독선의 오류와 그 위험성

지금까지 살펴 본대로 인류의 종교 역사상 기독교의 이단 시비만큼 피로 얼룩진 처절한 비극을 불러온 예가 없었다. 기독교의 역사는 곧 이단 시비와 이교도들에 대한 박해로 인해 물들여진 피의 역사이다. 기독교가 이웃을 네 몸처럼 사랑하라는 그리스도의 가르침과는 정반대로 이런 인간 이하의 잔혹행위로 점철되어 있다는 것은 너무도 아이로닉 하지 않은가?

한편 동양의 종교인 불교나 힌두교, 도교, 유교 등에서는 인간의 본성과 도리 및 유기체적 자연관(自然觀)을 깨닫도록 가르치고 인도했을 뿐이며, 이 종교들은 모두가 평화 지향적 종교들이다. 하지만 종교의 본래 목적에 반한 기독교 역사의 이러한 유혈참극은 너무나 무지했던 성직자들이 예수 그리스도의 본래의 가르침을 변조, 삭제하고 또 오해한 데서 비롯되었다고 할 수 있다. 또한 그런 오류의 연장선상에 있는 것이 기독교 사상에 토대를 둔 서구문명의 자연관(自然觀)이다. 즉 자연을 인간을 낳아준 모태(母胎)로 보지 않고 오히려 정복하고 개발해야 할 대상으로 잘못 본 기독교적 바탕의 서양의 물질문명이 오늘의 지구파괴와 인류의 총체적 위기에 상당 부분 책임이 있다.

그리고 무엇보다도 과거에 기독교가 이단정죄와 아울러 타종교를 배척하거나 이교도들을 박해한 행위는 이웃 사랑을

♣ **참고사항**

◇ **윤회환생을 주장했거나 믿었던 서양의 대표적 유명인들**

* 소크라테스, 플라톤, 피타고라스, 아리스토텔레스, 오리게네스, 클레멘스, 유스티누스, 플로티누스, 성 아우구스티누스. 플루타크, J. 부르노, 헤겔, 쇼펜하우어, 볼테르, (以上 철학자, 신학자)
* 괴테, 찰스 디킨스, 빅토르 위고, H.헷세, 톨스토이, 발자크, 도스토예프스키, 예이츠, 코난 도일, 롱 펠로우, 플로베르, 애드가 앨런 포우, 입센, F. 실러, R. 브라우닝, 서머넷 모옴, W.휘트먼, 블레이크, 밀턴, 칼릴 지브란, 조지 러셀, 조안 그랜트, 올더스 헉슬리, 에머슨, 마크 트웨인 (이상 작가, 시인)
* 윌리암 제임스, C. G,융(Jung) (이상 심리학자) 올리버 롯지 (과학자) 베토벤(음악가)
* 나폴레옹, 벤자민 프랭클린, 링컨 (이상 정치가), 스웨덴보르그 (과학자)
* 에디슨(발명가), 헨리 포드(기업가), G. 패튼 장군(군인)

현대의 성직자들 중에도 초기 기독교의 성인들처럼 윤회에 대해 긍정적인 시각을 가진 사람들이 있다. 벨기에 가톨릭 교구의 메르시 추기경은 " 개인적으로 윤회사상을 믿지는 않지만 윤회론이 가톨릭교회의 본질적인 가르침과 모순되지는 않는다." 고 선언했고, 영국 런던 성바울 교회의 잉그 감독은 " 윤회론과 근대 감리교 교리사이에는 아무런 모순이 없다." 고 말했으며, 감리교 목사인 레슬리 웨더헤드도 윤회론의 지지자였다.[6]

6) <우리는 영원히 헤어지지 않는다> P. 29~30 김영우 저, 정신세계사

지극히 강조한 예수의 핵심 가르침에 대한 명백한 거역이자 배신행위라고 밖에는 할 수 없을 것이다.

그리고 지금도 어느 종교를 막론하고 이단 시비나 타종교를 배척하려는 바탕에는 내 것만이 옳고 우월하며 자기들만이 선택받았다는 배타적 독선(獨善)과 착각, 그리고 오만함이 도사리고 있는 것이다. 하지만 종교적 독선은 반드시 이웃 간에, 더 나아가 사회와 국가 간에 불화(不和)와 반목(反目), 전쟁을 불러올 뿐이다. 인류의 불행한 역사는 이를 너무나 여실히 증명해 주고 있지 않은가? 편리하게 자신들 비위에 안 맞으면 무조건 여기 저기 갖다 붙이는 <이단>과 <마귀>라는 딱지는 스스로의 독선과 무지를 드러내는 것 외에 그 무엇도 아닌 것이다.

따라서 바야흐로 새로운 우주문명시대를 코앞에 둔 21세기 초의 이 시점에 이러한 중세기적인 미개한 행위들이 이제는 사라져야만 될 것이다. 그럼에도 아직도 미망에 사로잡혀 자기들의 주관적인 인간의 잣대로 이런 행위에 열중해 있는 종교인들이 있다면 신약에 나오는 예수의 다음과 같은 말씀을 한번 새겨 볼 필요가 있다.

" 너희가 심판받지 않으려거든, 남을 심판하지 말아라. 너희가 남을 심판하는 그 심판으로 하나님께서 너희를 심판하실 것이요, 너희가 되질하여 주는 그 되로 너희에게 되어서 주실 것이다. 어찌하여 너는 남의 눈 속에 있는 티는 보면서, 네 눈 속에 있는 들보는 깨닫지 못하느냐? 네 눈 속에 들보가 있는데, 어떻게 남에게 ' 네 눈에서 티를 빼내 줄 테니 가만히 있거라' 하고 말할 수 있겠느냐? 위선자야, 먼저 네 눈에서 들보를 빼내어라. 그래야 그 때에 눈이 잘 보여서 남의 눈에서 티를 빼 줄 수 있을 것이다."

[마태복음 7:1~5]

그리고 오늘날의 교회가 예수 그리스도의 진정한 가르침을 받들고 따르는 참다운 신앙의 장소가 되기 위해서는 예수께서 언급하셨듯이 이제 점차 변화해야만 할 것이다. 그래야만 기독교는 오늘날 하늘이 부여한 시대적 소명을 담당하고 수행하는 중요한 신앙체로서의 역할을 해낼 수 있을 것이다.

이제 최종적으로 예수 그리스도의 충격 메시지 1,2권에서 예수께서 새로이 밝혀 주신 몇 가지 주요 종교적 요점들을 복습한다는 의미에서 총 정리해 보도록 하겠다.

1. 십자가 수난과 부활 및 승천 - 십자가 수난과 부활의 참뜻은 인류의 죄나 책임을 대신 떠맡는 대속(代贖)이라는 의미가 아니라 죽음 이후에도 인간의 생명은 육체와는 다른 영체(靈體)의 형태로 영속한다는 것을 인류에게 보여주기 위한 것이었다. 그러므로 인간 각자의 행위에는 응당한 책임이 따르며, 성경상의 " 심은 대로 거두리라." " 칼로 일어난 자는 칼로 망하리라." " 그가 각 사람의 행위대로 보응하시리라.(잠언 24:12)"는 말대로 우주의 기본법칙은 어디까지나 인과응보(因果應報)이다. 그러나 철저한 회개와 참회에 따른 하늘의 은총에 의해 악업에 대한 응보가 연기되거나 감면될 수는 있다.

그리고 부활은 물질적 육체로서의 부활이 아니라 빛의 몸(Light Body)이라는 보다 높은 에너지 진동체(振動體)로서의 부활이었다.[7] 또 부활의 진정한 의미는 앞으로 곧 다가올 새로운 시대에 인류가 그러한 빛의 체(體), 즉 높은 진동수의

---

7) 그렇다고 부활했을 때의 이 에너지체가 영혼과 동일한 것은 아니라고 보여진다. 그 진동수에 있어서 육체보다 빠르고 영혼의 진동수에 근접하나 진화된 우주인들이 현재 지니고 있는 반(半)-에텔체나 에텔체와 같이 노화가 없는 빛의 에너지체이다. 지구상의 우주인 접촉 사례에서 많이 목격되었듯이 이 에너지체는 벽이나 문을 그대로 통과한다. 신약 [요한복음 20:19~29절] 에서 예수님이 홀연히 방 안에 나타난 상황과 똑같은 것이다

에너지체를 가지게 되고 노화나 질병, 죽음이 없이 영생하게 된다는 것을 시범보이는 데에 주 목적이 있었다. 제자들 눈앞에서 이루어진 예수님의 승천(昇天) 역시도 장차 인간이 빛(Beam) 속에서 하늘로 들어 올려 질 수도 있다는 것을 인류에게 보여주기 위한 일종의 시범이었다.

2. 지구의 차원상승과 구원의 문제 - 지구는 머지않아 새로운 천상의 차원으로 상승하여 지금의 3차원에서 4~5차원으로 승격하게 된다. 이에 아울러 인간의 현 2가닥의 나선형 DNA(유전자) 구조가 12가닥의 DNA 구조로 바뀌게 되고, 인체의 에너지 센터인 차크라도 7개에서 13개로 변형될 것이다. 그리하여 지구는 평화의 지복천년기로 들어가게 되며, 하늘의 천도섭리에 의해 지구상의 인간들을 빛의 영혼과 어둠의 영혼으로 분리하게 된다. 따라서 우선 인간 각자는 누구나 자기 내면에 쌓여 있는 부정적인 감정의 불순물들을 청소해 내고 정화해야만 한다.

그리고 향후의 구원은 단순히 교회에 나가 예수를 믿는 것만으로 이루어지는 것이 아니다. 즉 그 어떤 종교를 신앙하느냐에 관계없이 이웃 사랑의 실천과 인류와 지구를 구하기 위한 헌신적이고 실천적인 봉사를 통해서 이루어진다. (※ [마태복음 7:21]의 내용은 바로 여기에 해당된다. "나더러 주여, 주여 하는 자마다 천국에 들어갈 것이 아니요 다만 하늘에 계신 내 아버지의 뜻대로 행한 자라야 들어가리라") 아울러 지속적인 명상 수행을 통해 내면의 고차원적 자아나 신(神)과 소통되고 연결됨으로써 비로소 천상의 차원으로 승격될 수 있고, 하늘의 메시지를 받을 수 있다.

3. 종교의 분열과 부패의 문제 - 지구상에는 오래 고대부터 미개한 인류를 정신적으로 계도(啓導)하고 깨달음으로 이끌

기 위한 빛의 스승들이 천상으로부터 파견되어 왔다. 그들이 인류 역사상의 선지자, 선각자들이었고 각 종교의 교조(敎祖)들이었다. 그들의 인류 계도 차원에서 이루어진 가르침들이 후세의 제자들이나 신도들에 의해 교리화되고 조직화되어 교단(敎團)을 형성하고 발전되어 왔다. 그 가르침들은 근본적으로 동일하나, 단지 오랜 세월에 거치는 과정에서 인간적 차원에서 잘못 이해하거나 인간의 손에 의해 일부 변조되고 왜곡됨으로써 서로 다른 것인 양 오해되어 왔다. 또 그 어떤 성현도 이교도라고 해서 그들을 박해하고 배척하라고 가르치거나 그렇게 의도한 바가 없다.

인류와 지구를 구하기 위해 지금 하늘에서 전개하고 있는 우주적인 대작전에는 모든 종교의 교조들과 스승들이 다함께 협력하고 있다. 그리고 왜곡되고 오도된 교리로 신도들을 세뇌하고 그들을 신(神)과 직접 소통할 수 있도록 인도하거나 돕지 않으면서 헌금 받아 자기 금고를 채우고 있는 모든 종교의 성직자들은 거기에 대해 응당한 카르마적 책임을 져야만 한다. 또한 신도들은 그러한 종교단체에는 헌금이나 시주 등의 재정적 지원을 해서는 안 되며, 또 거기에 나갈 필요도 없다. (※종파나 인종, 국경을 초월해 만인에 대한 사랑의 실천이 없는 종교, 또 빛으로 인도함이 없는 종교는 이미 종교라고 할 수가 없다. 그것은 사실상 이미 일종의 돈벌이 목적의 기업조직이나 예수, 부처 등의 성인의 이름을 이용해 팔아먹는 종교장사와 다를 바가 없는 것이다.)

4. UFO와 외계인 문제 - 우리 태양계와 은하계 도처에는 인류보다 높은 의식과 발전된 과학기술 문명을 이룩한 외계 생명체들이 무수히 존재한다.

또한 어둠의 세력에 속하는 악성 부류의 외계인들 역시 존재하며, 그들 중의 일부가 오랜 고대부터 인류 문명에 관여했고 창조신 행세를 하면서 부정적인 악영향을 미쳐왔다. 그리고 바로 지구의 유대 엘리트들은 그들의 앞잡이 노릇을 하면서 지구인들을 배후에서 조종하고 통제하여 인류의 노예화를 획책해 왔다. 그러나 현재 은하계 전쟁의 종료와 더불어 어둠의 외계세력은 지구 관여는 차단되었으며, 유대 그림자 정부 역시 종말을 앞두고 있다.

한편 인류를 도우려는 빛의 우주인 세력들은 심각한 우려 속에서 인류의 자연 파괴적이고 호전적인 문명과 핵실험을 멈추지 않는 위험한 장난을 주의 깊게 관찰해 왔다. 우주인들은 지구상의 주요 정부들에게 이러한 문제에 대해 주의와 경고를 해왔으며, 이미 대규모의 은하연합 UFO 함대가 지구 주변에 와서 대기하고 있기까지 하다. 머지않아 그들은 지구와 인류를 구하기 위해 지구에 개입할 가능성이 높으며, 인류와 본격적으로 접촉하게 될 것이다.

5. 그리스도의 재림 문제 - 재림은 이미 그 계획이 결정되었다. 다만 그 시기를 정하는 결정권자가 우리 우주의 아버지인 그리스도 미카엘이므로 그의 결정에 의해 머지않아 실행될 것이다. 또한 재림 사건은 예수 자신뿐만이 아니라 천상의 모든 영적 대사들과 천사들, 우주인들이 함께 강림하는 전 지구적 프로젝트로서 이루어 질 것이다.

◇ 최근의 종교적 흐름들에 대한 반추 - 추가로 최근에 우리 사회에서 진행되고 있는 몇 가지 긍정적인 종교적 흐름에 대한 필자의 개인적 소견을 정리하여 피력하고자 한다.

1. 종교 화합의 희망의 불빛 - 종교 다원주의(多元主義)

위에서 살펴본 대로의 그리스도의 주요 가르침에 비추어 볼 때, 최근에 나타나고 있는 종교 다원주의 움직임은 하늘의 뜻에 적절히 부합되는 것이다. 각 종교의 고유성과 다양성을 존중하고 인정하면서도 종교 간의 열린 대화와 공존공생을 추구하는 현대의 종교 다원주의(多元主義)의 흐름은 매우 바람직하다. 특히 불교와의 교류와 대화에 적극적인 가톨릭의 이러한 움직임은 매우 고무적이다. 가톨릭은 이미 1962년 제2차 바티칸공의회에서 회칙과 교황의 선언으로 ' 타종교에도 구원이 있다'고 공표한 바가 있다. 또한 개신교 내에서도 교회 밖에도 구원이 있음을 용기 있게 피력한 몇몇 목사님이나 신학자들의 선구자적 행동은 모범이 될 만하다.

덧붙여 최근에 S복음 교회 J목사님은 동국대 불교대학원의

길상사 음악회에 참석한 김수환추기경 15일 저녁 서울 성북동 길상사에서 열린 음악회에 참석한 김수환 추기경(오른쪽 두 번째)을 원불교 박청수 교무와 법정 스님, 길상사 주지 덕조 스님(왼쪽부터) 등이 반갑게 맞이하고 있다. 이날 음악회는 미혼모 자녀 등의 국내입양을 위해 천주교가 세운 성가족입양원을 돕기 위해 마련됐다. 최순호기자 (블로그)choish.chosun.com ▶기사 A8면

종교간 대화와 화합의 모범을 보여주고 있는 법정 스님과 김수환 추기경님
<조선일보>

초청강의에서 다음과 같이 발언했다.

" 종교는 불교나 기독교나 마호메트교나 평등하다. 나는 불교 강의를 들음으로써 내가 믿는 기독교 신앙을 더 깊이 깨달을 수 있다. 그러므로 불교와 기독교간에 긴밀한 대화를 해야 한다. 상대의 차별성을 인정하면서도 대화를 통해 서로 화해하고 협력할 수 있는 좋은 기회가 이루어진다. 내 것만 절대 진리라고 인정할 수 없으며, 너는 죽이고 나는 살겠다는 식이 되면 상생의 의미가 없어진다. 그것은 부처님도 예수님도 원하지 않을 것이다. 그것은 자비와 사랑의 원리에 어긋난다고 생각한다. 일부 목사들이 종교의 평등성과 차별성을 이해하지 못하고 유아독존적으로 행동하는 경향이 있다."

이러한 성숙하고도 비판적인 발언은 과거의 기독교에 비교할 때 종교적 포용성이라는 측면에서 대단한 장족의 발전이라고 아니할 수 없을 것이다. 종교 성직자라면 누구나 마땅히 이러한 정신적 자세와 이 정도의 영적 그릇을 갖추어야만 한다고 믿는다.

모든 종교는 나름대로 창조신을 믿으며 각자 독특한 방식으로 하느님을 신앙하고 있다. 단지 그에 대한 명칭이나 신관(神觀) 또는 경배 형식이 역사적, 문화적 배경에 따라 좀 다를 뿐인 것이다. 그런데 내가 믿는 방식만이 옳고 나머지는 나와는 다르니 다 가짜이고 마귀 종교이므로 사라져야 한다는 배타적 생각은 매우 위험한 사고라고 아니 할 수가 없다. 기독교가 역사적으로 범해온 오류와 죄악이 바로 여기서 비롯된 것임을 다시 강조할 필요는 없을 것이다.

저 천상에서 예수님과 부처님을 비롯한 모든 성현들이 서로 손잡고 인류 구원을 위해 노력하고 있듯이, 이제 목사와 스님, 신부, 기타 모든 성직자들이 서로 어깨동무를 하고 서로를 존중할 수 있어야 한다. 아울러 모든 종교인들 역시 종교간의 상호비방이나 배타성을 버리고 하나로 화합해야 할 것이다.

2. 막달라 마리아의 명예회복의 필요성

사족(蛇足)으로 덧붙여 한 가지 더 언급한다면, 최근 <다빈치 코드>라는 책이 전 세계적인 열풍을 일으키며 베스트셀러로 자리매김했는데, 그 내용은 알다시피 예수와 막달라 마리아와의 결혼 문제에 관한 것이다. 이미 과거 1980년대에 <성혈과 성배>라는 책이 이 문제에 관해서 거론함으로써 세계적 논란을 불러일으킨 바가 있었다. 여기에는 많은 추측과 가능성이 제기되고 있기에 무조건 그러한 가능성을 전적으로 부정할 수는 없겠으나, 현재로서는 구체적 증거가 부족하기에 뭐라고 단정 짓기는 힘들 것 같다. 그럼에도 설사 만에 하나 예수님이 결혼을 했었다고 가정하더라도 <빛의 시현자(示現者)>이자 <신성(神性)의 예시자(例示者)>로서 오셨던 그 분의 빛나는 명예가 결코 손상되거나 실추되는 것은 아니라고 생각된다.

그런데 여러 가지 정황과 증거들로 미루어 볼 때 막달라 마리아가 일반 기독교에서 인식하듯이 창녀(娼女)가 아니었음은 분명한 것 같다. 다빈치 코드에 직접적인 영향을 주었다는 책인" 성배와 잃어버린 장미(The Woman with the Alabaster)" 의 저자인 마가렛 스타버드는 막달라 마리아가 여신을 모시던 신성한 여사제(女司祭)였을 가능성을 제기하고 있다.

그런데 이와 관련해 2003년 12월 미국의 시사주간지 <뉴스위크(News Week)>는 예수 부활의 최초의 목격자로서 성서 속에서 중요한 위치를 차지하면서도 그동안 창녀로 알려져 온 막달라 마리아가 그 오명을 벗고 있다고 보도했다. 성서에 막달라 마리아가 창녀였다는 기록이 없음에도 불구하고 그녀는 왜 회개한 창녀로 전해져 내려오는 것일까? <뉴스위크>는 591년 그레고리 교황이 예수의 발을 씻은 창녀에 대해 설교를 하는 과정에서 막달라 마리아를 섞어 넣음으로써 그녀가 창녀로 불리기 시작했다고 언급했다.

예수의 든든한 후원자였으며 최초로 예수의 부활을 지켜본 증인인 막달라 마리아가 창녀의 오명을 쓰게 된 데에는 그가 남성 중심적 교회에 위협이 됐기 때문이라는 지적이다. 이단으로 분류된 한 복음서에는 마리아가 예수의 가르침에 대한 탁월한 이해력을 바탕으로 예수의 수제자 베드로와 경쟁했다고 기록돼 있다고 뉴스위크는 전했다. 이 때문에 그녀는 남성 중심 교회에 있어 질투의 대상이었으며, 남성 성직자들은 그녀를 창녀로 전락시켰다는 것이다. 뉴스위크는 "성서 속 등장인물 3,000여명 가운데 여성의 비율은 10% 미만"이라며 "최근 여성 신학자를 중심으로 성서 원본을 통해 성서 속의 여성 인물들을 재해석하는 노력이 진행되면서 막달라 마리아도 명예를 회복할 수 있게 됐다"고 전했다.[8]

만법귀일(萬法歸一) - 본래의 자리, 하나로 돌아가자

우리 민족 고유의 신성한 경전인 <천부경(天符經)>이 일찍이 서두와 말미에서 " 일시무시일(一始無始一). 일종무종일(一終無終一)" 이라고 가르치고 있듯이, 우주 삼라만상과 더불어 우리 인류 모두는 본래 하나님(하느님)의 세계인 하나에서 나왔고 다시 하나로 돌아가야 할 존재들이다. 성경에서 예수는 이를 " 집 나온 탕자(蕩子)의 이야기"로 비유해서 우리가 아버지의 집으로 돌아가야 한다고 설파했었다. 불교에서는

---

8)조선일보 2003년 12월 4일자

또한 이를 인간이 팔정도(八正道)의 수행을 통해 번뇌와 미망을 초극하고 도달케 된다는 “열반(涅槃)의 세계” “본래면목(本來面目)” “참나(本性)의 자리”로 언급해 왔다. 결국 똑같은 가르침들임에도 불구하고 우리는 이를 오해하거나, 단지 인간의 생각에 의해 만들어진 잘못된 이념이나 종교 교의(敎義) 따위가 우리를 갈가리 분열시켜 왔던 것이다. 이제는 내 종교만이 옳고, 내 종교에만 구원이 있고, 나와 내 가족만 구원받겠다는 유치한 독선적 착각과 이기적인 개체의식(個體意識)을 넘어서야 할 천시(天時)이다. 옛말에 “순천자(順天者)는 흥하고 역천자(逆天者)는 망한다.”라고 했듯이 독단적인 잘못된 믿음에 사로잡혀 하늘의 천도섭리를 거스르려고 해서는 안 될 것이다.

이제 글을 마치면서 마지막으로 한 가지 독자들께 주의를 당부하고 싶은 것은 있다. 그것은 국내외를 막론하고 UFO 문제가 주요 이슈로 떠오르고 점차 대중들의 관심이 높아가는 이러한 시대적 상황에 편승하여 UFO를 이용해 종교장사를 하려는 자들을 조심해야 한다는 것이다. 왜냐하면 이러한 점을 악용하여 인간을 조종하려는 사이비 집단이나 사악한 세력이 또한 지구에는 존재하고 있기 때문이다.

그러므로 자신이 UFO 접촉자임을 자칭하며 유일의 구세주마냥 자신을 신격화, 우상화하려 하거나, 또 자신의 손을 통해 우주 에너지 안수를 받아야만 휴거되어 우주선에 들려 올라갈 수 있다는 식으로 현혹하는 자들은 일단 경계해야 한다. 또는 우주인의 DNA 과학 운운하며 그들이 인류의 창조주라거나 신(神)이나 영혼의 부재(不在)를 주장하는 자들, 또는 윤회환생의 부정, 인간복제를 통한 영생 따위의 주장을 하는 부류들은 거의 사기꾼 내지는 진실성이 결여돼 있으므로 신뢰해서는 안 된다.

참다운 진리는 오직 예수와 석가(釋迦), 공자와 같은 성인들께서 설파하신 말씀을 귀감으로 따라가야만 하는 것이다.

그리고 이제 머지않아 마침내 천상에서 예수께서 타고 오신다고 한 <권능의 구름들>이 하늘에 나타나 지구의 대도시 상공을 뒤덮을 때, 비로소 우리는 이 모든 것에 대한 진실을 깨닫게 될 것이다.

이제 펜을 놓으며 이 책을 통해 한 사람이라도 더 진리의 빛을 발견하고 스스로 영적 승격을 이룰 수 있기를 간절히 기원한다.

(光率)

◇ 참고 및 인용문헌

· Dead Sea Scrolls:The Unfold Story- by Kenneth Hanson(1997)
· Secrets Teachings of Jesus - Four Gnostics Gospels. by Marvin W. Meyer(1986)
· The Dark side of Christian History -by Helen Ellerbe(1995)
· The Jesus Mysteries:was "Original Jesus" a Pagan God-by Timothy Freke, Peter Gandy(2001)
· Reincarnation-The Gospel Truth, by Martha Knobloch(1988)
· The Book Your Church doesn't want you to read, by Tim C. Reedom
· Secrets of the Lost Bibles;Hidden Scripture Found - by Kenneth Hanson(2004)
· Reincarnation;The Missing Link of in Christianity -by Elizabeth Clare Prophet(1997)
· 성배와 잃어버린 장미 - 마가렛 스타버드. 루비박tm 2004
· 성서 밖의 예수 - 일레인 페이젤, 방건웅 역, 정신세계사 1989
· 예수의 비밀 -마이클 베이전트 & 리처드 레이, 世紀文化社 1992

예수 그리스도의 충격 메시지 II

초판 1쇄 발행 2005년 6월 30일
지은이/ 캔데이스 프리즈 & 버지니아 에센
편역/ 光率
발행인/ 박찬호
발행처/ 도서출판 은하문명
출판등록/ 2002년 7월 30일(제22-723호)

주소/ 서울시 종로구 수송동 58번지
전화/ 02)737-8436, 팩스/ 02)737-8486

파본은 서점에서 교환해 드립니다
가격 12,500원

ISBN 89-953132-7-7 (03110)